行政法学

XINGZHENGFA XUE

柴让措 著

知识产权出版社

图书在版编目（CIP）数据

行政法学/柴让措著.—北京：知识产权出版社，2017.7
ISBN 978-7-5130-5025-8

Ⅰ.①行…　Ⅱ.①柴…　Ⅲ.①行政法学—中国　Ⅳ.①D922.101

中国版本图书馆 CIP 数据核字（2017）第 168675 号

内容提要

本书介绍了行政法基础理论、行政法律关系主体、行政法基本原则、行政主体、行政行为、行政程序法、行政救济等内容，包含我国行政法律体系各环节中重要的内容。本书体系清晰完整，内容简练充实，力求反映我国行政立法的最新状况，将新近出台或修订的法律、行政法规及行政诉讼法司法解释的有关内容吸纳进来，为学生的学习提供方便，并提高学生对重点法律条文的理解和运用能力。

责任编辑：田　姝　　　　**责任编辑**：孙婷婷

行政法学

XINGZHENGFA XUE

柴让措　著

出版发行：知识产权出版社有限责任公司　　**网　址**：http://www.ipph.cn
电　话：010-82004826　　http://www.laichushu.com
社　址：北京市海淀区气象路 50 号院　　**邮　编**：100081
责编电话：010-82000860 转 8594　　**责编邮箱**：tianshu@cnipr.com
发行电话：010-82000860 转 8101　　**发行传真**：010-82000893
印　刷：北京中献拓方科技发展有限公司　　**经　销**：各大网上书店、新华书店及相关专业书店
开　本：720mm×1000mm　1/16　　**印　张**：24.25
版　次：2017 年 7 月第 1 版　　**印　次**：2017 年 7 月第 1 次印刷
字　数：360 千字　　**定　价**：68.00 元

ISBN 978-7-5130-5025-8

目　录

第一章　行政法概述

本章概要

本章介绍了行政、行政法、行政法学等基本概念；介绍了行政的定义、行政的分类和行政的特点；行政法的历史轨迹和结构体系；同时还介绍了行政法学的基础理论及概念，以及我国行政法与国外行政法的不同之处。

第一节　行政法

一般而言，人们在未接触行政法相关知识之前，对何谓行政法常常存在疑惑。这主要是因为行政法不像民法或刑法般，存在专门的、成文的法律体系，“行政法”仅仅是学术概念。这样会使人缺乏对其基本的感官认识，也因此有人认为行政法“抽象难懂”。其实，行政法是国家法律体系中一个重要的法律部门，调整基于公共行政权力行使而产生的各种社会关系。也就是说，行政法是关于公共行政的法律。因此，研究行政法，有必要首先研究什么是行政。

一、行政

（一）行政的定义

在古代，专制统治者运用国家权力管理国家事务就是“行政”。在现代，“行政”一词被广泛使用。在日常用语中，行政是执行、管理的代名词，又通常表示国家与公共事务的行政和社会组织、企业的行政；在政治学上，行政的含义则更加广泛，将行政机关管理国家和公共事务的一切活动都包含在内；而在行政法领域，行政是指国家与公共事务的行政，相对社会组织、企业的“私人行政”而言，通称为“公共行政”。

根据我国对“公共行政”意义上的行政概念运用的实际情况，行政可指两个彼此相关的事物：一是指国家与公共事务的决策、组织、管理和调控；二是指承担国家与公共事务的决策、组织、管理和调控这类职能的国家行政机关。

近代西方资本主义国家，以美国为代表，以“分权制衡”理论作为国家政治体制的指导原则，实行三权分立，把国家机构划分为立法、司法和行政三个部门，三者互相平行，各司其职。因而有的行政学者就以现实国家职能这种三权划分为依据来界定“行政”的含义，认为行政只是政府行政部门的事务管理。1927 年，美国行政学家魏劳毕在其《行政学原理》一书中写道：“行政乃是政府组织中行政机关所管辖的事务。”显然，魏劳毕只是把行政机关的国家事务管理活动视为“行政”。

此外，马克思在谈到“行政”时也曾指出：“行政是国家的组织活动。”马克思关于“行政”的论断，虽然不是正面地和直接地为“行政”下定义，但应当说，马克思所作出的论断是抓住了“行政”的两大基本特征：第一，行政是国家的活动而非私人的活动；第二，行政是组织活动而非立法、司法活动。这两点对于我们深入研究“行政”现象，从而科学地揭示出“行政”的基本内涵，进而阐明“行政”的科学概念，具有启示性和指导性。

国内外学者对“行政”至今从未形成统一的见解，各有各的说法。几种主要观点介绍如下：

一种观点认为，行政是国家意志的执行。这个观点源于美国行政学家古德诺的政治、行政二分说。古德诺认为，任何政府体制都具有国家意志的表达功能和国家意志的执行功能这两种基本功能，而政治就是国家意志的表达，行政则是国家意志的执行。制定政策是政治，执行政策是行政，政治与行政应分立。这种观点在议会主权盛行、“管理最少的政府是最好的政府”的时代有一定理论和规范价值。因为，相对于“至上”的议会来说，说行政是国家意志的执行，能反映现实关系并有利于控制行政。但在现代，不同等级的行政机关都有决策活动，只是决策的层次、范围、效力的等级不同罢了。行政活动的范围内，可以说既有国家意志的表达，又有国家意志的执行。强调行政仅仅是国家意志的执行，已与实际不相吻合，也不利于促进行政积极、有效地实现和保障公共利益。

另一种观点认为，行政是行政机关行使的国家职能。国家的机关可分为立法机关、行政机关和司法机关。立法是立法机关的活动，司法是司法机关的活动，而行政则是行政机关的一切活动。不论活动本身的性质如何，一律根据机关的性质来区别国家的职能。这种观点建立在三权分立的基础上，以行使国家职能的机关作为区分国家职能的标准，人们通常称为“形式意义的行政说”或“机关意义的行政说”。可是，由于现代行政的发展，出现了较多的行政机关委托私人或者非政府组织以及法律授权非政府组织履行公共行政职能的现象，针对这些私人或非政府组织的公共行政活动，行政法同样需要适用。所以，用“形式意义的行政说”来表述行政，在行政法上存在局限。

与上述观点相对应的一种观点认为，行政是为了达到某种公益目的而进行的具有连续性的具体活动，而立法是制定普遍性规则的活动，司法是适用法律解决争议的活动。这种观点也是建立在国家职能的分工、国家作用的分类的基础上，但它以国家职能的实质内容和目的作为区分标准，故通常被称为“实质意义的行政说”。这种观点对于理解行政及立法、司法活动的特征有较大意义，但由于其所描述的行政除主要指向行政机关的管理活动外，还有可能包括立法机关、司法机关内容的行政管理，同时，它又不能涵盖行政机关行使准立法职能、准司法职能的活动，故这种观点也存在较大不足。

虽然“形式意义的行政说”和“实质意义的行政说”各有其缺陷，但行政法学对公共行政的界定，基本上采取形式行政的标准，只是将形式行政的主体扩大到国家行政机关以外的其他公共行政组织。由此，行政机关和其他公共行政组织行使职能的活动，在实质意义上无论是严格的执法活动，还是具有准立法、准司法的性质，甚至是指导性质的活动，都属于行政法学上公共行政的范围。

综上所述，我们认为，行政是指国家行政机关和其他公共行政组织对国家与公共事务的决策、组织、管理和调控。

（二）行政的特点

与立法和司法相比，行政具有鲜明的特点。了解这些具体特点，可以帮助我们进一步了解行政的本质，具体如下：

1. 强制性

行政是由行政主体行使国家权力的活动，代表国家意志，并以国家政权的强制力为后盾。即行政具有强制性。对于合法的行政活动，由国家强制力保障其执行，所有的组织和个人都必须遵守、执行。

2. 公益目的性

行政的公益目的性是指行政以公共利益的实现为目的，“公共利益”最大的特点就是内容的不确定性，无论是公共利益的内容还是受益对象，都存在这个问题。也可能就是这个原因，有些理论观点认为，既然公共利益如此虚幻、空洞，那么也许公共利益就是不存在的。在多元主义者看来，国家是由众多专门的、具有竞争性的利益团体、集团统治的。但是，传统的公法学理论认为，行政的目的是实现国家作用，追求公共利益的。换言之，国家、行政存在的根本目的就是保障和实现公共利益。

3. 法律性

现代行政管理首先是一种法律管理。现代行政不得超越于法律，要受法律制约。“依法行政”是当代行政法的原则和核心。违反法律属行政违法，违法的行政其效力就会受到影响。从行政与法律的关系来看，行政活动必须依法进行，具体要求行政的主体、内容、形式、程序等必须遵守法律的规定。这是依法治国理念对行政的要求，例如，《中华人民共和国宪法》要求一切国家机关都“必须遵守宪法和法律”。

4. 积极主动性

行政机关必须以自己的积极行为来保证法律的实施。行政法治分为消极的行政法治和积极的行政法治。消极的行政法治要求行政行为不得违反法律规定的权限、方式、程序和目的；积极的行政法治要求行政机关以自己的积极行动保证法律的实施，不履行义务的行为同样也是违法的。

在现实中，行政的积极性表现为两种情形：对于法律规定必须依据职权作出的行政活动，行政主体在法律规定的条件成熟时，必须依职权积极作出行政行为；而对于法律规定必须在相对人申请后作出的行政活动，行政主体在相对人申请后，必须针对相对人的申请积极作出答复，不得置之不理。

（三）行政的分类

除了要对行政的内涵进行探究、分析之外，我们还要对行政进行有目的的分类，这不仅可以弥补行政概念难以描述的缺陷，而且还可以丰富对行政的理解。具体可进行以下分类：

1. 国家行政与非国家行政

国家行政指国家行政机关从事的执行管理活动。行政法研究的国家行政通常是国家行政机关的整个职能活动，既包括实质为行政性质的职能活动，也包括实质为立法、司法性质的职能活动。非国家行政主要是指除了国家行政之外由其他组织、团体所承担的执行、管理公共事务的活动。一直以来，国家行政在传统行政法学中占据着重要地位，但随着行政法学科的不断完善、发展和政府职能的不断调整，在现代行政法学中，对国家行政的研究显得越来越重要和迫切。

2. 内部行政与外部行政

内部行政是行政主体之间或行政主体与其工作人员之间的管理活动，而外部行政则发生于行政主体与公民、法人和其他组织之间。内部行政反映了国家自身的管理，受内部行政规范的调整，只产生内部法律效果，并不针对外部特定的公民、法人或其他组织，一般也不影响其权力业务；而外部行政则是行政主体代表国家对外部公民、法人或者其他组织实施的管理，意在维护和监督社会秩序。内部行政与外部行政在各自主体、范围、规范、行为、手段、效果、责任上必须统一，即必须坚持交错无效原则——适用于外部行政的法律制度、原理不适用于内部行政，反之亦然。

3. 权力行政与非权力行政

所谓权力行政是指通过强制性的支配力量实现行政目的的行政类型，在多数情况下，行政机关的行政活动属于权力行政。例如，税务行政、土地行政、食品药品行政等均属于权力行政。所谓非权力行政是指通过非权力方式，诸如指导、建议、契约等实现行政目的的行政类型。例如，一些大型场所的建筑提供，电力、自来水、天然气的提供等，均属于非权力行政。

4. 给付行政与干涉行政

给付行政也称为服务行政或福利行政，是指政府通过给予个人、组织利益和便利等方式实现行政目的的活动。第二次世界大战后，国家行政职能发生重大转变，给付行政成为现代国家的一项重要任务。给付行政主要包括供给行政、社会保障行政、助益行政。所谓供给行政，主要是行政机关必须提供给人民现代社会生活所不可或缺的保障，如水电、通信等。社会保障行政是指为了使国民能有合乎人性尊严的生活，在生活上由国家给予民众的社会保障。助益行政是指行政机关协助个人自由发展而给予的各种形式的补助。

干涉行政又叫秩序行政，是公权力行政中最普通的行为方式，是行政机关为达到创造良好公共秩序的行政目标，而运用经济、法规、政策等手段，对国家事务运行状态和关系进行调节，以保证经济、政治、文化等方面的持续、协调、健康发展。此类行政由于对个人权利和自由的影响较大，主要是以“事前禁止”和“事后处罚”为主要方式，因此，法律保留的程度较高。

二、行政法的概念

在法学上，一般认为，划分法律部门的主要依据是法律调整的对象和方法。行政法是重要的部门法之一。

（一）行政法的含义

行政法是调整行政关系以及在此基础上产生的监督行政关系的法律规范和原则的总称。简单来说，行政法就是有关行政及其活动的法律规范的总称，具体言之，行政法就是有关行政的主体、职权、行为，以及程序、违法及责任和救济关系等的法律规范的总称。这个定义包括两层含义：第一，行政法是国家一系列调整行政关系和监督行政关系的法律规范和原则的总称；第二，这一系列法律规范和原则是调整行政关系和监督行政关系，而不是别的社会关系。所谓调整行政关系和监督行政关系，就是规定行政关系和监督行政关系各方面当事人之间的权利义务关系。尽管两者的表述不同，但其内容几乎是一致的。鉴于法律是调整社会关系的行为规范，只有根据行政法的调整对象给其下定义，才能把握住一个法律部门区别于其他法律部门的本质特征。部门法区别的主要依据就是调整对象的特殊性。

行政法的数量多而且分散，实体规范和程序规范交织，因此难以制定完整、统一的行政法典。法典化是行政法的一个长远目标，完全系统的法典化还没有出现，局部法典化是行政法近年来发展的一个亮点。局部的法典化是指针对行政法的部分内容作系统完备的立法，而并不意味着立法的质量标准降低。系统性、完备性、稳定性、明确性等是法典的实质性评价标准，即使是局部的法典化也应当遵循这样的标准。

因为，快速变动的生活存在一定的张力，因此，才有了各式各样的行政法定义。具体如下：

1. 行政法就是有关行政的法

德国学者毛雷尔（Maurer）认为，行政法是指以特有的方式调整行政、行政行为、行政程序、行政组织（成文或不成文）的法律规范的总称。其认为行政法有一般行政法与特别行政法、外部行政法与内部行政法之分。法国学者莫里斯·奥里乌认为，“从某种程度上说，行政法是公共（规定国家及其法律关系的存在方式的法）的一支，它以国家行政体制为立法对象；行政法可以分为客观法与主观法。行政法主要存在于行政机构的组织和公务组织；法人和主观责任所占分量很小，仅限于行政部门私有领域的管理，未及使用特权的公务管理的领域，作为公共权力的国家与作为法人的国家相对立，即特权与主观责任相对立”。而且，其认为，“无论在宪法还是关于国家的一般理论中客观法都占主导地位，而在行政法中则相反，在以公共行政机关以及权力组织为目标的行政法中，一切涉及行政组织的法都是客观法，而一切涉及公共行政机关行使权力的法，在产生公务管理法律关系中，都是主观法”。英国功能主义代表詹宁斯认为，行政法是有关行政的法。如果一个国家的政治组织如同英国那样高度发达，则行政法在该国一定是一个庞大而重要的法律部门。在詹宁斯看来，它包括有关公共事业企业的法以及这些机构所行使的法律权力的法。如果从功能主义的角度而不是从机构的角度来看这个问题，我们还可以说行政法包括有关公共卫生、公路、社会保险和教育方面的法。行政法确定行政机构的组织、权力和职责。易言之，行政法为行政特有之法。总的来说，持此种观点的主要为大陆法系国家，其中以法国为代表。

2. 行政法是规制、控制行政机关的法

美国行政法学者施瓦茨认为，行政法是调整政府行政活动的部门法。它规定行政机关可以行使的权力，确定行使这些权力的原则，对受到行政行为损害的人给予法律救济。因此，其认为行政法由三大部分组成：首先，行政机关所具有的权力；其次，行使权力的法律要件；最后，对遭受不法行政行为侵害方的救济。而英国学者韦德则从行政法目的、功能与内容、形式三个不同的角度对行政法进行定义。就目的和功能而言，他认为行政法是控制政府权力的法；就内容和形式而言，他认为行政法是调整公共当局行使权力和履行职责的一般原则的总称。而按照美国行政法学者斯图亚特的理解，美国行政法经历了四个阶段：首先是普通法模式；其次是传统行政法模式；再次是新政模式；最后是利益代表模式。显然，照此分析，行政法是规制、控制行政机关的法的论断也仅仅适用于美国行政法发展过程中的第一、第二阶段。

3. 行政法是关于独立管制机构的法律

美国的庞德认为，由于独立的管制机构具有很大的立法权力和司法权力，其和总统领导的传统的行政机关不同。所以，行政法是关于此类机构权力的法律。值得注意的是，在美国行政法中有独立管制机关和行政机关，这种区别主要体现在此两种机关各自享有的不同权力。行政机关享有的更多的是法律执行权，也就是执行立法机关所制定的法律；独立管制机关享有的更多的是执法政策，甚至立法权。当然，独立管制机关的独立性也是相对的和有限的。因此，其仅仅是“三权分立”理论的补充，而非颠覆。

4. 行政法是调整行政关系，规范和控制行政权的法律规范系统

我国学者认为，行政法是调整行政关系和规范行政权的法律规范系统。而行政关系又可以分为行政管理关系、行政法制监督关系、内部行政关系和行政救济关系四部分。其中，行政管理关系是最基本的行政关系，其他三种关系都是由行政管理导致和引起的。因为国家建立行政系统的目的是管理，为外部行政相对人提供安全、秩序和权利保障。但是，一旦行政系统建立，就必须协调其系统内部的关系，确定系统内部的程序。

5. 行政法是私人权益的保障以及公共福祉的制度体现

我国台湾地区行政法学者叶俊荣认为：“行政法的理解必须与当代行政法所赋予的时代机能配合考量，行政法的功能除了私人权益的司法保障外，更要接受迎合公共福祉的功能定位。私人权益的保障是行政法的第一位的功能定位，但是，除此之外，行政法不能单单从法院的角度去思考，对行政机关的判断，也不能仅仅局限于合法性。行政法的学生学习的重点将超越行政救济，而进一步地探讨如何进行制度设计、程序安排、论证和说服，才能推进所认同的公共利益。”

在什么是行政法这个问题上，各种学说显然各有侧重，各不相同。当然，对于行政法的核心概念论述还是基本一致的。这种状况也说明了行政法不断发展、不断更新的现实。

（二）行政法的调整对象

法律是社会调节器，它使社会处于有条不紊的运行之中。法律调整的对象是社会关系，如刑法的调整对象是刑罚与犯罪关系，民法的调整对象是人身、财产关系，婚姻法的调整对象是婚姻家庭关系，而行政法则以行政关系和监督行政关系为调整对象。行政关系是指行政主体代表国家依法行使行政管理权限过程中与相对人、行政主体内部组织或其工作人员之间发生的社会关系。行政关系也是社会关系的一种。在现实生活中，行政关系可以进行以下不同的分类：

第一，行政主体与行政人之间的关系。行政主体是一种组织，是把处于游离状态的个人联系在一起的物质载体。行政主体的一切活动必须通过具体

的个人——行政人来完成，离开行政人，行政主体就无法实现任何行政行为。

第二，行政主体内部的关系。行政主体在其内部与各行政机关、其他组织及其工作人员之间发生的组织关系。国家行政权作为统一的权力在实现中必须分配给各级行政机关行使，而行政机关中必须配备工作人员具体行使行政权，因此，在各行政机关之间以及行政机关与其工作人员之间就形成了各种组织关系。组织关系虽然不直接影响相对人的权利、义务，但也必须依法进行，受行政法的调整。在行政实践中，为了行政权行使的便利，有时还进行行政授权或行政委托，此时，授权机关与被授权组织、委托机关与受委托者之间的关系也属于内部行政关系，由行政法进行调整。

第三，行政主体与其他国家机关之间的关系。根据我国宪法规定：全国人民代表大会是最高国家权力机关，它的常设机关是全国人民代表大会常务委员会。全国人民代表大会和全国人民代表大会常务委员会行使国家立法权。国务院，即中央人民政府，是最高国家权力机关的执行机关，是最高国家行政机关。中央军事委员会领导全国武装力量。最高人民法院是最高审判机关。最高人民检察院是最高检察机关。行政主体对其他国家机关进行管理必须有附加条件：①行政机关必须以行政主体的身份出现，它必须是处于实施行政权而不是处于民事活动的过程中；②其他国家机关必须以机关法人的身份出现，而不能以职权身份出现。其他国家机关在从事活动时不能作为行政关系的行政主体身份存在。例如，全国人民代表大会想盖一座办公楼，那么它首先必须向相关行政机关申请建房许可证，此时行政机关与全国人大形成行政管理关系，行政机关是以职权身份出现，而全国人大则是以机关法人的身份出现的，它并非行使职权行为。

三、行政法的渊源

行政法的渊源是指行政法律规范产生与存在的外界形式。行政法的渊源可以分为以下两种：

（一）行政法的形式法源

1. 宪法

宪法中有关行政管理的规范有：

（1）关于一般法律原则的规定。尊重和保障人权原则、人民参与国家管理的原则、法制统一和尊严的原则、平等原则、社会主义法治国家原则等。

（2）有关国家行政区域划分和设立特别行政区的规范。

（3）有关行政机关机构设置、基本工作制度和职权的规范。

（4）有关部门行政管理的规范。

（5）有关公民基本权利和义务的规范。

2. 法律

在中国，法律是最基本的行政法法源。国内对于狭义上的法律一直有基本法律和一般法律的区分。基本法律是由全国人民代表大会制定的关于国家权力结构、公民权利等基本内容的法律，一般法律是除了基本法律以外的、由全国人民代表大会及其常务委员会制定的法律的总称。不管是一般法律还是基本法律，它们都是行政法法源中最为重要的形式。需要注意的是，有些法律从学科分类上并不能归于严格的行政法范畴，但其中也包括行政法规范，如《中华人民共和国土地管理法》等。

3. 行政法规

行政法规是国务院根据宪法和法律制定的、关于全国行政管理工作的法律规范的总称。发布行政法规需要总理签署国务院令。行政法规是仅次于宪法、法律的行政法法源，在行政法法源中居于举足轻重的地位。国务院每年都要发布数量不少的行政法规，其所调整的行政法律关系涉及国家和社会生活的各个方面。

4. 自治条例、单行条例

自治条例和单行条例是民族自治地方的人民代表大会，依照宪法、民族区域自治法和其他法律规定，结合当地的政治、经济和文化的特点，所制定的规范性文件。自治区的自治条例和单行条例，报全国人民代表大会常务委员会批准后生效；自治州、自治县的自治条例和单行条例，报省或自治区的人民代表大会常务委员会批准后生效，并报全国人民代表大会常务委员会备案。自治条例和单行条例是行政法的一个渊源，在研究中央行政与地方行政的关系，研究地方行政法时，作用尤为突出。

5. 法律解释

法律解释分为有权解释和无权解释两种：前者是指能发生法律效力的解释，如法院在审判案件时对法律所作的解释；后者是指不发生法律效力的解释，如专家、学者、律师等对法律所作的解释，又称为学理解释。学理解释不能作为行政法的渊源。

6. 国际条约

我国参加或批准的国际条约，如果其内容涉及我国行政机关权力的行使和公民、法人的权利义务，亦构成行政法源。例如，1980 年 9 月 29 日《中华人民共和国全国人民代表大会常务委员会关于批准联合国〈消除对妇女一切形式的歧视公约〉的决定》，对行政机关和公民、法人或组织有与法律相同的行政法效力。国际条约在涉外行政以及涉外行政诉讼领域中，作为行政法律规范的渊源，表现得尤为突出。

7. 行政规章

国务院的部门规章和地方政府规章统称为行政规章。根据立法法的规定，部门规章是指国务院各部、委员会、中国人民银行、审计署和具有行政管理职能的直属机构，根据法律和国务院的行政法规、决定、命令，在本部门的权限范围内，按照法定程序制定的规定、办法、实施细则、规则等规范性文件的总称。地方政府规章，是指由省、自治区、直辖市人民政府，省、自治区人民政府所在地的市和经国务院批准的较大的市以及经济特区市的人民政府，根据法律、行政法规和本省、自治区、直辖市的地方性法规制定的规章。

行政规章是行政管理活动的重要根据，其数量之多、适用范围之广、使用频率之高均是其他形式的行政法渊源无法相比的。但是，从我国目前来看，规章作为行政法的渊源，其效力具有特殊性：作为行政管理的依据，它具有完全的法律效力；但在行政诉讼中可被参照适用，不具有完全的法律效力。

（二）行政法的实质法源

行政法的实质渊源是指没有体现为具体条文，但反映了行政法的精神和实质，在行政法理论和实践中发挥作用的内容。与形式渊源相对应，实质渊源特指非制定法意义上的法律表现形式，主要包括惯例、司法判例、学说和一般法律原则。

1. 惯例

所谓惯例是指在行政管理过程中经过常年的积累和检验而形成的贯穿于行政权运行的某一领域或某一事项的习惯性做法，以致如果按照这一惯例行事，行政主体的行为即产生法律效力或产生法律后果。一般在法制健全的情况下，行政惯例往往已经上升为法律规定，但是也会有一些尚未转化为法律却在实践中确定发挥作用的惯例。我国对行政惯例的梳理和研究还处于起步阶段。

2. 司法判例

在英美法系国家，司法判例作为行政法的渊源自不待言，判例法是法律体系的当然组成部分，而且很多规则和原则也是在判例中产生并发展起来的。在大陆法系国家，除了法国将行政法院系统的行政判例作为法律渊源外，其他国家并不明确承认将司法判决作为法律渊源。在英美法系国家，判例具有拘束力；而在大陆法系国家虽然没有拘束力，但在实践中有说服力。从这一意义上讲，判例也可以是法律渊源。我国最高人民法院的案例在实践中对下级人民法院的指导和示范作用也是显而易见的。

3. 学说

行政法学发展过程中出现的理论学说虽然不是法律渊源，但是事实上也在相当程度上影响行政执法和司法实践，无论是在西方国家法治进程中，还是在我国建设社会主义法治国家过程中，法学理论界通过参与国家立法、传授法学知识、参加案件论证和发表文字论著等形式推动和影响行政法治发展的积极作用都是显而易见的，因此，学说也是行政法的重要实质渊源。

4. 一般法律原则

除上述渊源外，行政法的一般法律原则也属于行政法的实质渊源，主要包括法的一般原则和行政法的特有原则，前者如法律平等原则、诚实信用原则、法的安定性原则等，后者如信赖保护原则、比例原则等。有些原则已经通过法律规定得到明确，有些还处于探讨和研究阶段，但它们都是行政法的实质渊源。

四、行政法的历史发展

现代意义的行政法，最早产生于西方资本主义国家，萌芽于 17 世纪至 18 世纪，形成于 19 世纪，发展完善于 20 世纪，而其中又以法国、英国和美国为代表。我们首先考察一下法、英、美等西方国家的行政法发展状况，再对中国的行政法发展历程作个简要回顾。

法国历来享有“行政法母国”之称，其行政法的产生是资产阶级革命的结果。大革命前，法国是一个实行高度中央集权的封建君主专制国家。1789 年的资产阶级大革命推翻了封建专制制度，建立了三权分立政治体制。1790 年的《法院组织法》明确规定：“司法职能和行政职能现在和未来永远分离，法官不能以任何方式干扰行政机关的活动，亦不能因职务上的原因将行政官吏传唤到法庭，违者以渎职罪论。”这项法律剥夺了普通法院对行政诉讼的管辖权，为行政法院的设立奠定了基础。法国行政法的产生是以最高行政法院的产生为标志的。1872 年 5 月 24 日，法国重建在普法战争中一度消失的最高行政法院，并赋予其委托审判权，使其摆脱了政府的控制，独立地行使行政审判权；一切行政诉讼可以直接向最高行政法院提起，最高行政法院的判决为终审判决的制度。至此，法国现代的行政法院体制基本定型。法国行政法有两个特点：第一个特点是，行政法院自成体系，行政诉讼由行政法院管辖，不由普通法院审理。最高行政法院具有双重职能：既作为行政诉讼案件的终审法院，又是政府拟订法律草案和制定行政法规中提供意见的咨询机关。法国行政法院分为两级，在中央是行政法院，在各省或海外领地则是行政法庭。法国行政法的第二个特点就是判例法。法国行政法的发展与行政法院的判例有直接关系，法国行政法就是在行政法院判例的基础上，从中归纳出原理、原则而逐步发展起来的。

与法国相比，英国行政法的发展由于受普通法制度的影响要缓慢得多，其获得突破性的进展是在 19 世纪末。从 18 世纪末开始的英国工业革命，到 19 世纪末已取得了辉煌的成绩，现代工业得到高度发展，为了适应工业化发展的需要，国家行政活动方面发生了两个显著的变化：一是委任立法，为了应付工业发展所引起的社会问题，需要制定大量法律，而议会由于时间、技术等方面的原因，不能满足这个需要，不得不授权行政机关制定规范性文件，以补充议会立法的不足。1891 年，行政机关依法律授权所制定的规范性文件为议会的两倍多。从第一次世界大战开始，委任立法更是迅速发展，以应付经济问题和社会问题。二是行政裁判所的迅速发展。行政裁判所出现于 20 世纪初，由于政府对社会经济生活的干预加强，行政纠纷增多，行政裁判所的数量也随之增加。行政裁判所种类繁多，涉及社会生活的各个方面，其主要职能是行使部分司法权，受理行政机关和公民之间以及公民之间就劳动就业、失业保险、国民健康保险等问题产生的争端。上述两方面也引出了不少行政问题，如委任立法与议会立法的关系，议会如何保证行政机关的委任立法权不被滥用，行政裁判所与普通法院的关系等。此外，20 世纪以来，人们对行政程序也给予了极大的关注。为了应付这些变化，司法审查制度得到了丰富和充实，即加强了司法对行政的控制，一切政府部门的行为都要受普通法院的监督，它有权对行政机关的行为进行合法性审查，对违法的行为有权予以撤销。英国的行政法在以委任立法、行政裁判所和加强法院对政府越权和滥用职权行为进行司法审查为核心内容的体系下发展起来，并不断完善。

美国的行政法深受英国的影响，其发展模式与英国基本相同。美国行政法的产生是同政府积极干预经济相联系的，1887 年成立的州际贸易委员会被认为是美国行政法治的开始。自此之后，美国政府又相继设立了一些委员会，尤其是罗斯福总统推行“新政”期间，出于应付现代经济生活的需要，国会通过法律批准设置的各种独立管制机构纷纷成立，如联邦能源委员会、国家劳工关系局、联邦商业委员会、联邦电信委员会等。这些独立管制机构享有部分的立法、司法和行政权力。它们同立法机关一样，有委任立法权，可以在各自领域内制定规章；又同法院一样有权审判争议案件中关于是否违法的问题；更同执行机关一样，有权作出行政处罚。这些独立管制机构在美国的政治、经济、社会生活中占有重要的地位，对美国行政法的发展产生了决定性的影响。一方面，美国行政法就是在这些机构活动的基础上发展起来的，它们发布的规章、命令、决定等成为美国行政法的渊源之一。另一方面，独立管制机构的成立又引出许多行政法问题，如独立管制机构与普通法院的关系等，从而导致了 1946 年《联邦行政程序法》的产生。该法是美国行政法中划时代的法律。它不但全面总结了过去的行政法，形成了许多行政法制度，而且为美国行政法的进一步发展奠定了法律基础。此后制定的一系列行政法，如规定国家赔偿制度的《联邦侵权行为赔偿法》，保护公民权利的《私生活秘密法》和实行行政公开、监督政府活动的《阳光普照法案》，都是以《联邦行政程序法》为基础，并作了适当的修改和补充后制定的行政法律。

综上所述，行政法的产生和发展的条件，主要是宪政制度和现代行政的发展。民主政治是现代政治发展的潮流，行政管理范围的扩大是现代社会的趋势，正是上述因素使行政法律制度成为不同社会、不同国家普遍采用的法律制度。

中华人民共和国成立后，我国行政法经历了曲折又漫长的发展过程。1954 年《宪法》的颁布，标志着行政法开始萌芽。《宪法》规定了中央和地方各级政府的组织和权限，规定了公民对违约失职的国家机关及其工作人员有控告的权利，由于国家机关工作人员侵犯权利而受到损失的公民，有取得赔偿的权利。为此，在县、市以上人民政府内设立了人民监察机关，接受检举控告，纠正违法失职现象。可以说，新中国成立初期，监察部门和信访机构是解决行政争议的主要机构。从 1957 年至 1977 年，我国法制建设遭到严重破坏，行政法不仅没有任何发展，而且严重倒退。随着 1978 年党的十一届三中全会的召开，沉寂多年的中国法制建设重新起步，行政法也迎来了新的机遇。

随着经济领域体制改革的深入，原来的行政管理领域也面临着新的挑战。众所周知，在改革开放前，由于个人、单位、国家是紧密结合在一起的，这就形成了个人依附于组织，组织依附于国家的“国家主导一切”的局面，个人自主性根本无从谈起。在这种背景下，作为维护个人权利的行政法根本没有存在的土壤。而随着经济体制改革的进行，个人与国家之间逐渐独立、分化，个人的自主性、个人利益、个人主体地位等问题就显现出来。经济领域的变革使得作为调整这二者关系的行政法建立和发展也成为必然。

中华人民共和国成立后，我国的法治发展可分为四个历史时期：一是法治早期探索期；二是法制虚无期；三是工具导向论的法制建设期；四是法治导向的法制建设期。法制早期探索期发生于1949年至20世纪50年代中期。这时期废除了旧法统，法制的作用受到重视，全国开始了建设新的人民民主法制的实践和探索，1954年《中华人民共和国宪法》的制定是这个时期最大的成就。法制虚无时期发生于20世纪50年代后期，在文化大革命期间达到顶峰，法制建设的进程中断。改革开放后我国法制建设得到了恢复和发展，以20世纪90年代中后期“依法治国，建设社会主义法治国家”基本方略的提出为分水岭，这一时期法制建设可以分为工具导向核心的法制建设期和法治导向核心的法制建设期两个阶段。

第二节　行政法学

行政法学作为法学的一个部门，以对行政法的体系性认识作为目的，以明确历史所赋予的行政法规范的内容与含义、整理其相互之间的关系、研究支配行政法规范的法律理论为使命。

一、行政法学与行政法

行政法学是一门特殊的部门法学：一方面，行政法学与其他法学的分支学科之间是平行部门法学的关系；另一方面，行政法学与作为根本法的宪法学关系比较特殊，两者的研究对象密不可分。中国学界的主流观点认为：根据法律体系的一般法理，行政法与宪法之间的关系是部门法和根本法的关系。而且，行政法是仅次于宪法的部门法，作为第二层次的法，它由许多具体的分支法所组成，如行政处罚法、行政强制法、行政许可法等。相对于民法和刑法，行政法与宪法的关系更为密切。

行政法与行政法学是两个既有联系又有区别的不同范畴。行政法属于法律的范畴，是一系列调整行政关系和监督行政关系的法律规范和原则的总称，这些规范和原则有机地构成一个法律部门。行政法的任务是调整行政关系及在此基础上产生的监督行政关系，保障和监督行政管理的实施，保护公民、组织的合法权益，增进公共利益。而行政法学属于法学的范畴，是研究行政法的科学。行政法学的任务是研究行政法的基本原则和规范，研究行政法的历史发展规律，研究行政法的本质、内容和形式，研究行政法的制定、执行和遵守，研究学者关于行政法的观点和学说的理论。因此，行政法学是有关行政法的学问，而行政法则是行政法学产生的客观物质基础，二者有联系，但又存在本质上的区别。在学术上，有时学者也把行政法学简称为“行政法”，但这并不意味着其属性的改变。

从行政法学的学科体系来分，可以将行政法学分为总论和分论两个部分。行政法学总论主要研究行政法的一般理论、普遍原则、基本制度等，具体研究行政主体、行政行为、行政程序、行政救济等内容，行政法学总论又可以称为行政法学原理；行政法学分论主要研究国家行政管理的具体法律规范和具体管理制度，具体研究土地行政管理、教育行政管理、治安行政管理、军事行政管理、农业行政管理、税务行政管理、环境行政管理、水利行政管理、外交行政管理、工商行政管理等。行政法分论又可以称为部门行政法学。

行政法学与行政管理学之间的联系并不亚于它与行政法的联系。讲授行政法学不能不涉及行政管理学，同样，讲授行政管理学又无法脱离行政法学。这主要是因为：两者都与国家行政管理有关，都以国家行政管理有关问题为研究对象；两者有部分内容重合，因为不少国家行政管理的客观规律同时被行政法所确认，从而同时成了行政法学的内容。

二、行政法学的理论基础

（一）行政法学理论基础的基本定义

理论基础是行政法学流派形成的主要标志。在长期的争鸣中，我国行政法逐渐形成平衡论、控权论、管理论、范围论等具有代表性的学说。中国对于行政法的基础理论主要有四种提法：一是行政法学的“理论基础”；二是行政法学的“基本观念”；三是行政法学的“基本理念”；四是行政法学的“理论基石”。这些提法上的差异也许无关紧要，因为其论题上的同一性已弥补了提法上的不足。换句话说，在行政法学理论基础围绕研究的问题上形成了以下几种“理论基础”观：

1. 作用论

这种理论认为，行政法学理论基础皆在解决“行政法的作用是什么”。英国人认为，行政法的主要功能在于控制政府的行政权力，“控权论”便由此产生。有人认为，行政法的作用在于保障国家行政权的有效行使，因而又有“管理论”之说。

2. 范围论

这种理论认为，行政法学理论基础皆在解决“行政法调整的范围是什么”。特别是行政法调整的范围与其他法调整的范围如何划界。法国行政法的中心观念，诸如“公共权力说”“公务说”“公共利益说”“新公共权力说”等，都属于“范围论”。

3. 本质论

这种理论认为，行政法学理论基础皆在解决“行政法的本质是什么”。国内的“马克思主义政府论”正是力图通过人民政府的“本质论”来解决行政法的“本质”。有人推出“现代行政法本质上是平衡法”的提法，也正自觉或不自觉地立于“本质论”之上。

4. 目标论

这种理论认为，行政法学理论基础皆在解决“行政法的目标是什么”。美国的“正当程序说”接近这种理论。美国行政法学者认为，行政法就是行政程序法，行政法的目标是确立一种“公正”“正当”的“行政程序”。

我们目前还难对行政法学有一个明确的定义，但有一点可以肯定的是，行政法学的理论基础应该是整个行政法学理论内容的基本精神或“精神内核”，是构成行政法学理论的基础，它直接决定了行政法理论的各个主要方面。

在理解行政法学的理论基础时，需要注意的问题是：

(1) 理论基础应当是开放的，不断更新和发展的。任何一种理论，当其达到不可完善的地步时，其生命也就终止了。因此，真正有生命力的理论，是可以不断证伪、不断完善的理论，就此而言，平衡论、控权论、管理论等都是否有生命力，关键要看其自身以后如何更新和发展。

（2）没有必要局限于术语。作为行政法的理论基础，不可能也没有必要局限于一个术语的解释，否则无法避免穷词墨尽之累、以偏概全之嫌。科学的做法应当是以一种理论为中心和主轴，一并阐述和解释其他反映行政法基础的理论问题。

（3）各种观点应当取长补短，因为各种观点只是看问题的角度不同，而不是基本结论的根本对立。

（二）行政法学理论基础的主要观点

一门学科的基础理论应当是这门学科的核心问题。新中国第一篇探讨行政法学的论文，应当首推应松年教授、朱维究教授等于 1983 年撰写的《行政法学理论基础问题初探》一文，该文载于《中国政法大学学报》1983 年第 2 期。该文主要观点是“行政法学的基础理论是——为人民服务论”。迄今为止，已有不少教材和著作以及论文涉及同一论题。但行政法基础理论问题并未解决，相反，对此引发了行政法学界不尽的探索，从而行政法学界对行政法学基础理论形成了不同的观点。目前主要有以下几种：

1. 为人民服务论

中国自 1978 年恢复行政法学研究以来，第一篇专题论述行政法学理论基础的论文是应松年教授等撰写的《行政法学理论基础问题初探》。该文认为：行政法是规范行政机关行为的法，而社会主义国家行政机关是人民代表大会的执行机关，它的唯一目的是执行人民的意志。因此，我国行政法学的理论基础只能是为人民服务。这一观点事后没有被更多的人所接受和重复。显然可以说，该文提出该论题这一事实本身比所提出的论题答案的意义更为重大，因为此文毕竟标志着中国理论界对行政法学理论基础研究的良好开端。还需指出的是，时隔 12 年，有一篇论文提出了同类观点。陈泉生在《论现代行政法学的理论基础》一文中认为，现代行政法的主要内容是“服务与授益”，即现代行政法学的中心是“服务行政”，因此，现代行政法学的基础理论应该是“服务论”。

2. 有关行政法学的过程论

过程论以“管理”为着眼点，认为管理是行政机关在公民的参与和监督之下办理其法定权限内事务的法律过程，行政法学对这个过程的研究，可以从组织法、行为法和救济法的角度进行。这里需要指出的是：

（1）管理者的素质应当比被管理者素质高，行政组织法是我国行政法律体系的重要环节和组成部分，行政法学应当加强对行政组织法的研究。

（2）公民是管理活动中一方的主体。公民参与行政管理的过程，不仅是保护和实现自己权益的过程，而且是行使宪法所规定的参政议政权的过程。

（3）行政管理过程的经济分析。应用经济学原理分析行政过程，是过程论的另一个方面的内容。经济性应当成为立法、执法和司法的考虑因素。行政管理过程是一个与企业经营类似的经营过程，存在成本收益分析的需求和利益最大化的动力。

（4）平衡论。“平衡论”是由罗豪才教授首创的一种我国行政法理论基础的观点。1993 年，罗豪才、袁曙宏和李文栋发表《现代行政法的理论基础——论行政机关与相对一方的权利义务的平衡》一文，首次提出“平衡论”，并归纳了其中心思想：行政法的发展过程就是行政机关与相对一方的权利义务从不平衡到平衡的过程；古代行政法本质上是“管理法”，近代行政法总体上是“控权法”，现代行政法实质上是“平衡法”。他们指出：与现代行政法实质上是“平衡法”相适应，现代行政法存在的理论基础应是“平衡论”。它的基本含义是在行政机关与相对一方权利义务的关系中的，权利义务在总体上应当是平衡的。它既表现为行政机关与相对一方权利的平衡，也表现为行政机关与相对一方义务的平衡；既表现为行政机关自身权力义务的平衡，也表现为相对一方自身权利义务的平衡。平衡论被称为“兼顾论”，即兼顾国家利益、公共利益与个人利益的一致。不论哪一方侵犯了另一方的合法权益，都应予以纠正。在我国，国家利益、公共利益与个人利益在根本上和总体上是一致的、统一的。

这正是平衡论存在的客观基础。尽管中国行政法学的理论基础是一个依然可以讨论的问题，但“平衡论”的提出对中国现行行政法制的建设无疑是有裨益的，它有助于防止和纠正只把行政机关看成权力主体，而把公民看成义务主体的观念，也有助于我们在行政立法、行政执法和行政司法中注重对政府与公民之间权利义务的公正对待。

行政法学在进行理论研究的同时，也关注实践中出现的新问题、新现象，理论和时间相互呼应；行政法学除了在法学体系内注重宪法学、民法学、刑法学、诉讼法学的相互借鉴和学习外，也注意吸收政治学、经济学和公共行政学等其他学科的研究成果；行政法学是一门开放性的、不断发展和自我更新的学科，在现代民主法治背景下，为推动行政法治，建立社会主义法治国家发挥重要作用。

三、行政法学的体系结构

（一）宪法、行政学与行政法学

中国第一部政法学院编教材《行政法概要》出版时，该书的行政法学体系比较接近宪法学的体系结构。当时以《行政法概要》为代表的一些教程之所以在体系上不能与宪法学体系“分家”。其原因大致有两个。一是研究队伍问题。中国第一代行政法学者大多是原先从事宪法学教研的。宪法学是行政法学的基础，从事宪法学研究者转而从事行政法学研究，有他们的优势和益处，但唯一的不足是他们总是不自觉地用宪法体系去影响甚至左右行政法学体系。二是认识问题。由于受苏联“国家法”观念和英国韦德关于宪法和行政法关系观念的影响，中国有些学者把行政法看成“动态的宪法”。

接近宪法学的行政法学体系，使行政法学有了厚实的宪法学基础，但它同时会使学科同国家行政管理实践拉大距离，因为宪法只能抽象地指导国家行政管理实践，而不能像行政法那样直接规制国家的行政活动。此时，当人们带着让行政法学直接为国家行政管理服务的愿望去重设行政法学体系时，一不小心就会滑向另一个体系，即行政学的行政法学体系。这种体系的特点在于，它在行政法学内容中掺杂了许多行政学而不是行政法学的内容，如行政管理的现代化和科学化等。形成行政学的行政法学体系的原因，在于当时创设行政法学体系可参照的内容以及人们对行政法与行政学关系的认识。在当时条件下，人们创造行政法学体系，除参考宪法外，其他可参考的就是行政学了，况且很多学者认为，既然行政法是直接为行政管理服务的，而行政法与行政法学仅有一字之差，故它们的内容应是相通的。

（二）行政法学总论与分论

传统行政法总论的体系由行政组织法、行政行为法、行政救济法三部分构成，行政组织法以各行政机关的设置规则及公务员权利义务等为研究对象，其内容包括行政组织法与公务员法；行政行为法是解决行政主体如何进行行政活动的问题，在行政法律制度上以种类繁多的有关行政活动的法律为对象，其内容主要包括行政行为的定型化理论、效力论、裁量论、瑕疵论等；而行政救济法是解决在行政活动违法侵害相对人的权利或利益时如何救济相对人的权利或利益或者纠正违法行为的行政活动问题，在行政法律制度上以行政复议法、行政诉讼法、国家补偿法、国家赔偿法等法律为对象，其内容主要包括行政复议、行政诉讼、行政赔偿、行政补偿等。可见，行政组织法是有关行政主体的设置、职权、内部组织的法律，行政行为法是有关特定行政活动的内容、形式、程序的法律，行政救济法是在行政活动违法时对相对人的权益进行救济的法律。这三部分是一个相互关联的整体，共同构成行政法学的总论。当然，在行政法学的总论体系中，三者还是以行政行为法为中心。

关于分论的部分，人们在对其内容上的认识大体一致的有：组织行政法学、人事行政法学、军事行政法学、外事行政法学、经济行政法学、公安行政法学、教育行政法学、民政行政法学、科技行政法学、司法行政法学、文化行政法学、建设行政法学、土地行政法学、卫生行政法学、体育行政法学等。

总体而言，我国的行政法学研究主要集中于行政法学总论部分，而对于行政法学分论部分的研究并不充分。

（三）制度性行政法学与原理性行政法学（静态与动态）

制度性行政法学与原理性行政法学是“体”与“用”的关系。

"体"是行政法中的静态构成因素，是指行政机关的组织体系以及行政机关构成分子的组成方式。对"体"作出规范的行政法规范就是静态行政法的内容。在"体"的构成因素中有两部分。第一部分是行政机关以及行政机关的构成体系。在单一的国家结构形式之下，行政机关可分为中央行政机关和地方行政机关两种类型。其中，中央行政机关是在全国范围内行使权力的机关，而地方行政机关是在一定区域内行使权力的机关。地方行政机关可根据地域范围的大小和权力的强度分为若干级别，如地方行政机关可以包括省、市、县、乡四级，中间还可以有一些特殊形态，如地区行政公署等。在对行政机关的相关知识作领会时，一定要记住以下概念：行政机关的性质和职能、行政机关的构成、行政机关的组织体系、行政机关的工作程序、行政机关的职权范围、行政机关人员的任期、行政机关的领导体系等。第二部分是公务员和在行政机关工作的其他人员。在发达国家行政机关的工作人员一般分为两类，即政务类和事务类，这两类行政机关的划分是西方国家公务员制度的基础。由于我国的公务员法律规范也包含这两类，因此本书按照我国公务员的现行分类把握公务员制度的基本内容，主要应把握以下几点：公务员的职位分类、公务员的考试录用、公务员的权利义务、公务员的管理制度、公务员的职位变化制度、对公务员进行管理的相关机构等。

"用"是对行政法中动态的构成因素，是指行政机关在行政管理活动过程中所为的行政行为。行政法中动态构成因素同样也有两部分。第一部分是行政机关所为的抽象行政行为。抽象行政行为，是指行政机关针对不特定的对象，制定、发布能反复适用的行政规范性文件的行为，是行政机关制定和发布普遍性行为规范的行为。长期以来，由于立法上一直将大部分抽象行政行为排除在司法审查的受案范围之外，我国尚未建立起监督抽象行政行为的有效机制。抽象行政行为作为具体行政行为的依据和指导，一旦违法造成的损害后果要比具体行政行为更严重，影响面更广。因此，从体制机制上加强对抽象行政行为的监督，促进行政机关依法行政，是建设中国特色社会主义法治国家的必然要求。第二部分是具体行政行为。具体行政行为，是指行政机关行使行政权力，对特定的公民、法人和其他组织作出的有关其权利义务的单方行为。具体行政行为的表现形式包括：行政征收、行政许可、行政确认、行政监督检查、行政处罚、行政强制、行政给付、行政奖励、行政裁决、行政合同、行政指导、行政赔偿等。

课后习题

一、选择题

1. 下列属于我国行政法渊源的有（　　）。

A. 国际条约　　B. 行政判例

C. 行政法学说　　D. 行政法基本原则

2. 下列行政类型中，哪项不属于行政法的研究范畴？（　　）

A. 私人行政　　B. 国家行政

C. 形式行政　　D. 实质行政

二、简答题

1. 简述行政法的概念。

2. 简述行政法的渊源。

3. 简述行政法学的体系结构。

第二章　行政法律关系

本章概要

行政法律关系是构成一个国家行政法律体系的基本内容，也是行政法学的基本范畴之一。行政法律关系有内部行政法律关系、外部行政法律关系、实体性行政法律关系和程序性行政法律关系等类型。行政法律关系是由主体、客体、内容三个要素构成。行政法律关系是一个动态的过程，有其产生、变更和消灭的过程。

第一节　行政法律关系概述及其构成

一、行政法律关系的概述

（一）行政法律关系的含义

一般来说，不同社会关系由不同的法律调整而形成的不同的法律关系。在现实中表现为：宪法法律关系、行政法律关系、民事法律关系、刑事法律关系等。行政法律关系是指经行政法调整的，行政机关在管理过程中，因行政职权的配置、行政职权的行使和对行政职权的监督而形成的上级权力机关与行政机关之间、行政机关互相之间、行政机关与公务员之间、行政机关与（行政相对人）公民之间、行政机关与各监督主体之间的权利义务关系。行政法律关系是行政法律规范对以国家公共行政管理活动为核心的社会关系进行调整的结果。

行政关系是行政法律关系产生的基础，而行政法律关系是行政法律规范调整行政关系的结果，两者有着密切的联系。但是，行政关系并不等同于行政法律关系，它们之间存在明显的区别：

第一，两者的性质不同。行政法律关系属于思想意识范畴，体现国家意志的一致性；而行政关系属于物质社会关系。

第二，两者与行政法的关系不同。行政关系是行政法的调整对象，而行政法律关系是行政法调整后的表现。

第三，两者内容的范围不同。从严格依法行政的角度上讲，无法律即无行政，所以一切行政关系都应形成行政法律关系。但从各国行政实践的角度来看，行政法只规范和调整部分行政关系，除此之外的其他行政关系无须或无法以行政法律规范调整，不具有权利义务内容，因而不是行政法律关系。所以，行政法律关系只是行政关系的一部分。随着现代行政的发展，民主与法制的进步，越来越多的原来不受行政法调整的行政关系也被纳入了行政法的调整范畴。

（二）行政法律关系的类型

1. 行政实体性法律关系与行政程序性法律关系

将行政法律关系划分为行政实体性法律关系与行政程序性法律关系，是根据行政法律规范本身的属性不同所作的一种划分。

所谓行政法律规范本身的属性，是指行政法律规范的内容是关于实体性的规定还是程序性的规定的问题。如果行政法律规范的内容是实体性的，由此受到行政法调整而产生的行政法律关系就是行政实体性法律关系，如法律规定行政行为违法的具体事项和行政处罚的具体幅度，由此在法律实施中所产生的法律关系就属于行政实体性法律关系；如果行政法律规范的内容是程序性的，由此受到调整而产生的行政法律关系就是行政程序性法律关系，如法律规定行政主体实施行政行为过程的步骤、顺序、方式、形式和时限等，运用这些法律规范所产生的法律关系就是行政程序性法律规范。

在此指出一点，现实中行政主体的任何一种行政行为，都是实体行政与程序行政的统一，二者具有不可分离性。因此，行政实体性法律规范与程序性法律规范也都必然是统一而不可分离的。

2. 外部行政法律关系与内部行政法律关系

外部行政法律关系是指行政主体在行使行政权力时与被管理相对人发生的法律关系。它具有以下几点特征：

第一，一方当事人是行政机关或法律法规授权的组织。

第二，双方当事人不存在行政隶属关系。如果双方都是行政机关，一方处于行政相对人地位，如某司法局污染环境被环保局处以罚款，就属于外部行政法律关系的当事人。

第三，双方当事人的地位不对等。行政主体以自己的名义参与法律关系，代表国家行使行政权力，处于优越地位，行政相对人处于被管理地位。在单方行政行为中，双方当事人的地位都是不对等的。

第四，行政机关一方当事人依法拥有解决行政法律关系争议的裁判权，尽管并不是最终裁判权。

内部行政法律关系是指在行政权力行使中发生于行政系统内部的法律关系。它包括行政机关相互之间的行政法律关系和行政机关与公务员之间的行政法律关系及行政监察法律关系。行政机关相互之间的行政法律关系是基于宪法和组织法的调整，在行政组织内部的中央与地方、上级与下级以及同级各机关、机构之间发生的行政法律关系。行政机关与公务员之间的行政法律关系则是基于公民担任行政职务受到公务员法调整而在行政机关与国家公务员之间产生的行政法律关系。行政监察法律关系是基于监察机关依法行使监察权而与被监察的行政机关及行政工作人员发生的法律关系。

二、行政法律关系的构成要素

研究行政法律关系的构成要素的意义在于：“它可以检查行政法律规范中规定行政法关系的形式，各构成要素的特点，调整的范围是否全面、准确，行政法律关系中的主客体关系是否与主体所存在的社会环境的发展变化相适应。如果行政法律关系中的权利—权力的运作不能反映主体的意志，不能满足主体的需要，不能适应社会的发展变化，那么，行政法律规范就形同虚设。”行政法律关系由主体、客体和内容三个要素构成。

（一）行政法律关系的主体

（1）行政法律关系的主体，亦称为行政法律关系的当事人，指行政法律关系中权利的享有者和义务的承担者，包括行政主体和行政相对人。

行政主体，是指享有行政职权，以自己的名义行使职权，并独立承担因此而产生的相应法律责任的组织。国家行政机关是最主要的行政主体，此外依照法定授权而获得行政权的组织，也可以成为行政主体。

行政主体是行政法律关系主体的一种。行政主体可能在各种行政法律关系中存在，但在各种行政法律关系中，它只是关系的一方当事人，与另一方当事人共同构成相应关系的双方。人们往往容易混淆行政法律关系主体与行政主体的概念。实际上，这是两个既相互联系又有重要区别的概念。行政主体虽然只是行政法律关系主体的一种，但它是行政法主体中最重要的一种。首先，行政主体在行政法律关系中占有主导地位，而行政管理法律关系在整个行政法律关系中又占有主导地位。其次，行政主体在各种行政法律关系中均可以构成一方主体，而其他行政法主体只可能在一种或两种行政法律关系中出现，而不可能在所有行政法律关系中出现。

行政法律关系主体和行政主体是两个完全不同的概念。行政法律关系主体是行政领域内的法律关系中权利的享有者和义务的承担者，除了行政主体和行政相对人外，还包括监督行政关系中的监督主体，如立法机关、其他行政机关、司法机关等。可以说，受行政法调整的享有行政法上权利并承担相应义务的组织或个人都是行政法律关系主体。

（2）行政法律关系主体的权利能力和行为能力。组织和公民均可以成为行政法律关系的主体。但作为行政法律关系的主体，必须具有行政法上的权利能力和行为能力。行政法上的权利能力，是指行政法律关系主体依法享有行政法上的权利和承担行政法上的义务的能力，亦即有作为行政法律关系主体的资格。行政法上的行政行为能力，则是指行政法律关系主体能够以自己的行为依法行使行政法上的权利和承担行政法上的义务的能力。

国家行政机关的行政法权利能力指行政机关的职权、职责。其行为能力是行政机关行使职权、履行职责的表现方式，这些均由宪法和组织法予以规定。行政机关的权利能力和行为能力始于其建立，终于其撤销。

公民在行政法上的权利能力和行为能力并无统一的法律规定，必须依据个别具体行政法律规范的规定来判断。就权利能力来说，一般始于出生、终于死亡，如政治权利中的自由权与平等权；但也有以达到一定年龄或未受到刑罚处罚为条件的，如担任公职权和选举权等只能为年满 18 周岁且未被剥夺政治权利的公民享有。公民行政法上的行为能力也因具体的行政法律关系不同而各异。

（二）行政法律关系的客体

行政法律关系客体指行政法律关系当事人的权利义务所指向的对象。行政法律关系客体的范围很广泛，大体可包括物质财富、精神财富、权力、行为等。

1. 物质财富

物是现实存在的、能够为人们控制和支配的物质财富，包括实物和货币。大多数行政法律关系都和物有着密切联系，有的直接以物为客体，如行政机关对公共设施及道路、河川的管理，对国库、国有企业、国有资产的管理；有的虽以行为为客体，但仍与物紧密相关，如海关对进、出境人员进行监管，主要通过对其携带的货物、物品等的检查与放行来实现。

2. 精神财富

精神财富主要是指一定形式的智力成果，如著作、专利、发明等。尽管精神财富经常转换为物质财富，但在法律上仍是一种独立的法律关系客体。有时，主体的名誉也可以被视为精神财富而成为行政法律关系客体。保护健康、科学的精神财富是保护和发展社会生产力的要求，是行政法的一项基本任务。

3. 权力

权力具体包括了行政权力与行政职权两个方面。行政权力是指国家行政机关根据宪法和法律而享有的执行国家法律规定、管理国家行政事务的权力，是政权的重要组成部分。行政职权是指作为行政机关的个体依法享有的，对不同行政管理领域和不同行政管理事项进行组织与管理的行政权力，是行政权力的具体配置和转化形式。行政权力在特定的法律制度中与它的行政机关和行政事务相结合而转化成具体的行政职权，成为特定行政机关以及公务人员所拥有的与其行政地位、工作任务相适应的资格和权能。

4. 行为

法律行为是法学的基本范畴之一。行政法律行为是指行政法律关系主体有目的、有意识的活动，如征税、征地、违章建房、阻碍交通等。作为行政法律关系客体的行为包括：

（1）作为和不作为。作为的法律行为是指行为方式和内容上积极做出一定的动作；不作为的法律行为是指行为方式上不做出一定的动作。

（2）合法行为与违法行为。行为主体依照法律规范要求的范围和内容，按法定的方式和程序实施的，为法律保护的行为叫作合法行为。违法行为指行为主体违反法律规范的要求所实施的危害社会的行为。

（3）行政主体的行为与行政相对人的行为。行政主体行为是指具有行政主体资格的组织行使行政职权而作出的行政行为；行政相对人的行为是指行政法律关系中的相对人所作出的具有行政法意义的行为。

权力机关作为权力配置主体的行为、作为非行政主体的监督主体的行为不属于权力配置法律关系或监督行政法律关系的客体。

（三）行政法律关系的内容

行政法律关系的内容指行政主体和行政相对人在行政法律关系中享有的权利和承担的义务。

行政主体的权利和义务，通常又被称为“职权”和“职责”。行政主体的权利的职权主要有：行政立法权、行政决定权、行政命令权、行政强制权、行政监控权、行政制裁权、行政裁决权等；行政主体的义务，也即职责主要有：依法行使职权、正确适应法律、维护公共利益、遵守法定程序、依法补偿或赔偿、提供社会服务、接受监督等。在不同类型的行政法律关系中其权利、义务也有差异。例如，在行政权力的配置关系中，行政权配置主体享有创设权、分配权、解除权。在上下级行政机关之间的关系中，上级机关对下级机关具有行政职权与职责的划分配置权、指挥权、命令权和决定权、监督检查权、纠纷裁决权等。下级机关具有接受和服从的义务；下级机关对上级机关具有请求权、建议权、申诉权和监督权等；而上级机关则相应地具有听取建议或申诉的义务、接受监督的义务、纠正错误决定的义务等。

行政相对人的权利与义务。行政相对人的权利，是指其他国家机关、企事业单位、社会团体、公民等行政相对人根据有关行政法规范规定针对行政主体而主张法定权益的权利。主要包括以下几类：

（1）参与国家管理权。主要包括选举和评议行政人员，对法律政策的制定进行讨论和建议，对行政工作进行批评，通过竞争考试担任国家公务员等。

（2）合法利益保障权，即有关行政法规范根据宪法规定保障公民的人身自由、通信自由、宗教信仰自由，以及言论、出版、集会、结社、游行、示威的自由，保障公民的人格尊严、住宅、合法财产不受非法侵犯。

（3）诉权，包括告诉权和诉讼权。行政相对人在与行政主体发生争议时或受到不公正处理时，有通过正当、合法途径获得救济的权利，其具体形式有：检举、控告、申诉、申请复议、申请仲裁和提起行政诉讼等。

行政相对人不仅享受权利，同时还必须履行行政法上的义务。行政相对人在行政法上的义务主要有三项：

（1）遵守法律、维护行政法秩序的义务。在行政法律关系中，行政相对人应该做什么、不应该做什么的准则就是行政法规范，因此，行政相对人必须遵纪守法，以维护正常的行政法秩序。

（2）服从行政管理、协助行政主体履行职务的义务。行政相对人应该尊重和服从行政主体的管理，如果对行政行为的合法性有争议，那就通过法定程序由有关机关解决，不得擅自否定行政决定的拘束力和确定力。

（3）接受行政处罚、承担违法行为的法律后果的义务。行政相对人如果故意或过失的违反行政法规范，应当服从行政主体作出的强制执行或行政处罚决定，接受国家对自己违法行为的否定评价，承担因违法行为带来的法律后果。

三、行政法律关系的特征

与民事法律关系平等、等价、有偿的特点相比较，行政法律关系在主体与内容上具有如下特征：

（一）主体特征

1. 行政法律关系的主体至少一方是行政主体

从主体的不同来看，行政法律关系包括行政主体之间、行政主体与行政相对人之间、行政主体与公务员之间的权利义务关系，即行政法律关系的主体中至少有一方是行政机关或法律法规授权的组织，纯粹在行政相对人之间不可能产生行政法律关系。这是因为在行政法律关系中存在“公权力行使”的因素，只有一方当事人（行政主体）对另一方当事人（行政相对人）行使公权力而产生的法律关系才是行政法律关系。如果不具有这种公权力行使的因素，而是基于自由、平等的协商产生的法律关系就属于民事法律关系。可见，行政主体的存在，是发生行政法律关系的前提条件。

2. 行政法律关系主体之间地位具有不对等性

正是由于上述公权力因素的存在，代表公权力的行政主体相对于行政相对人具有优越性，在行政法律关系中始终处于主导地位，即双方地位具有不对等性。这种不对等性体现在三个方面。第一，行政法律关系的产生、变更或消灭一般仅仅根据行政主体的单方意思表示，而不以双方主体的意思表示一致为必要条件。例如，行政机关可以单方面决定对行政相对人处以一定数额的罚款，而无须得到行政相对人的同意。第二，行政主体行使公权力以国家强制力作为保障，为保证行政法律关系的实现，当相对方拒绝履行义务时，行政主体可以自行行使强制权，强制对方履行。反之，当行政主体不履行或违法履行职责时，行政相对人只能通过复议或诉讼程序来解决，并不具有自行救济的能力。而且，对于行政主体的违法或不当行为，在有权机关确认该行为违法或不当之前，该行为不停止执行，行政相对人也不得抵抗。第三，行政主体在履行职务时享有行政优益权。行政优益权是为保证行政职权的有效行使，国家赋予行政主体及其工作人员某些职务上或物质上的优惠条件，包括职务上的各种“特权”（行政优先权）与物质上的各种保障（行政受益权）。

（二）内容特征

1. 行政法律关系的内容法定

民事法律关系中的权利、义务一般由当事人约定，当事人也可以根据自己的意愿放弃自己的权利；而行政法律关系当事人的权利、义务一般由行政法律规范预先规定，而不能由当事人双方互相协商约定，当事人也不得随意放弃权利或转让义务，而只能依据行政法律规范的规定享有权利或承担义务。例如，公安机关对某人因盗窃作出处以 10 日拘留的决定，对此双方不得通过协商改处 5 日拘留或者以罚款代替。行政主体必须依据行政法律规范的规定作出行政行为，行政法律关系中的权利、义务对于行政主体而言是行政职权与行政职责，行政主体对于这种行政职权或行政职责并不能自由处分，即不能像民事权利那样自愿放弃，否则就是行政失职。

2. 行政法律关系中行政主体的权利与义务具有统一性

如上所述，行政主体在行政法律关系中的权利与义务即行政职权与行政职责。而在行政组织法中，行政职权与行政职责是一致的，权力即意味着责任，两者并非泾渭分明，而是交叉、重叠。可见，在行政法律关系中行政主体的职权与职责、权利与义务相互渗透，具有统一性。例如，公安机关对某人因盗窃作出处以 10 日拘留的决定，相对于盗窃者，拘留是公安机关的权利（权力），但相对于失窃者或国家，依法作出拘留决定是公安机关的义务（责任）。只要发生了特定的法律事实，行政机关有行使职权的权力，也有必须作出相应的行政行为的义务。

四、行政法律关系的类型

根据不同的标准，对行政法律关系可以进行不同的分类。例如，根据行政法律关系中主体的不同，可以将行政法律关系分为行政主体之间、行政主体与行政相对人之间、行政主体与其公务员之间的权力义务关系。此外，根据行政法律关系中当事人之间关系的不同，行政法律关系还可以被划分为内部行政法律关系和外部行政法律关系两大基本类型。内部行政法律关系是指双方当事人均为国家行政机关或隶属行政机关的行政法律关系，上述的行政主体之间、行政主体与其公务员之间的关系都属于内部行政法律关系。内部行政法律关系的主体都属于国家行政系统，因而属于国家行政系统内部的法律关系，反映了国家行政系统内部的分工、管理与监督等。而外部行政法律关系是指国家行政机关和法律法规授权组织在行政管理过程中行使行政职权，与作为行政相对人的个人、组织所发生的法律关系。内部行政法律关系和外部行政法律关系区分的意义在于，两者分别适用不同法律原则与行政法律规范，不得交叉适用，这被称为“交错无效原则”。

传统行政法学将行政法律关系区分为内部行政法律关系和外部行政法律关系，并分别适用不同的法律原则。对于外部行政法律关系，强调行政主体与行政相对人的二元对立；对于内部行政法律关系，则以特别权力关系为由将行政内部行为排除于行政法学的对象之外。

第二节　行政法律关系的产生、变更和消灭

一、行政法律关系变化的条件与原因

行政法律关系的产生、变更和消灭，盖以相应行政法律规范的存在为前提条件，以一定法律事实的出现为直接原因。没有行政法的存在，行政法律关系便不存在；只有行政法律规范，没有一定的法律事实，行政法律关系同样不可能发生。相应行政法律规范的存在，为该行政法律关系的产生、变更和消灭提供了可能。然而，仅有行政法律规范而没有相应的法律事实，行政法律关系的可能性也不可能转变为现实性。所谓法律事实，是指能够导致行政法律关系的产生、变更和消灭的客观事实。法律事实又可以划分为法律事件和法律行为。前者是指不以人的意志为转移的客观事实，后者是指人们的主观行为。法律行为不限于合法行为。在行政法律规范存在的前提下，相应法律事实的出现，直接导致了行政法律关系的产生、变更和消灭。

二、行政法律关系的产生

行政法律关系的产生必须具备以下两个条件：

（1）行政法律规范是行政法律关系产生的根据。行政法律关系是基于行政法律规范的确认和调整而在当事人之间发生的法律关系，双方当事人的权利义务是行政法上的权利义务。因此，没有行政法律规范的确认和调整，双方当事人就不可能具有行政法上的权利，也就不可能形成行政法律关系。例如，税务机关与相对人之间的税收法律关系基于税法的确认和调整而产生；行政机关与公务员之间的行政法律关系基于公务员法的确认和调整而产生。没有行政法律规范的确认和调整，就没有行政法律关系的产生。

（2）法律事实是行政法律关系产生的具体原因。行政法律规范的存在为行政法律关系的产生提供了法律根据，但并不等于行政法律关系已经产生或必然产生。行政法所确认的普遍的、抽象的法律关系要成为当事人之间具体的、实际的法律关系，还必须有法律事实的发生。导致行政法律关系发生的法律事实包括行为和事件。导致行政法律关系发生的行为是指当事人有意识进行的能够引起行政法律关系产生的行为。导致行政法律关系产生的事件，是指不以当事人的意志为转移并能引起行政法律关系产生的客观存在。

三、行政法律关系的变更

行政法律关系的变更，是指行政法律关系产生后，消灭前，行政法律关系要素发生了变更，包括主体的变更、内容的变更和客体的变更三种情况。

1. 主体的变更

主体的变更，是指主体发生了不影响原权利义务的某些变化，一般只是形式上的变化。

主体变更的形式通常有两种。①主体在数量上的变化，如某行政主体被合并到另一行政主体之中，或分立为两个行政主体时，它与行政相对人之间已存在的权利义务关系依然有效。②主体在继承上的变化，如行政机关被撤销、因行政区划调整而变更隶属关系，或行政职权的“下放”与“上收”等。值得注意的是，若遇双方当事人同时交换，即使关系内容不变，也不属于行政法律关系变更，而属于该关系的消灭。

2. 客体的变更

客体的变更，是指客体发生了不影响权利义务的变化，通常是具有可替代性的变化。但是在行政法律关系中，有的客体能发生改变，有的客体不能发生改变。

能发生改变的客体是具有可替代性的客体，这类客体主要包括两种。第一种为与特定人身没有联系的财物。这种物可以由同等价值的他物替代。例如，在行政处罚关系中，客体是被处罚的款项，但受罚人没有现存款项时，可以同等数额或价值的实物代替，由行政主体将实物变卖后充作罚金。第二种为与特定的人身没有联系的作为行为。例如，有义务拆除违章建筑的行政相对人没有履行拆除义务时，行政主体可让他人代为拆除违章建筑物。

不能发生改变的客体，是指该类客体具有特定性，不能改变。这类客体主要是指：①身；②不作为的行为；③与特定相对人的人身密不可分，只能由特定人作为的行为；④与特定主体的人身密不可分的资源或财富，如行政职权、行政相对人的著作权、发明权等。

3. 内容的变更

内容的变更是指行政法律关系主体的权利义务发生的变化。在行政主体方面，主要表现为职责权限的变化，但行政征税关系依然存在。

行政法律关系的变更，同样以行政法律规范存在为前提，以一定法律事实出现为原因。

四、行政法律关系的消灭

行政法律关系的消灭，是指行政法律关系主体之间权利义务的终止或不复存在。引起行政法律关系消灭的原因主要有：行政法律关系的主体、客体或内容的消灭而使行政法律关系归于消灭。在其他法律关系中，主体和客体的消灭是引起权利义务消灭的原因。但在行政法律关系中，主体、客体或内容这三个要素中，任何一个要素消灭，原行政法律关系都有可能归于消灭。

1. 行政法律关系主体的消灭

在行政主体方面，主要是行政机关的撤销、国家公务员职务的免除等；在行政相对人方面，主要是指行政相对人死亡、丧失意识能力，或其他原因。

行政法律关系主体要素的消灭，并不必然导致行政法律关系的消灭。行政法律关系主体的消灭可以导致两种情况的发生：一是行政法律关系主体消灭后，其权利义务由新的主体继承，这种情况下，行政法律关系只是发生了变更而不是归于消灭；二是行政法律关系主体消灭后，没有继承权利义务的主体，则权利和义务也随之消失，如某国家公务员死亡，他与国家之间的行政职务关系自然消失。

2. 行政法律关系客体的消灭

行政法律关系客体的消灭可能导致行政法律关系的消失，但不意味着必然导致行政法律关系的消失。行政法律关系客体的消灭也可以形成行政法律关系的变更和消灭两种情况：一是原客体消灭后，能够以另一客体代替原客体，原权利义务并未消灭仍可实现，行政法律关系只是发生了一定的变更；二是原客体消灭后，不能被其他客体代替，则权利义务无法实现而归于消失。

3. 行政法律关系内容的消灭

主要是指行政法律关系双方当事人的权利义务得以充分实现或因法律规定的特殊情形使当事人之间的权利义务得以解除而消灭，如行政义务的履行、禁令的解除、标的物的损毁、时效的丧失等。

权利义务不存在则行政法律归于消失。行政法律关系内容这一要素的消灭，通常由于所适用的行政法规范被废除、权利义务已行使或履行完毕，以及行政相对人放弃自己的权利等。这是人们有意识、有目的地消灭已经产生的行政法律关系。

行政法律关系的产生、变更和消灭往往不是孤立静止的过程，一种行政法律关系的消灭可能导致另一种行政法律关系的产生，而一种行政法律关系的产生又可能导致另一种行政法律关系的消灭。行政法律关系的不断产生、变更和消灭的过程，表明了实现国家行政职能的内在运动规律。

课后习题

一、选择题

1. 下列活动形成的关系不属于行政法律关系的是（　　）。

A. 公安局给所属人员纪律处分

B. 税务局干部上街宣传税法

C. 财政局取消不合法的收费项目

D. 县级人民政府作出行政复议决定

2. 在行政法律关系中，将与行政主体处于相对应的一方的公民、法人或其他组织称为（　　）。

A. 行政对象

B. 行政相对人

C. 行政主体

D. 行政客体

二、简答题

1. 简述行政法律关系的概念与特征。

2. 简述行政法律关系的构成要素。

3. 简述行政法律关系的内容。

第三章　行政法的基本原则

本章概要

行政法基本原则是贯穿全部行政法规范的灵魂与核心，揭示着行政法的基本精神。因此，无论对于理解行政法规范，还是指导行政法的适用，行政法的基本原则都起着重要的作用。本章在讲述了行政法基本原则的含义与特征外，主要分析了依法行政原则、信赖保护原则、合理行政原则、正当程序原则、权责统一原则等主要行政法基本原则。

第一节　行政法基本原则概述

行政法基本原则不同于行政法的具体规划、原则，不是由成文法的具体条文加以确立的，而是一种法律理念，存在于各国立法者及国民的法律意识当中，通常由学者加以概括、归纳，在学术著作中予以反映和阐释。行政法基本原则是指贯穿于全部行政法关系中，作为指导行政法的制定、修改、废止、实施的基本准则或原理等。它是行政法的核心，指导行政法从创立到实施的各个环节。

一、行政法基本原则概述与特征

行政法的基本原则从实质上讲属于法律原则，它是法的要素之一。根据我国法学界的研究理论，法的要素是指法的基本成分，即构成法律的基本元素，它包括法律规则、法律原则和法律概念。法律概念是有法律意义的概念，即对各种有关法律的事务、状态、行为进行概括而形成的术语。法律规则是规定法律上权利、义务、责任的准则、标准，或是赋予某种事实状态以法律意义的指示、规定。法律规则不同于法律原则。法律原则可以是非常抽象的，如法律面前人人平等原则、自然公正原则等。法律原则与法律规则二者之间的区别主要体现在：法律规则具有微观指导性，可操作性较强，确定性程度较高；而法律原则具有宏观指导性，可操作性较弱。法律原则根据其覆盖面不同可以分为基本法律原则和具体法律原则。基本法律原则是指体现法的根本价值的法律原则，它是整个法律活动的指导思想和出发点，构成法律体系的中枢；具体法律原则是基本法律原则在不同领域或法律运行中不同阶段的具体化。

具体而言，行政法基本原则具有以下几个方面的基本特征：

第一，普遍性。行政法原则应该覆盖行政法的各个领域，指导行政法治的各个环节，它是纷繁复杂的行政法治中的统一因素，是变动繁多的行政法制中的稳定因素。它贯穿于行政立法、行政执法和行政监察等各个环节。

第二，抽象性。作为行政法的基本原则，它是国家行政法制体系的基本精神和指导全部的行政法治运行过程的基本准则，因而具有高度的抽象性。这种高度的抽象性具体表现为：它将若干条款中的具体规定高度地浓缩和概括为一个简明的准则，而这些准则往往是由法学家们在长期地深入研究、分析的基础之上提炼和总结出来，而后又通过国家制定法律规范加以确认或肯定的。正是因为行政法基本原则所具有的抽象性，决定了行政法基本原则与其一般性的和具体性的原则的区别，即行政法基本原则具有普遍性或宏观性，而行政法的一般性和具体性的原则具有具体性和微观性。

第三，特殊性。行政法基本原则只是人们对行政法现象的抽象和概括，是行政法所独有的原则。由于行政法是规范行政权的法，因此，行政法基本原则主要是关于行政权的存在、行使的准则，其基本内容是关于行政主体、行政职权与职责、行政相对人权利与义务实现的法理要求。它表现在：①行政法基本原则是人们对行政法现象的认识和反映。②行政法基本原则的内容通过具体的行政法律关系来实现。③行政法基本原则只适用于行政法领域。也可以说，正是行政法基本原则的特殊性，使其与其他法律原则区别开来。

第四，指导性。行政法基本原则体现了一个国家行政法治的基本价值，行政立法者在进行行政立法和行政执行者在行政执法时都必须以行政法基本原则为指导。指导性是行政法基本原则性质和功能的内在体现与具体的反映。一方面，国家权力机关在制定行政法律、国家行政机关在制定行政法规和行政规章过程中，必须将行政法基本原则的内在精神和基本要求贯穿其中，并受行政法基本原则的规范和指导；另一方面，行政执法者在进行行政执法时也必须以行政法基本原则为指导，将行政法基本原则内在精神和基本要求贯彻在行政执法的各个环节之中。

第五，适用性。行政法基本原则是适用于行政法实践的基础性规范，它不仅指导行政法规范的制定和实施，而且是行政法规范制定和实施的依据。当代行政法上的基本原则均蕴涵于有关公共行政管理的立法、执法、守法、司法的实践之中。行政法基本原则的适用性表明其一方面是对行政法现象的一种抽象，另一方面是为了行政管理的实际运用。抽象和概括既源自行政法实践，又指导和运用于行政法实践，其能够解决行政法实践中的问题，如法国的公务员制度。在我国，合法性就是司法审查的标准，也是行政法的基本原则。应该说，行政法基本原则的适用性在一定程度上也决定了行政法的部门法地位，决定了行政法学是一门应用性学科。

二、行政法基本原则的功能

行政法基本原则的功能，是指行政法基本原则所具有的实际作用。它具体表现在以下几个方面：

（1）引导行政法的发展。行政法的基本原则是对行政法的基本原理、价值和目的的总结，是推动行政法治走向理性的选择。行政法基本原则的确立无疑将推进行政法的发展。基本原则作为行政法最基本的原理，可以为行政法规则体系的建立提供内在的正当性根据。另外，作为行政法的目的和规则制度之间的中介和桥梁，行政法基本原则不仅可以指导各项行政法律制度的建立和完善，还将对行政法整体的发展以及行政法结构体系等产生深刻影响。

（2）指导行政立法。行政法基本原则不仅指导、调整行政执法行为，而且指导和调整整个立法行为，国家权力机关制定行政法律，国家行政机关制定行政法规和规章，都须受行政法基本原则的指导，行政法律、行政法规和规章都要体现和贯彻行政法基本原则。行政法基本原则对立法的指导和调整是其在执法中得以实现的保证。

（3）指导行政法的实施。行政法的实施既发生在行政活动过程中，也发生在行政救济过程中。在行政活动过程中，适用行政法规范的行政机关众多，适用机关根据行政法基本原则有助于统一认识，准确把握行政法条文的含义，并将法律的规定正确地运用于具体的事件和具体的人。同时，当行政主体在行使自由裁量权时，依据行政法的基本原则，将有一个相对稳定的标准，有助于行政主体的自由裁量权行为符合行政法的精神和理念。在行政救济过程中，行政法的实施同样要以行政法基本原则为指导，正确理解和适用有关法律条文，纠正违法行为，确保行政法律秩序的实现。

自20世纪80年代中期，我国行政法学界开始探索中国行政法的基本原则，取得许多成果，但至今尚无定论。有学者认为，我国行政法的基本原则就是依法行政原则，也有学者认为，我国行政法的基本原则就是合理行政原则。还有学者认为我国行政法的基本原则就是正当程序原则。为此，我们认为我国行政法的总体价值目标是依法行政或行政法治，行政法的基本原则可概括为依法行政原则、信赖保护原则、合理行政原则、正当程序原则、权责统一原则五项基本原则。

三、行政法基本原则的确立标准

基于行政法基本原则的重要性，对于其如何确立，需要从理论的高度进行探讨。结合我国行政法治实践，适应全球化的趋势，综合考虑到宪法理念、法治观念以及行政法的价值等多种因素，行政法基本原则的确立标准有以下四项：

（一）行政法基本原则应当融入现代宪政精神

在法律部门中，行政法与宪法的关系最为密切。在一定程度上可以说，行政法是宪法的直接延伸。一方面，宪法的许多规定需要行政法加以落实；另一方面，现代宪政精神直接影响到行政法的发展。宪政制度的基本问题，如公民与国家的关系以及国家权力的分工与制衡等都与行政法息息相关。综观西方发达国家行政法基本原则的确立，无不以其本国的宪政原则为基础。行政法是在近现代的宪政基础上生长起来的，失去了宪法基础，行政法就无法存在。同时，行政法存在的目的也是将宪政精神具体化，当然是在行政法领域的具体化。因而，作为行政法精髓的行政法基本原则应当最大可能地反映现代宪政精神。

（二）行政法基本原则应当体现法律的基本价值

各种法律有其共同的价值追求。自由、平等、公正、正义、秩序和效益等都是现代法律追求的基本价值，行政法也不例外。行政法虽然有其特定的规范对象和制度内容，但行政法的价值追求并没有特殊性。行政法同样要保障公民的基本自由和权益，维护平等，追求正义，确保行政秩序的稳定，并保证行政管理的高效。行政法的基本原则作为法律价值的载体，应当承载、协调各项基本价值，并将这些基本价值融入行政法律制度之中。

（三）行政法基本原则应当反映行政法的目的

行政法基本原则作为行政法的目的与具体制度之间的桥梁，将对行政法的各项具体法律制度的建立起指导作用，而这些行政法律制度又直接影响到行政法目的的实现。因而，行政法基本原则的确立应充分反映行政法的目的。目的与价值相比，更为明确、具体，具有可操作性。行政法的目的，法学界没有展开正面研究。我们认为，行政法的目的主要在于确保公民行政权益的实现。因此，在架构行政法的基本原则时，要将公民行政权益的保障放在突出地位。

（四）行政法基本原则必须具有普遍性、统率性

行政法的基本原则必须具有普遍性、统率性，能够对行政活动提供全方位的指导。因此，行政法基本原则应当是行政法规范中最高层次的规则。

这种规则无论是已为法律所规定，还是深藏于法律条文之后，作为行政法最基本的原理都将对行政法的发展产生深刻影响。

第二节　行政法基本原则概要

一、依法行政原则

所谓依法行政原则，又称为行政合法性原则，是指行政机关行使行政权力，管理公共事务，必须有法律授权，并遵守法律规定的规则。现代国家的行政不再如专制时代的行政一般充满人治色彩，而是必须在法律规定的范围之内达到行政目的。一个国家行政事务是否理性，要视其行政达到依法行政的程度而定。依法行政原则是行政法上最重要的原则，现代法治国家的行政法学可以说是基于依法行政原则建立起来的。

在中国，虽然依法行政原则的提出时间晚于西方资本主义国家，但这一原则的确立是中国历史的必然。将依法行政原则作为用以规范政府行政管理活动的行政法基本原则，不仅是中国行政法学者研究的结果，更是中国宪法的实施、民主和法治的运作以及法治观念深化的结果。

具体而言，依法行政原则的基本内涵是：

（一）职权法定

行政权力是以国家强制力为保障的维护社会秩序和公共利益、增进社会福利、保障公民生命、财产和人身自由不受侵犯的权力。由于该权力事关公共利益和个人利益，同时又具有自我扩张性和强制性，极易被滥用。一旦行政权力主体行使不当或滥用此项权力，不仅会损害社会公共利益，而且会给公民、法人和其他组织的人身、财产等权力造成损失。为此，必须对行政权力的取得、行使加以规范和约束。行政主体的自我规范和约束是一种途径，更主要的是，应当通过体现和代表人民意志的法律加以规范和约束。从这个意义上说，行政权力主体的所有权力都应当由法律予以创设和规定。所谓“职权法定”就是指行政机关及工作人员的职责权力均是法律创设的，行政机关及其人员行使权力都应当以法律为依据。非依法律取得的权力都应当被推定为无权限，非依法律规定行使的权利都应推定为无效。职权法定是保障公平合理地为行政行为的前提，是依法行政的重要内涵。

职权法定还意味着，法律未授权的行为，行政权力主体不得为之。对于可能侵犯公民、法人和其他组织合法权益的权力，凡是法律未授予行政机关的，行政机关不得行使。换句话说，行政机关行使能够影响公民、法人和其他组织的人身、财产等权利的行为，必须取得法律的明确授权，行政机关不得享有法律规定以外的任何特权。相反，对公民、法人和其他组织而言，凡是法律未禁止的，都可以为之。

（二）行政组织法定

这里指行政组织的权限、中央和地方行政权的划分、行政机关的设置、职能以及行政编制等都要由法律设定，其他任何组织和个人都无权规定。在我国，宪法尽管原则上规定了行政机关由权力机关产生，但根据地方组织法的具体规定，地方各级人民政府根据工作需要和精干的原则，可以设立必要的工作部门。可见，政府设立工作机构，不受权力机关的控制和监督，由行政机关自己决定。行政组织法定在西方国家已成为行政法治的应有之义。由于行政组织的规模、结构，行政机关的职权等都会对公民的自由、权利和义务产生重大影响，因而必须依法规定。在行政组织法定中，行政权限法定具有核心地位。对于行政机关来说，其职权来自法律的规定。行政机关必须在法定的权限范围内活动，越权的行为无效。

（三）依程序行政

依程序行政是依法行政原则的重要内涵之一。依法行政原则不仅要求行政机关行使的权力合法，而且也要求其程序合法。程序合法是实体权力合法的保障。在许多西方国家，依程序行政源自英国的“自然公正原则”和美国的“正当程序原则”，其基本含义是：任何人不能成为审理自己案件的法官；行政机关在行使行政权力、裁决纠纷时不能偏听偏信，应当给予当事人同等事务辩论权利；对当事人作出不利决定前，应当事先通知并给予其听证机会。随着越来越多的国家制定行政程序法或建立行政程序制度，依程序行政已经成为规范和监督行政权力的普遍规则。

由于行政管理领域具有广泛性、复杂性、易变性等特点，因而很难想象所有领域、层次和范围的程序都由法律明确规定，法律只能择其精要规定行使行政权力的步骤、顺序、方式、形式、期限等一般原则，更为详细具体的程序要求，则由行政机关自己依法律规定。依程序行政不仅指依照行政程序法行使权力，而且还包括不同层次和领域的部门也要依程序规则行事。

（四）法律优先

法律优先指的是一切行政行为均不得与法律相抵触，行政机关不能采取与法律相抵触的任何措施，法律与任何行政行为相比都处于最高的位阶，其根本目的是要禁止违法的行政行为。法律优先可以从广义和狭义两个方面来理解。广义上，法律优先原则是指行政活动必须接受法律的约束，行政机关不能采取与法律相抵触的行政措施。这个意义上的法律优先原则，无条件无限制地适用于行政活动的各个方面。行政从属于法律，法律居于优先地位。不过，目前我们更侧重于从狭义方面来理解法律优先原则，主要是指在法律、规范的效力层阶上，法律高于其他任何规范，其他任何法律规范都不得与法律相抵触。随着20世纪末以来我国行政机关立法的增加，行政法律规范已不再局限于由国家立法机关制定。在我国，行政法律规范由宪法、法律、行政法规、地方性法规以及规章等几个层次的规范组成。法律优先所强调的是宪法之下，法律具有最重要的地位。根据《中华人民共和国宪法》和《中华人民共和国立法法》的规定，行政法规、规章不得与宪法、法律相抵触；规章不得与行政法规相抵触，地方规章不得与地方性法规相抵触。在没有法律规定的情况下，其他法律规范可在法定权限或授权的范围内就某事项作出规定，但一旦法律就同一事项作出规定时，则行政法规、规章必须服从法律，以法律规定为准。

（五）法律保留

法律保留原则，是指如果宪法将某些事项保留给了立法机关，那么行政机关在没有法律明确授权时就不得作出该事项。在法律保留原则下，行政活动的进行必须有法律的明文依据，否则不得为之。法律保留原则一般适应于对公民权益影响重大的领域。不过，法律保留原则中的“法律”一词是狭义的，指立法机关制定的法律。由于现代行政的发展，使得立法机关不可能对所有行政活动都制定非常精细的规则，有相当一部分领域和事务需要由行政机关自行制定规则，因此，法律保留原则并不是绝对的，除了涉及基本政治经济制度，特别是涉及公民基本权利的，必须由立法机关制定法律予以调整的以外，许多国家的立法机关一般通过法律授予行政机关制定必要规则的权力，即行政立法权。这就意味着，在行政立法权的来源、目的、范围等方面，仍然基于法律的规定，但并非与行政管理有关的一切事宜都由法律予以精确规定，而是适当地由行政机关自行调整。

二、信赖保护原则

当公民、法人或其他组织对行政机关及其管理活动已经产生信赖利益，并且这种信赖利益因其具有正当性而应当得到保护时，行政机关不得随意变动这种行为，如果变动则必须补偿相对方的信赖损失，这种行为就是——行政信赖保护原则。

信赖保护原则中的“信赖”是一个相当复杂的概念，而保护的方式也是多种多样的。从主体来看，信赖是指公民、法人或其他组织对行政机关及其实施的管理活动的信任。从客体上来看，信赖既可能是对行政机关及其工作人员可靠性和业务水平的信任，也可能是对法律制度和法律规范的稳定性、连续性的信任以及对具体行政行为的信任。信赖保护原则中的“信赖”通常是指后一种信赖，即一种合法信赖或正当合理的信赖。保护合法信赖的方式有以下几种：

（1）立法保护，即保证法律规范的明确性、稳定性与连续性；

（2）存续保护，即维持行政行为的效力，保护公民、法人或其他组织的既得利益；

（3）财产保护，即在变动现有法律状态的同时，给予公民、法人或其他组织财产赔偿。在我国，行政许可法首次肯定了行政许可领域的合法依赖利益保护原则，要求政府实施行政许可必须诚实信用。

由于行政行为的多样性，使得信赖保护原则在行政法上的适用表现也各有差异，主要可以见于以下几个方面：

1. 以诚实信用的方法作出行政行为

相互信任和忠诚是诚实信用原则在行政机关之间关系上的表现，是行政机关树立公民对行政的信任、保护公民对行政的合法信赖的前提，因此是信赖保护原则的必要内容。具体而言有三方面。首先，对一个行政机关依法作出并且生效的行政行为，其他行政机关应当承认其效力，接受其约束，除非法律有明确规定，否则不得作出与该行政行为冲突或不一致的行政行为。其次，一个行政机关作出行政行为可能会涉及其他行政机关的职权职责时，应当及时告知其他行政机关。最后，在遵守管辖权的限制和其他法律规定的情况下，一个行政机关对其他行政机关提出的职务上的请求，应当尽力协助。

2. 禁止具有溯及力的抽象行政行为

行政机关作出的抽象行政行为的效力不得适用于行为施行前已经终结的事实，这是法治国家中法的安定性的必然要求。安定性原则要求国家维护法律状态的稳定性和不可分割性，除非符合法律规定的条件，不得制定溯及既往的法律规范。行政主体抽象行政行为不溯及既往也有其例外情形，如公民对溯及的规范和政策可能预计时，或原法律状态不明确、混乱不清时，由于公民欠缺值得保护的信赖，可以溯及既往；再如，抽象行为的行为本身就无效、缺乏合法基础时，以及新的抽象行政行为是基于公共福利的需要时。

3. 具体行政行为的撤销必须受到限制

在以往机械的依法行政观念的支配下，行政主体可以任意撤销违法的行政行为和废止合法的行政行为，而不受任何约束。政府行为的朝令夕改、反复无常必然对人权构成极大的威胁，也与法的安定性原则背道而驰。以信赖保护原则为基础，对具体行政行为的撤销与废止设置一定的限制，便是当然的选择。德国、日本及我国台湾地区现行“法”在将信赖保护原则制度化的过程中，将行政行为区分为授益行政行为、负担行政行为及复效行政行为，针对不同的行为选择不同的制度。具体如下：

（1）授益行政行为的撤销与废止。授益行政行为使行政相对人产生既得利益，倘若授益行政行为违法，行政机关可以裁量决定部分或者全部、向前或者向后撤销。但是，受益人对该行政行为的存续具有值得保护的利益时，行政机关不得撤销。在符合信赖保护要求的情况下，行政机关如撤销行政行为，势必损害相对人的信赖利益。授益行政行为废止通常并非由于行政行为的违法性，而往往是客观状态发生变化或其他原因造成的。所以，废止的原因通常是法定的。

（2）负担行政行为的撤销与废止。负担行政行为是与授益行政行为相对的概念。它是为当事人设定义务或者剥夺其权益的负担性具体行政行为。信赖保护原则的出发点在于保护公民的信赖利益，因此只要存在信赖利益，并且该信赖利益符合信赖保护的构成要件，就应当援引信赖保护原则予以保护，而不论该行为是授益还是负担。

（3）复效行政行为的撤销与废止。所谓复效行政行为是指对一人授益而同时对另一个人产生负担效果的行政行为。将相对人的权益与第三人的权益进行比较，可将复效行政行为区分为两种情形。第一，对相对人为授益，对第三人为负担。依据德国的判例及通说，撤销与废止此种行政行为应按照前述授益行政行为来处理，即信赖保护原则发挥作用，限制对行政行为的撤销。我国台湾地区及法国的做法与德国相似。日本通说认为，遇到此情形，有必要对相对人的权益与第三人的权益进行权衡，如果第三人权益优越，应承认完全撤销权，即信赖保护原则不能适用。第二，对相对人为负担，对第三人为获益。在此情形下，德国、法国及我国台湾地区的判例及通说均认为应依负担行政行为撤销之法理解决，即行政机关可享有完全撤销权，不存在依据信赖保护原则对撤销与废止设置限制。

三、合法行政原则

合法行政原则是现代行政管理的一项基本要求，也是依法行政的最基本要求和最主要的内容。它是指行政机关实施行政管理，应当依照法律、法规、规章的规定进行；没有法律、法规、规章的规定，行政机关不得作出影响公民、法人和其他组织合法权益或者增加公民、法人和其他组织义务的决定。合法行政原则包括以下几项内容：

（一）行政组织和职权法定

行政组织和职权法定是指行政组织的设置、职能、权限以及编制等都要依法设定，其他任何机关或个人都无权规定。一方面，行政组织法定原则要求行政组织依法设定，行政机关设置、规模、人员编制，以及中央与地方的关系等都是国家生活中的重大问题，理应由法律规定，而不应依附于某个领导人或个别行政机关的意志。世界上多数国家都实行行政组织法定原则。另一方面，职权法定意味着行政机关的职权来源于法律的规定，凡法律没有授予的职权，行政机关不得自行享有和行使。行政机关实施影响公民、法人和其他组织合法权益的行为，必须取得法律的明确授权，没有法律的授权，行政机关不能限制或剥夺公民、法人和其他组织合法的权利，也不得为公民、法人和其他组织设定或增加义务。

（二）法律保留

法律保留是指凡属于国家的重要事项，尤其是涉及宪法关于人民基本权利行使与限制的事项，必须由法律规定，行政机关不得规定。行政机关实施特定事项的行政行为必须有法律授权。

法律保留又分为绝对保留和相对保留。绝对保留是指某些事项必须由最高国家权力机关自己进行立法而不能委托行政机关立法。根据我国《立法法》第九条的规定，有关犯罪和刑罚、对公民政治权利的剥夺、限制人身自由的强制措施和处罚、司法制度等事项，就属于绝对保留事项，只能通过法律加以规定，不得授权行政机关立法。相对保留是指有些事项最高国家权力机关既可以自己立法，也可以依法授权给行政机关立法。《立法法》第九条规定，“本法第八条规定的事项尚未制定法律的，全国人民代表大会及其常务委员会有权作出决定，授权国务院可以根据实际需要，对其中的部分事项先制定行政法规”。这里的“其中的部分事项”，如财政、税收、海关、金融和外贸的基本制度等事项，就属于法律的相对保留。

（三）依法办事

依法办事是现代法治国家法治原则对行政主体实施行政行为的基本要求，行政机关行使行政权，实施管理活动，要依据法律、符合法律。这里的法律泛指行政法律规范，不仅包括国家权力机关制定的法律，而且包括行政法规、地方性法规和规章等。依法办事具体有三层含义：

其一，实质合法。行政主体实施行政行为必须依照法律的实体规定。这主要包括行政主体实施行政行为必须遵循法定的权限、条件，依据充分确凿的证据。

其二，形式合法。行政主体实施行政行为必须符合法定程序。程序是指办事的过程，由方式、步骤、顺序和时限四个要素构成。行政主体实施任何行政行为，都离不开一定的程序。凡是法律对行政行为程序有规定的，行政主体实施行政行为就必须按法定程序进行，否则，就构成程序违法。

其三，行政主体对违法的行政行为应承担法律责任。违法的行为不仅应被确认为无效或予以撤销，给公民造成实际损失的还应依法给予赔偿。

坚持合法行政原则，有利于保护行政相对人的合法权益，有利于监督行政机关依法行使行政职权与履行职责，有利于推进行政法治，建设法治政府。

四、合理行政原则

合理行政是现代行政法治的一个重要组成部分，也是现代行政法治的一项基本原则，同时也是对行政合法性原则的必要补充。它要求行政行为不仅要合法而且还要合理，违反合法性原则会导致违法行政，违反合理原则将导致不当行政。所谓合理行政原则，就是指行政主体的行政行为要客观、公正、适度，符合人类理性要求。

合理行政原则的产生，主要是基于现代社会条件下行政自由裁量权的存在。所谓行政自由裁量权是指行政主体的自行决定权，即对行政行为的方式、范围、种类和幅度等的选择权。由于现代社会公共事务的广泛性、复杂性，国家立法机关不可能通过严密而完备的理想化法律，而只能承认行政主体具有一定程度的行为选择权，即自由裁量权。从实质看自由裁量权是行政权中最显著和最独特的部分。但是，人们也应当注意到，由于行政自由裁量权较少受到法律的约束，在现实中它有可能被滥用或出现具体行政行为显失公正的情形。无论行政自由裁量权的被滥用或行政裁量的显失公正，都是对行政法治的破坏，都是违法行政行为。因此，我们既应当承认并容许行政自由裁量权的存在，又应当注意并加强对行政自由裁量权的控制和救济。这是合理行政原则得以确立的基本依据。

（一）合理行政原则的基本含义

合理行政原则的基本含义，主要包括以下几个方面的内容：

1. 政府的行政行为必须符合法律的立法目的

法律都是为调整特定的社会关系，满足特定的社会需要，实现特定的社会目的而制定。因而，所有的法律规范均是围绕这一特定目的而展开的，只有在行政权的运用中考虑并实现了法律的立法目的，行政行为才具有法律上的合理性，如行政处罚中不予处罚、减轻或从轻处罚的适用情节都是惩罚与教育相结合这一立法目的的体现，行政机关在作出一项处罚决定时，当然应考虑到这一目的的实现，不可以“不教而诛”。

2. 政府的行政行为的动机必须是良好的

行政主体在作出行政行为时，在主观上必须出于正义、善良、诚实的动机，必须抱有公正之心，符合行政目的，并且有助于行政目的的实现。行政目的具体表现为两个方面：一方面，行政是一种非营利性的活动，必须维护公共利益和社会秩序，必须为社会和公众提供服务。另一方面，行政是实施法律的行为，必须符合法律的精神，即行政行为的作出，既要符合法律的基本精神，还要符合该行为所依据的具体某部法律的特定目的。

3. 政府的行政行为必须考虑相关因素

相关因素包括法律规定作出行政决定的条件和法律立法目的上所要求的应该考虑的因素。如废旧金属回收站的特种行业许可证的颁发应考虑在本区域内设立该种回收站是否有必要，而不应考虑申请人的政治面貌。一般情况下，不合理相关因素的考虑主要有两种情形：第一，考虑了不相关因素；第二，忽略了相关的因素。如处罚打架致人伤害的人时，只考虑了伤害结果而未考虑打架的起因等。相关因素的考虑是为了使行政决定有更合理、充分的依据。

4. 政府的行政行为的判断必须是理性的

即行政主体在作出行政行为过程中对事实进行判断时，必须符合客观规律、人们的基本共识和生活逻辑。具体包括，要符合事物的本来面目和客观规律；符合日常社会关系中的基本常识和人们普遍遵守的行为准则；符合一定社会生活中占主导地位的道德伦理关系；符合一般人在一定社会生活中正常理智的判断和生活逻辑。

5. 政府的行政行为必须是符合公正法则的

公正即公平、正直，是人类社会的普遍规则，行政法上的公正是指政府行政权的行使应符合法律上所要求的客观标准。即同等情况同等对待，不同情况不得同等对待；行为前后应当一致，不一致时应有法律上的特别事由；行政相对人所受处理与行政决定之间应成比例；行政行为不得无充分理由而违背既有的惯例；作出行政行为时应当听取当事人的意见，不得武断专横。只有公正的行政决定才能够做到“以理服人”，符合公正法则是行政合理性原则的重要内容，也体现着行政执法的水平。

（二）合理行政原则的具体要求

德国的比例原则的内容与我国行政法合理行政原则的内容几乎是完全相通的；两者都是针对行政裁量行为，为行政主体正确行使裁量权、审查行政裁量行为的合法性提供可操作的标准。因此，结合德国的比例原则的内容，我国行政法上合理行政原则有以下具体几项基本要求：

1. 政府行使自由裁量权应建立在正当考虑的基础上

由于行政自由裁量权的存在，行政机关的一项具体或抽象行政行为，都是在法律范围内考虑各种因素和经反复斟酌和选择作出的。哪些因素必须考虑，哪些因素不能考虑，大多取决于行政机关及工作人员自身观念和意志。法律不可能具体到规定行政行为作出时应当考虑的每个因素。为此，合理性原则要求行政机关及其工作人员行使行政权力，实施行政行为时，应当建立在正当考虑的基础上。所谓正当考虑就是指依照正常人的经验、知识和理解水平所应当考虑或不考虑的情形。凡是正常人在一般情况下不这样考虑的可认定为不正当的考虑。例如，行政机关作出行政处罚时，应当考虑违法行为的事实、性质、情节以及社会危害程度。如果考虑行为人的职位高低、经济状况如何、民族及政治面貌以决定处罚，就是不正当考虑。不正当考虑分为两种情况：第一种是考虑了不应当考虑的因素；第二种是没有考虑应当考虑的因素。

2. 政府行政行为的适用性

行政行为的适用性是对行政行为的一种目的导向性要求，即要求行政主体作出行政行为时必须适用或者符合法律的目的，其所选择的措施或制定的标准能够有助于法律目的的实现，而不得与法律目的相悖。适用性意味着在某种紧急状态出现或某种突发性事件发生之后，根据维护国家安全、社会秩序或公共利益以及保障公民生命财产安全的需要，作为行政主体的政府可以采取没有法律明文规定的依据或与现行法律规定相抵触的行为。如当2003年春夏之交在我国许多地方发生非典疫情之后，政府就及时采取了对非典患者和疑似患者的强制隔离措施。这种行为在本质上是符合法律目的和法律精神的。这种政府为应对紧急状态和突发事件所采取的应急性行为，在行政法学上称为行政应急性原则。

3. 政府行政行为的正当裁量

正当裁量是指行政主体实施行政行为的过程中目的适当、动机正当，只考虑相关因素。目的适当是指具体裁量决定所追求的目的应该是法律授权的目的，或者在追求法定目的的同时不应该还存在法律所不允许的附属目的或隐藏目的。例如，抓赌是为了维护公序良俗，而不是为了创收；在批准土地使用许可时，不能够要求开发商为行为机关免费提供若干套住宅。动机正当要求行政机关必须出于公共目的，不得以执行法律的名义，将自己的偏见、歧视、恶意等强加于行政相对人。

正当裁量还要求政府根据当地经济社会发展实际，对法律授予的行政裁量权予以细化，能够量化的予以量化，并将细化、量化的行政裁量标准予以公布、执行。

4. 政府行政行为要符合比例原则

比例原则是德国行政法学首创的行政法基本原则。吸收德国比例原则的精髓，可以对我国的行政合理性原则的要求进行完善。

比例原则如同法律保留原则，可以分为宪法意义上的比例原则和行政法意义上的比例原则。宪法意义上的比例原则是针对立法者而言，是指对公民权利的限制，只有在公共利益所必需的范围之内才能实施。例如，我国《立法法》第六条规定“立法应当从实际出发，适应经济社会发展和全面深化改革的要求，科学合理地规定公民、法人和其他组织的权利与义务、国家机关的权力与责任”，已经体现出宪法比例原则的精神。行政意义上的比例原则，是指行政权力在侵犯公民权利时，必须有法律依据，而且必须选择在侵害公民权利最小范围内行使。行政法意义上的比例原则强调在实施行政权力时手段与行政目的之间应当有一定的关系，不能为达目的不择手段。

五、正当程序原则

（一）正当程序原则的含义

正当程序原则起源于英国古老的自然正义原则，它包含两条基本规则。第一，任何人不应成为自己案件的法官。根据这一原则，行政机关实施任何行政行为，参与行为的官员如果与该行为有利害关系，或被认为有成见或偏见，即应回避；否则，该行为无效。第二，任何人在受到惩罚或其他不利处分前，应为之提供公正的听证或其他听取其意见的机会。

正当程序观念起源于英国。英国 1215 年的《大宪章》第三十九条规定：“自由民非依国法而受其同辈之合法审判者，不得逮捕、禁锢、剥夺其财产、逐出于国外，或加以任何伤害。”1354 年的《自由律》亦规定：“任何人，不论其财产或身份如何，不得未经正当法律程序，加以逮捕、禁锢、剥夺继承权或处以死刑。”此后，正当程序便作为一项法治原则得以确立。这项在英国作为重要的司法审查的原则，是一项源自普通法上的原则，也就是说，除非制定法另有规定，否则任何行政行为均应遵守这一原则。因此，它是英国行政法上最基本的程序原则。在英国它被称为“自然公正”，并为美国法所继承，并因美国《宪法》第五、十四修正案而被冠以“正当程序”之称而名扬天下。美国《宪法》第五、十四修正案分别针对美国联邦政府、州政府以同样的用语规定：“非经正当法律程序，不得剥夺任何人的生命、自由或财产。”

在美国，正当法律程序作为一项宪法原则早已在宪法中确立。宪法上正当法律程序的意义就是公正行使权力，要求行政机关对当事人作出不利决定时，必须听取当事人的意见。所以，听证是美国公民根据宪法正当法律程序所享有的权利，效力高于行政法上所规定的程序规则，必须符合宪法上的正当法律程序标准。

而中国的正当程序原则要求行政主体作出影响行政相对人权益的行政行为，必须遵循正当的程序，包括：行政机关实施行政管理，除涉及国家秘密和依法受到保护的商业秘密、个人隐私之外，应当公开，注意听取公民、法人及其他组织的意见。要严格遵循法定程序，依法保障行政相对人、利害关系人的知情权、参与权和救济权。行政机关工作人员履行职责，与行政相对人存在利害关系时，应当回避。随着各国行政程序立法的发展，正当程序原则在世界许多国家得以确立和广泛适用。正当程序原则的具体要求有：

（1）行政公开。行政机关实施行政管理，除涉及国家秘密和依法受到保护的商业秘密、个人隐私之外，应当公开。行政公开包括行政行为的依据公开、过程公开、结果公开、情报信息资料公开等方面。

（2）防止偏私。即任何人不做自己案件的法官，指行政公务人员在执行公务过程中，涉及处理与自己有利害关系的事务时，应当回避，其目的是防止行政偏私，保障行政公正。

（3）通知和听取相对人意见。行政机关在作出对相对人不利的行政决定前，必须事先通知相对人，允许相对人查阅卷宗材料，听取相对人申辩。这主要是为了防止行政决定的片面性，尽量避免作出错误的决定。

（4）说明理由。行政机关在作出行政决定特别是对相对人不利的决定时，负有说明理由的义务，应说明的理由包括作出行政决定的事实根据、法律依据及行使自由裁量权时所考虑的因素。

（5）不单方面接触。它要求行政机关在处理某一涉及两个或两个以上有利益冲突的当事人的行政事务或裁决他们之间的纠纷时，不能在一方当事人不在场的情况下单独与另一方当事人接触，听取其陈述，接受和采纳其证据，以防止偏听偏信或先入为主从而有失公平。

（二）正当程序原则的内容

1. 行政公开原则

行政公开，现已成为各国行政法的一项基本原则，至少具备三项功能。

（1）减少或消除腐败。保证行政官员在透明环境中办事，可以最大限度地消除“暗箱操作”、防止滥用权力和腐败。

（2）保障知情权。通过行政公开，个人或者组织可以更多地了解掌握在政府手中的与自己生存、发展有关的信息。

（3）加强政府与个人或组织的合作。政府可以公开有关信息，引导经济发展和社会选择，个人或组织可以借此调整自己的生产、经营以及其他行为模式。

行政公开的具体要求包括：

（1）行政行为内容公开。行政行为涉及外部公共管理事项的内容，在最终形成之后，原则上应当以适当的形式公开。

（2）行政过程公开。行政行为的作出，都需要经历一定的过程。行政过程的公开并不意味着行政机关作出行政行为的所有环节都要向公众开放。但是，由于行政行为通常涉及外部的行政相对人权益，无论是行政立法或其他抽象行政行为，还是具体的行政执法行为，都应该至少在作出之前，听取有关的利益相关人的意见，告知相关的信息，必要时说明作出行政行为的依据和理由。行政过程的公开，其含义就在于此。

（3）行政信息公开。行政行为内容公开、行政过程公开，在一定程度上也意味着行政信息的公开。只是，行政机关掌握的信息不止这些，行政机关在履行其职权的过程中还会形成和获得大量的其他信息。在以强调保护公民权利、提倡政府透明、重视行政机关与个人或组织加强合作的时代，行政机关所掌握的信息包括原始信息以及行政机关对原始信息进行分析处理后形成的信息，除属于法定保密范围的以外，一般都应公开。

基于民主社会公众知情权和社会监督的需要，现代各国都加强了行政公开的立法。立法上有关行政公开的具体规则，行政机关都应予以遵守，这是合法性原则的要求。然而，若具体的立法缺乏明确的公开要求时，行政公开原则也应成为行政机关需要恪守的行政法基本原则。

2. 行政公正原则

行政公正原则在学理上可分为实体公正和程序公正。所谓实体公正，就是行政组织作出的行政决定，在内容上必须做到客观公正。实体行政具体要求包括两方面内容。第一，依法办事，不偏私。对于同等情况的人们，作出同等的行政处理。对于不同情况的人们，作出不同情况的行政处理。第二，合理考虑相关因素，不专断。要考虑应该考虑的问题，不能凭自己的主观认识推理、判断，任意地、武断地作出决定和实施行政行为。

所谓程序公正，就是指行政组织在作出行政决定时，必须遵循形式上符合正义要求的程序要求。当然，行政官员在作出行政决定的实体内容时要求其完全排除私情偏见、疏忽是不可能的，在有权机关事后对行政决定进行审查时，也很难有非常一致的标准或者有非常确凿的证据来衡量实体的公正性。所以，行政法在制度的设计上也更多强调程序上看得见的公正。

3. 民主参与原则

民主参与原则是现代行政程序中的一项基本原则，民主参与原则是指行政权力的运行过程要有公民的有效参与，要为公民参与管理、参与决定自己的事情提供程序上的保障。民主参与原则还特别强调那些受到行政权力运行结果影响的利害关系人应有权参与行政权力的运行过程，表达自己的意见，并对行政权力运行结果的形成发挥有效作用。

民主参与原则的政治基础是人民主权。国家权力来自人民，人民有权以各种形式参与国家管理。选举、罢免等制度是公民参与国家管理的传统形式，但这种方式毕竟是一种间接民主制，是对民主妥协的结果。而通过设置合理的行政程序使得人民直接参与行政权的运作过程则是一种直接民主制，通过这样的方式使得人民的意志得以影响行政决策和行政决定的作出。同时，随着20世纪以来行政权力的膨胀，行政逐渐取代议会成为国家权力的中心，政府的权力控制着人们“从摇篮到坟墓”的全过程，因而从法律上保障公民积极地参与行政过程，也是保护公民的权利，监督政府依法行政的有效手段。

为了确保民众得以进行有效的民主参与，这就要求行政机关在行使职权过程中，除法律规定的程序外，应尽可能地为行政相对人提供参与行政活动的机会，从而确保行政相对人实现行政程序权利，同时也可以使行政活动更加符合社会公共利益。

民主参与原则强调的是公民参与行政权的运行过程，而非简单的“出席”或是“到场”，而参与过程实际上又是行政主体行使行政权与相对人参与行政决定形成的互动过程。这种互动过程使得双方互相影响，双方的意志得以沟通和交流。“这种反复沟通和交流，可以将行政意志融化为相对人意志，也可以将相对人意志吸收到行政意志中，从而使行政法关系真正具有双方性，使相对人真正成为行政法关系的主体。”因此，民主参与原则的法律价值是使得行政相对人在行政程序中成为具有独立人格的主体，而不是受行政权随意支配的客体。同时，由于各方参与到程序过程中，行政主体和相对人也已经进行了某种程度上的沟通，从而有利于在过程中消除双方的矛盾和摩擦，会使得最终结果具有相对的可接受性和公正性。

4. 行政效率原则

行政程序中的各种行为方式、步骤、时限、顺序的设置都必须有助于确保行政效率，并在不损害行政相对人合法权益的前提下适当提高行政效率，这就是行政效率原则。行政效率是行政权的生命，没有基本的行政效率，就不可能实现行政权维护社会所需要的基本秩序的功能。

行政效率原则主要有三个要求。第一，严格遵循行政程序和时限。在行政法的立法中，要重视并严格规定行政活动的程序和时限，以及行政机关违反程序、时限时应当承担的法律责任。行政机关在法定期限之内如果不行使行政职权，在法定期限届满后不得再行使，同时应承担相应的法律责任。例如，为规范行政机关实施行政许可的行为，促进行政行为高效、便民，我国《行政许可法》规定，除可以当场作出行政许可决定的之外，行政机关应当自受理之日起20日内作出决定。20日内不能作出决定的，经本行政机关负责人批准，可以延长10日。第二，行政机关机构精简。在符合法定条件的情况下，可以由一个行政机关集中行使行政权力，这样可以在很大程度上提高行政效率。例如，我国《行政许可法》规定：经国务院批准，省、自治区、直辖市人民政府根据精简、统一、效能的原则，可以决定一个行政机关行使有关行政机关的行政许可权；行政许可需要行政机关内设的多个机构办理的，该行政机关应当确定一个机构统一受理行政许可申请，统一送达行政许可决定；行政许可依法由地方人民政府两个以上部门分别实施的，本级人民政府可以确定一个部门受理行政许可申请并转告有关部门分别提出意见后统一办理，或者组织有关部门联合办理、集中办理。第三，重视行政决策、行政行为中的成本效益分析方法的运用。这种成本收益分析方法主要运用于行政立法领域。例如，美国前总统里根曾发布行政命令，要求行政机关在制定重大的法规之前，必须先对执行这项法规所花的费用和可能得到的效益进行分析，并向管理和预算局汇报，由该局审查这项法规是否真正需要。行政机关制定法规必须能够得到最大的经济效益。

六、权责统一原则

权责统一要求行政机关依法履行管理经济、社会和文化事务的职责，要由法律、法规赋予其相应的执法手段。行政机关违法或者不当行使职权，应当依法承担法律责任，实现权利和责任的统一。依法做到执法有保障、有权必有责、用权受监督、违法受追究、侵权须赔偿。

权责统一的基本内容包括：

（1）有责必有权。法律、法规应赋予行政机关依法履行经济、社会和文化事务管理职责的相应的职权与执法手段，做到有责必有权。行政机关作为国家的执法机关，依法承担着管理经济、社会和文化事务的职责，这种职责是必须履行而不能放弃的。因此，为了使行政机关顺利履行这种职责，法律、法规必须赋予其相应的职权和执法手段。

（2）有权必有责。行政机关违法或者不当行使职权，应当依法承担法律责任，做到有权必有责，实现权力和责任的统一。行政机关及其公务人员在行使职权或履行职责的过程中，因各种主客观方面的原因，也会出现违法或不当行使职权的情形。一旦行政机关违法或者不当行使职权，也应当承担相应的法律责任，这是实现依法行政的关键。

（3）有责必追究。建立有效的追究法律责任的制度，做到有责必究。国家必须建立健全诸如行政复议、行政诉讼、国家赔偿、行政监察和公务员惩戒等法律责任追究制度，通过这些制度的正常有效运作，使行政机关及其行政公务人员的违法和不当行为应承担的法律责任落到实处，从而实现有权必有责、用权受监督、违法受追究、侵权须赔偿的行政法治状态。

总之，依法行政原则、信赖保护原则、合法行政原则、合理行政原则、正当程序原则、权责统一原则是紧密联系的，它们是行政法治总体目标在行政法领域的具体体现，都属于法的范畴，违反其中之一都要承担相应的法律责任。

第三节　保障公民权利与自由原则

一、保障公民权利与自由原则的含义

保障公民权利与自由原则，是指行政法规范及行政法律制度应以保障公民等一方（自然人、法人和其他组织）合法权利与自由为出发点和归宿，确认并保证公民等一方合法权益得以实现。

保障公民权利与自由原则是法治国家中极为重要的一项原则，也是尊重和保障人权的宪法基本原则和现代宪政精神在行政法中的具体体现。人权又称公民权利，是指每个人作为人应当享有的权利。西方的天赋人权说认为，人权是人在自然状态下就享有的，是人生而有之的，是人之作为人的结果和表现，不是国家所赐，它是先于政府而存在的，不受任何国家权力的非法侵犯，政府有义务保护公民的这些先在的权利。现代各国纷纷将天赋人权说以宪法规范的形式表现出来，使得自然权利作为实在法载明于

宪法中，由此形成了尊重和保障人权的宪法基本原则。我国《宪法》第三十三条第三款明确规定："国家尊重和保障人权。"这一条款表明国家权力对人权负责有不侵犯的义务，同时国家还必须保护公民的各项权利免受来自国家机关、其他公民、法人和其他组织的侵害和破坏。据此，我国确立了人权保障的宪法基本原则。作为一个法治政府，自然应该尊重和保障人权，切实维护行政相对人的合法权益，使之不受侵犯，更不能以自己的行为侵犯公民的人权，损害行政相对人的合法权益。

二、保障公民权利与自由原则的内容

保障公民权利与自由原则是与尊重保障人权的宪法基本原则相衔接的，它是保障人权的宪法基本原则在行政法领域的表现，该原则强调保障公民等一方的基本自由与权利是行政法的主导方面，有关限制性、制裁性的规定只能是次要内容，禁止以行政权力随意侵害公民等一方的合法权益。

保障公民权利与自由原则的主要内容，应包括以下几个方面：

(1) 行政法律制度的建立以保障公民等一方的自由和权利为主导。按照主权在民的政治理念，建立国家的目的就是确保个人的安全，保障公民的自由、权利和发展。公民所享有的基本自由和权利主要规定在宪法中，这些自由和权利需要通过相应的行政法律制度加以落实和扩展。例如，我国《宪法》第二条规定："……人民依照法律规定，通过各种途径和形式，管理国家事务，管理经济和文化事业，管理社会事务。"这是对公民行政参与权的肯定。而行政参与权则需要一系列行政法律制度（包括行政公开制度、听取意见制度等）来保障实现。行政法的主要内容，是将公民等一方的基本权利和自由具体化为国家行政管理过程中应享有的各种行政实体、行政程序权利和其他权益，并且保障其得以实现。

(2) 行政法不得随意限制和剥夺公民等一方的基本自由和权利。这是从另一角度来保护公民等一方的自由和权利不受侵犯。首先，行政法规范的制定（特别是行政立法）不能随意对公民等一方的自由和权利作出限制性规定，更不得予以剥夺。其次，对公民等一方的制约性、制裁性规定虽然在行政法中不可缺少，但属于次要方面。对在行政管理中确实需要的这类规范，在设定和使用上还应当严格控制。最后，行政机关在行政管理过程中也要尊重公民等一方的自由和权利，不得违法予以侵害。

（3）对因行政活动而受到侵害的公民等应提供有效的法律救济。虽然法律强调要从理论和制度上保障公民的基本自由和权利，但仍不能排除侵害公民自由和权利的行为发生。对侵害公民等一方权利和自由的行政行为，行政法要确立公民的救济权，并设立有效的制度使其得以实现。行政法应保障公民等一方在权利和自由受到违法行政行为侵害时有权得到补救，具体包括实体上的救济权和程序中的各项程序权利。

三、保障公民权利与自由原则的意义

在行政法中，保障公民权利与自由原则具有重要地位。其意义主要表现在三个方面：

（1）有利于人权保障的精神和宪政理念在行政领域的贯彻实施。行政机关是与人民群众联系最多、最紧密的国家机关，与人民群众的权益有着千丝万缕的联系，如果在行政领域能够树立保障公民权利与自由的原则，做到较好地维护和保障行政相对人的合法权益，那么宪法上保障人权的精神将能在社会诸领域内得以落实。

（2）有利于公民等一方在行政法上主体地位的确立。权利、自由保障原则要求改变“官贵民贱”的传统观念，也要求在行政法律制度的设定上注重公民等一方的自由和权利，改变过去以行政主体、行政权力为中心来构建各项法律制度的做法。现代行政法应当构筑一种新型的行政管理和行政服务关系，在这种关系中，公民等一方的主体地位、独立人格和利益应当得到充分肯定，并受法律的保护。行政主体及其行政权力存在的根本目的是保障公民等一方利益和发展，而不是为了管制和处罚公民等行政相对人。

（3）有利于市场经济的发展和完善。市场经济要求具有独立地位的市场主体在市场中自由地实施经济行为，通过竞争实现对社会资源的最佳配置，获取最佳经济效益。市场经济的本质特征是权利经济，即市场经济以市场主体的独立人格权为起点，以市场主体的经济自主权、平等竞争权为核心，以法律救济权为保障。没有权利的确认和保障，就没有市场经济。由此可见，对公民等一方自由和权利的保障与市场经济的要求相一致。公民及其他市场主体地位的确立、权利义务的明确界定以及对公民等一方自由和权利的保护，无疑将促进市场经济的发展。

课后习题

一、选择题

1. 下列不属于行政法基本原则的有（　　）。

A. 合理行政原则　　B. 正当程序原则

C. 权责统一　　D. 回避原则

2. 下列哪项内容不属于正当程序原则的内容？(　　)

A. 行政公开原则　　B. 行政公正原则

C. 行政效率原则　　D. 法律优先原则

二、简述题

1. 简述行政法基本原则的特征。

2. 简述行政法基本原则的概要。

3. 简述行政法基本原则的功能。

第四章　行政主体

本章概要

行政主体是行政法的基本范畴。行政法作为规定和调整行政主体职权行使的规范，对行政主体的界定具有重要的意义。行政主体的概念并不是我国首创，也不是说在我国行政法学发展之初就有的。行政主体理论发展至今，虽然在某些具体问题上还存在争议，但总体框架已经得到了普遍的认同。本章将结合行政主体的概念与特征、行政主体与相关概念的区别、我国行政主体的类型，对行政主体进行基本的阐述。

第一节　行政主体概述

行政主体的概念是行政法学中的基础性概念之一。我国在参照法国、德国、日本等大陆法系国家行政法学基础上，引进了“行政主体”概念，但在我国的行政法学界，对于行政主体的含义仍存在不同的理解。

一、行政主体的含义与特征

行政主体概念的提出是宪法理论中的“国家法人说”在行政法学理论中发展的结果。“国家法人说”认为国家是相对于民事法人的公法人，国家具有一定的组织，拥有一定的财产，并具有统治权，是在法律上享有权利、承担义务的主体，具有法律上的人格。体现在行政法中，具有行政职权的行政机关是在行政法律关系中享有权利、承担义务的法律主体，因此称为“行政主体”。

在法国，行政主体是实施行政职能的组织，即享有实施行政职务的权力，并负担由于实施行政职务而产生的权利、义务和责任的主体，包括国家、地方团体以及公务法人。在德国，行政主体是指在行政法上享有权利，承担任务，具有一定职权，并可设置机关以便于行使权利，借此实现行政任务的组织体，包括国家与公法人，而公法人又包括公法社团、公共营造物、被授权者等。在日本，行政主体是指在行政法律关系当事人中具有进行行政权能的一方，是行政权的主体或统治权的主体，包括国家与公共团体，而公共团体又包括地方公共团体、公共组合、营造物法人等。可见，在大陆法系国家都将国家作为行政主体，而隶属于国家的各级行政机关或行政机构一般并不具有行政主体的资格。

在我国，行政主体不是法律概念，而是法学概念，是指依法拥有独立的行政职权，能代表国家，以自己的名义行使行政职权，以及独立参加行政诉讼，并能独立承受行政行为效果与行政诉讼效果的组织。这里，我们需要把握行政主体以下的几项特征：

1. 行政主体是一种组织，而不是个人

组织这一概念的外延很广，可以指机关、机构，也可以指单位、团体等，如各级人民政府，政府的部、委、办、厅、局、司等，以及其他国家机关，企业事业单位、社会团体和其他社会组织等，都可以称为“组织”。组织在一定条件下可以成为行政主体，但个人不能成为行政主体，尽管具体的行政行为大多由国家公务员来行使，但他们都是以组织名义而不是以个人名义的“私有财产”，这正是宪政与民主的根本要求。行政主体的这一特征，使它与行政人相区别。因为后者只能是个人，而不是组织。

2. 行政主体是能够以自己的名义行使行政权的组织

“以自己的名义行使行政权”，是指在法律规定的范围内依照自己的判断作出决定，发布命令，并以自己的职责保障这些决定和命令的实施，独立采取行政行为等。能够以自己的名义行使行政权，是判断行政机关及其他组织能否成为行政主体的主要标准。

判断某组织是否是行政主体，不仅要看其是否享有国家行政权，而且要看其是否能够以自己的名义作出行使行政权的行政行为。

国家行政机关代表国家行使行政权，该行政机关便具有行政主体的资格，在行政法律关系中成为一方当事人。国家行政机关以外的组织通过法律授权而获得行政权，虽然通常情况下该组织处于行政系统之外，但是，基于法定授权依然能够以自己的名义行使行政权，它在授权范围内的一切行政活动都必须适用一般行政法规范，故具有行政主体资格，在行政法律关系中成为区别于行政相对人的一方当事人。也就是说，只有那些符合法定条件、履行必要的法定程序而成立的享有国家行政权的行政机关和接受法定授权的组织，才享有对外的名义权。而享有对外名义权的国家行政机关及其他组织行使国家行政权的具体工作，则是由其内部机构去完成的。这种内部机构虽也拥有自己的名称，但它只是一种内部分工的表示方法，对外则无任何意义。在行使本机关或者组织所享有的行政权时，则需以享有名义权的行政主体的名义去实施。行政机关的内部机构及其他组织，只有依照法定授权获得行政权后，才能享有对外名义权。也就是说，行政机关的内部工作机构，在一般情况下不能成为行政主体。

3. 行政主体是能独立承担法律责任的组织

能否独立承担法律责任，是判断行政机关及其他组织能否成为行政主体的又一个关键性条件，某一组织仅仅行使国家行政权，实施国家行政管理活动，但并不承担因行政权的行使而产生的法律责任，则它不是行政主体，只不过是行政管理活动的实施主体。实施主体和行政主体有时是可以分离的。

有关国家行政权被委托给组织或个人行使时，受委托的组织或者个人虽然也行使国家行政权，但由于该行政权的行使只能以委托机关的名义进行，它所为的一切行为的法律后果，均属于委托机关。因此，接受委托的组织或个人不具有行政主体资格，在行政法律关系中不能成为行政主体。

4. 行政主体是行政法律关系中的一方特殊主体

行政主体是与行政相对人相对应的概念。在行政法律关系中，行政主体是享有行政权、行使行政权，并能独立承担法律责任的一方当事人，是特殊的一方主体。一般来说，行政主体处于管理者、命令者的地位，同时，随着现代参与型行政理念的发展和普及，行政主体往往也是行政指导者，乃至行政合同的缔结者。行政相对人接受行政主体的管理，服从行政主体的命令，履行法律规范所规定的或者行政主体作出行政行为的义务。在现代参与型行政中，行政相对人往往也是行政管理中的积极参与者，对行政主体的意识形成发挥着越来越重要的作用。

总而言之，只有那些享有国家行政权，在国家行政管理活动中行使行政权，并能够独立承担因此产生的法律责任的组织，才是行政主体。

二、行政主体与其他相关概念

为了进一步理解行政主体的含义，有必要将其与相关概念加以比较。具体如下：

1. 行政主体与行政机关

行政主体只能是国家行政机关和接受授权的部分组织。因为只有行政机关和接受授权的部分组织才享有国家行政权力，才能以自己的名义从事行政管理活动，并独立承担因此而产生的法律责任。但是，由于行政机关是一个自成体系的法人大系统，对行政机关也不能一概而论。由于行政机关和行政机构、行政组织的概念在实体法上和学理上都存在混用的现象，不可以将“行政机关”一概视为行政主体。例如，政府成立的临时性机构，有时人们也称为“行政机关”，但临时性行政机构只是协调性机构。它负责协调那些享有国家行政权，可以以自己的名义实施行政权，并承担因此而产生的法律责任的行政机关的活动。临时性行政机构一般不对外行使国家行政权，也就不需要对外承担法律责任；所以，临时性行政机构不是行政主体，除非其接受法定授权。

国家行政机关，又称国家行政管理机关，即狭义上的人民政府，是指国家根据其统治意志，按照宪法和有关组织法的规定设立的，依法享有并运用国家行政权，负责对国家各项事务及相应的社会公共事务进行组织、管理、指挥和监督的国家机关。按照这一定义，国家行政机关必定是行政主体，而且是最重要的行政主体。但是，行政机关是一种客观存在的社会现象，行政机关可以成为行政法律关系主体，也可以成为民事法律关系主体。在行政法律关系中，行政机关可以是行政主体，也可以是行政相对人。行政机关能否成为行政主体，不仅要静态地看其是否享有行政权，而且要动态地看其从事某种活动时是否运用行政权，即看其以何种身份从事活动。当行政机关行使国家行政权时，大多是以行政主体资格而为之，或者以受委托者的资格而为之；当行政机关以自己机关的名义从事民事活动时，或者以被管理者的身份参加行政法律关系时，其身份是民事法律关系主体或者行政相对人。因此，对具有行政主体资格的行政机关也不能一概而论。

此外，行政机关不等于行政主体，除行政机关外，一定的行政机构和其他社会组织，依照法定授权，也可以成为行政主体。

2. 行政主体与行政法主体

行政主体与行政法主体，两者虽然只有一字之差，但无法等同。行政法主体，也称行政法律关系的主体（当事人），系指受行政法调整和支配的有关组织和个人。从静态看，行政法主体包括：①国家行政组织；②国家其他组织；③企事业单位和社会团体；④中华人民共和国公民；⑤在中国境内的外国组织和外国人（包括无国籍人）。从动态看，行政主体由两部分组成，即处于管理一方的行政主体和被管理一方的行政相对人。因此，行政主体是行政法主体的一部分，而不是全部。行政主体必定是行政法主体，但行政法主体未必就是行政主体。行政主体仅限组织，不含个人，而行政法主体包括了一定的个人。

区别于行政主体与行政法主体的法律意义在于：有助于人们改变“行政主体”与“行政法主体”等同起来，从而忽视行政相对人的存在和地位的观念。

3. 行政主体与公务员

公务员是指依法履行公职，纳入国家行政编制，由国家财政负担工资福利的工作人员，是依法享有以行政主体名义行使行政权的自然人。行政主体离不开行政公务人员，但行政公务人员不是行政主体。行政主体是由一定的公务人员组成的一个整体，具体行政活动由公务人员实施。但公务人员属于自然人的个体，而行政主体是一种组织。公务人员执行行政公务的行为属于公务行为，其效力和后果归属于行政主体（国家）。公务人员与行政主体之间是一种职务委托关系，主要依靠于内部行政组织法律关系调整。至于行政首长，因实施首长负责制，行政组织法规范为其规定了相应的职责权限，如签发公文、发布首长令等，但这些所确立和表明的是其拥有行政主体法定代表人的地位和权限，而行政首长本身仍属于公务人员，所作行为和实施的行政活动均为代表行政主体，并不归属于行政首长自身。因而，行政首长也不是行政主体。

4. 行政主体与行政组织

行政组织是社会组织的一个特殊系统，是指“国家为实现一定的目标，根据宪法和法律，将专职人员和若干部门，按特定的结构和形式组合起来，并依法对国家事务进行管理的系统”。行政组织是一个泛指的概念。严格地说，行政组织是行政学上的概念，包括各种行政机关以及行政机关内部的各种行政机构。其中，只有行政机关才可以在具体行政法律关系中成为行政主体，行政机构在没有得到法律法规授权的情况下不能成为行政主体。而且，行政主体并不仅限于行政组织中的行政机关，还包括法律法规授权的组织，例如，公立高校不属于行政组织，但在法律法规授权时，可以成为行政主体。可见，行政主体与行政组织存在部分交叉。

5. 行政主体与行政行为主体

行政行为主体是指直接、具体能够实施具体行政行为的一切组织或个人，它不仅包括行政主体，而且还包括了不具有行政主体资格的行政机构、受委托的组织、行政公务员。如《中华人民共和国行政处罚法》规定，行政处罚的主体只有具有行政处罚权的行政机关（包括相对集中行政权的机关）和法律、法规授权的组织两类。而行政处罚的行为主体还包括行政机关的工作人员和行政机关委托具有管理公共事务职能的事业组织。没有行政主体资格的行为主体，只能以行政主体的名义行使行政权。所以，行政执法实践中有必要区分行政主体与行政行为主体，二者不能混同。

6. 行政主体与行政法人、公法人、公务法人

公法人源自德国的法人理论，后为英国等许多国家所接受。德国法将法人分为公法人和私法人。理论上区别私法人和公法人的标准在于前者是依私法上的设立行为（如设立合同）而产生的，后者则是依据国家公权力行为（立法或行政行为等）而产生。但实务中倾向于采纳“综合观察”的观点，即认为认定公法人的关键在于，法人的权利和组织是否更适用于国家管理制度，由此所体现的法律地位更表现为公法性，认定私法人因素正好反之。公法人一般包括四类：第一类是公法社团；第二类是公法财团；第三类是公共营造物；第四类是行政法人。英国行政法著作中讨论的公法人，主要是指在具有一般职权范围的中央行政机关和地方行政机关以外，享有一定的独立性和单独存在的法律人格，并从事某种特定的公共事务的公法组织。英国行政法学著作有时又称这类机构为半自治的国家行政组织或半自治的非政府组织。

公务法人是法国行政法中与行政主体有关的一个概念，而且常常被列为继国家行政主体和地方团体之外的又一行政主体。所以，在法国更多地将公务法人定义为：除国家和地方团体之外的，依法从事一定公务活动，独立享有行政法上权利与义务的行政主体。如大学、中学、研究机关、图书馆、博物馆等，都可以作为公务法人。法国的公务法人是以公务为标准进行划分的一种分权形式，不同于以地域为标准的行政组织。

行政法人是日本行政法学提出的一个重要概念，而且全称是“独立行政法人”。日本的独立行政法人是指基于《独立行政法人通则法》或者个别的独立行政法人设立法而设立的法人。它是制定法概念而不是学理概念。从学理上说，行政法人系指“由国家或地方公共团体出资设立的法人，具有公共财团法人的性质。行政法人是随着给付行政的发展，依据公共事业应通过公共手段来实现的设想而设立的”。行政法人与行政给付相联系，它一般承担不能停止的公共事业上的给付作业，如水、电、气等。日本行政法人属于日本行政主体的范围。

公法人与公务法人是个互通性概念，只是不同国家的称呼有差异。而行政法人不论是哪个国家发明，现在已成为公法人或公务法人的一个种类。

在我国，尚未有“公法人”“公务法人”“行政法人”的概念，由我国《行政诉讼法》第二十五条第四款首创的“法律、法规授权的组织”是目前的替代品。

三、行政主体的法律地位

行政主体的法律地位，是行政主体的职权和职责的综合体现。行政职权是行政主体所享有的行政权的具体表现，行政职责则是行政主体履行法定义务的具体表现。

（一）行政职权

1. 行政职权的含义及特征

行政权力是行政主体的核心要求，只有享有行政权力的组织才能成为行政主体，行政职权是行政权力的转化形式，是行政主体实施国家行政管理活动的资格及其权能。

行政职权作为行政权的法律表现形式，除了具有权力的一般属性，如强制性、命令性、执行性等之外，还具有三个特征。①公益性。行政职权的设定与行使不是以行政主体自身的利益为目的，而是以国家和社会的公共利益为目的。这不同于一般的民事法人，法律赋予民事法人许多权利，都是以权利主体自身的利益为主要目的的。②优益性。行政主体在行使行政职权时，依法享有一定的行政优先权和行政受益权。行政权的优益性是国家为确保行政主体有效地行使职权，切实地履行职责，圆满地实现公共利益的目标，而以法律、法规等形式赋予行政主体享有各种职务上或物质上优益条件的资格。职务上的优益条件属于行政优先权。物质上的优益条件属于行政受益权。③不可自由处分性。行政职权与行政职责是统一体，作为法定职责的要求就是行政主体不能自由处分行政职权，必须依法行使。不可自由处分性主要表现为两个方面：一是不得随意转移；二是不得随意放弃或抛弃，否则就是违法失职和玩忽职守。

2. 行政职权的内容

行政职权的内容和形式因行政主体的不同而不同，但是，总的来说，行政职权大致包括以下内容：①行政立法权，即行政主体根据宪法和法律的规定，享有制定行政法规、行政规章的权力；②行政决策权，即行政主体有权依法对其所管辖领域和范围内的重大行政管理事项作出决策；③行政决定权，即行政主体依法享有的对行政管理的具体事项的处理权和依法对法律、法规和规章未明确规定的事项的规定权；④行政命令权，即在国家行政管理过程中，行政主体通过书面或口头的行政决定，依法要求特定的人或不特定的人作出一定行为或不作出一定行为，而行政相对人必须服从的权力；⑤行政执行权，即行政主体根据有关法律、法规和规章的规定或者有关上级部门的决定和命令等，在其所管辖范围内具体执行行政事务的权力；⑥行政处罚权，即行政主体对其管辖范围内的行政相对人违反有关法律规范的行为，依法对其实施处罚等法律制裁的权力；⑦行政司法权，即行政主体作为某项纠纷的第三人，对当事人双方的纠纷进行调解、仲裁、裁决和复议的权力。

（二）行政职责

行政职责是指行政主体在行使国家赋予的行政职权、实施国家行政管理活动的过程中，所必须承担的法定义务。行政职责随行政职权的产生、变更或消灭而变化，与行政职权密不可分。任何享有行政职权的行政主体，既享有行政优先权，又必须履行行政职责。行政职权与行政职责是行政主体的权利和义务的具体体现，二者辩证统一，是一个问题的两个方面。

行政职责是行政主体必须履行的义务，行政主体不能放弃和违反，否则会引起对法律责任的追究。行政职责的核心是“依法行政”，其主要内容包括依法履行职务、遵守法定权限、符合法定目的和遵循法定程序等。

（三）行政权限

行政权限是指法律规定的行政主体行使行政职权所不能逾越的范围或界限。行政权限分为纵向行政权限和横向行政权限两大类：

纵向行政权限是指有隶属关系的上下级行政主体之间权力行使范围的划分。行政法规范确定上下级行政主体的行政权限时，主要考虑以下几个标准：①行政相对人的法律地位或级别；②对公共利益的影响程度；③对行政相对人权利义务的影响程度；④标的物的价值；⑤涉外因素。

横向行政权限是指无隶属关系的上下级行政主体之间权力行使范围的划分。这种划分又可分为两种类型：①区域管辖权限，即指具有相同公务性质，但管辖地域不同的行政主体之间的权限划分；②公务管辖权限，即指从事不同公务或行政事务的行政主体之间的权限划分。

四、行政主体的法律意义

长期以来，我国法学界重视行政组织研究，侧重于行政组织系统的机关构成机制与行政效率问题，却忽视了行政管理活动的主体资格与法律责任承担问题。而行政主体作为一个理论概念的确立与存在，对确认行政职权与职责的合法行使与履行，对行政行为效果的归属和行政责任的承担，以及区别行政法律关系中不同性质的主体身份与地位和行政救济法律制度中被诉人的资格，均有重要的法律应用意义。

1. 行政主体是确认行政职权、行政职责和行政责任的要求

行政主体作为一个具有法律人格和独立地位的组织，同其所拥有的行政职权与职责内容及所能承担的法律责任紧密相连，都以某方面或某项行政权力得到体现为核心。依法行政的基本要求之一，就是行政组织之间的职责权限界限要清晰，不得推诿或越权，并必须对自己及其所属机构和公务人员的行为承担法律责任。而这一切的前提是，必须明确主体资格与范围。因此，凡不具备行政法上行政权力能力和行政管理行为能力的组织机构，就不是行政主体。

2. 行政主体是区别行政法律关系中行政权力主体与非行政权力主体身份性质的需要

①行政主体区别于作为行政相对人的公民、法人及其他组织。②行政主体也区别于作为机关法人的行政组织机构。对于同一行政机关而言，当其以行政主体身份出现于行政法律关系中的时候，所享有的是人身权、财产权等行政相对人的权利与义务内容。

3. 行政主体是确定行政公务人员及其受托组织实施的行政活动行为的效力与责任归属的需要

行政活动主要由公务人员和其他受托人来实施和完成，他们所实施的公务行为不属于其自己，所以应当在法律上有一个效力归属的行政主体。因此，行政主体作为一个理论概念的确立和存在，既解决了行政责任的承担者，又保证了行政公务活动的连续和统一。

4. 行政主体是判定行政复议被申请人、行政诉讼被告和行政赔偿义务机关的前提和基础

只是具备行政主体资格的组织，才能成为行政法律关系主体的一方当事人，也才可成为行政救济法律制度中的参加者。《中华人民共和国行政处罚法》《中华人民共和国行政许可法》《中华人民共和国行政诉讼法》《中华人民共和国行政复议法》《中华人民共和国国家赔偿法》等法律，已为行政主体概念的存在与确立提供了法律依据。

第二节　行政主体资格

只有具备行政主体资格的组织，才享有行政法上的主体地位以及作出行政行为的权力能力和行为能力，并由此行使行政职权，实施行政管理，承担法律责任。因此，行政主体资格，就是指符合法定条件的组织，经过法定程序所获得的行政主体法律地位。

一、行政主体资格的构成条件

行政主体资格构成的条件，主要包括以下几项：

(一) 有法定的设立依据并由有权机关批准

设立行政机关应有法律依据，这是现代法治国家贯彻依法行政原则的最基本的要求。《中华人民共和国宪法》《中华人民共和国国务院组织法》《中华人民共和国地方各级人民代表大会和各级人民政府组织法》等，都原则性地规定了国务院及其职能部门和地方各级人民政府及其职能部门的设

立权限、程序和方式。任何行政机关都必须依法设立，否则，不仅不能取得行政主体资格，而且其行为还是违法行为，应受到法律的追究。

行政机关的设立不仅要有法定依据，通常还需要经过一定程序由有权机关批准。所谓有权机关，就是指国家权力机关或其上级行政机关。这些机关有权依照法定职权，按照法定条件和程序，就如何设立行政机关或其职能部门作出决定，未获批准的不得自行设置并行使职权。

与此同时，行政主体资格在经过批准之后还必须经过公告。公告程序是行政机关取得行政主体资格的程序要件之一。如果没有公告，社会不知晓，行政主体便无法行使职权。公告的内容有成立的时间、机关名称、性质、任务、职责权限、住所地等。

（二）拥有法定的独立职权与职责

行政主体是具有法律地位的行政管理主体，因而必须在法律上拥有独立的行政职权与职责。行政机关的行政职权与职责，主要由宪法和有关组织法以概括性和原则性规定的方式来确定，如《中华人民共和国宪法》第八十九条、第九十条和《中华人民共和国国务院组织法》所确定的国务院及其各部、委的行政职权。《中华人民共和国地方各级人民代表大会和地方各级人民政府组织法》第五十九条、第六十条分别规定了县级以上地方各级人民政府的行政职权和乡、民族乡、镇人民政府的行政职权。同时，其他单行法律和法规，还对行政机关拥有的行政职权与职责作了进一步的具体规定。行政机构和社会组织对行政职权与职责的独立拥有，主要通过除宪法和有关组织法以外的单行法律、法规确定，如《中华人民共和国消防法》规定县级以上公安机关设立的消防监督机构对消防工作实施监督和采取行政处罚及其他法定强制措施的职权与职责。再如《中华人民共和国食品卫生法》第三十二条第二款规定的铁路、交通行政主管部门设立的食品卫生监督机构行使对食品卫生工作进行监督的职责。

（三）有法定的组织机构、人员编制和有独立的预算及经费

行政机关必须由相应机构和人员组成，这是行政活动得以进行的基本要求。没有相应的机构人员，行政职权便不能行使，行政管理目标便不能实现。

行政预算及经费是行政机关行使职权，管理公共事务，并且承担行政责任的物质基础和保障。没有必要的经费，行政机关就无法进行行政活动，也无法承担如行政赔偿、行政补偿等行政责任。

（四）能以自己的名义实施行政活动和承担法律责任

法律法规在确定行政主体拥有行政职权与职责的前提下，还明确规定其以自己的名义具体实施行政活动和承担法律责任的能力。关于行政主体实施行政活动的名义能力，法律法规在赋予其职权与职责时，一般同时予以确定。如《中华人民共和国治安管理处罚法》规定，对违反治安管理行为的处罚，由县、市公安局、公安分局或者相当于县一级的公安机关裁决，而警告、500元以下罚款，可以由公安派出所裁决。依据该规定，县级公安机关或公安派出所可以其自己的名义作出行政处罚，但公安机关的其他内部机构则不得以其自己的名义作出行政处罚。同时，法律法规也对行政主体独立承担法律责任的能力条件进行了规定，如《中华人民共和国行政复议法》中有关被申请人资格的规定，《中华人民共和国行政诉讼法》及最高人民法院《关于执行〈中华人民共和国行政诉讼法〉若干问题的解释》中有关被告资格的规定，《中华人民共和国国家赔偿法》中有关行政赔偿义务机关的规定，都反映了这一要件要求。如果某个组织或个人，仅从法律规范法人形式上看，似乎具有行使某项职权或履行某项职责的能力，但实际上并不具有以自己的名义实施行政活动并对此承担法律责任的能力，还不能具有行政主体资格。如《中华人民共和国治安管理处罚法》第一百条规定的公安人员当场实施的处罚，不是以其个人的名义作出的，而是以所属公安机关或公安派出所的名义实施的。

二、行政主体资格的取得

根据行政主体的行政职权与职责的来源不同，行政主体资格的取得有两种途径：

（1）依照宪法和行政组织法的有关规定取得行政主体资格。其行政主体资格的取得，主要有以下特点：取得的法律依据是宪法和组织法的有关规定，如《中华人民共和国宪法》和行政机关组织法中有关国务院及其职能部门和地方各级人民政府及县级以上地方人民政府职能部门的规定。取得的方式，有通过国家权力机关的决定而取得的，如地方各级人民政府；也有通过行政机关的决定而取得的，如县级以上地方人民政府的职能部门。取得行政职权与职责主要由《中华人民共和国宪法》和行政机关组织法以概括性和原则性方式进行规定，并突出对行政机关职能的确立与规定，而其具体的职责权限内容，多依赖于单行法律法规的明确规定及各级政府机关的“三定方案”；取得资格与该组织的成立是同时的，即行政机关依法成立之时，就是该机关取得行政主体资格之日；取得资格的对象是国务院及其职能部门、地方各级人民政府及其派出机关和县级以上地方人民政府的各职能部门。

（2）依照宪法和行政组织法以外的单行法律、法规的授权取得行政主体资格。其行政主体资格取得的特点主要表现在：主体资格取得的法律依据是宪法和行政组织法以外的有关行政法律、法规，如前面所列举的《中华人民共和国消防法》有关消防监督机构的规定等。取得方式，既有法律规范的直接明确规定，如前述的物价检查机构的规定和《中华人民共和国消防法》对消防监督机构的规定；也有根据法律规范由行政机关决定，如《中华人民共和国渔业法》第六条规定的“县级以上人民政府渔业行政主管部门可以在重要渔业水域、渔港设渔政监督管理机构”和第四十八条规定的“本法规定的行政处罚，由县级以上人民政府渔业行政主管部门或者其所属的渔政监督管理机构决定”。行政职权和职责的取得是由单行法律、法规直接赋予并进行了比较具体明确的规定，或者依照法律、法规规定由有权机关作出授权决定；取得资格与该组织的成立可能是同时的，即单行法律、法规中既规定这些组织机构的设立，又规定该组织机构所拥有的一定范围内的职权与职责，也可能是组织机构的成立与取得行政主体资格的时间是分开的，即组织机构成立在先，取得资格在后，如社会组织的行政主体资格的取得，基本上都是如此；取得资格的对象是行政机关所属的行政机构、公务组织和社会组织。

应当注意的是，某一组织是否具有行政主体资格与其是否具有某项或某方面的行政职权与职责，是既有联系又有区别的两个法律问题。①是否具有一定的独立职权与职责，是一个组织取得行政主体资格的核心因素，在这一点上，该项或该方面行政职权和职责与行政主体资格的取得紧密相关，不可分离，如各级人民政府的职能部门就是以其成立时所拥有的相应职能权限而取得行政主体资格；再如，消防监督机构就是以《中华人民共和国消防法》规定的职权而取得行政主体资格。②一个组织在已确立其取得行政主体资格的前提下，判定其是否具有某项职权并能否作出相应的行政行为，属于权限问题。也就是说，若一个组织无行政主体资格而以其名义实施了行政职权行为，则属于主体不合格而违法无效，但其法律责任的承担方式需要进行法律定位，即由该组织所归属的具有行政主体资格的组织承担法律责任；若一个组织具有行政主体资格而以其名义实施了其并不拥有的某项行政职权行为，则属于越权无效，其法律责任归属于该组织自身。对此，《中华人民共和国行政诉讼法》第二十六条规定：公民、法人或者其他组织直接向人民法院提起诉讼的，作出行政行为的行政机关是被告。经复议的案件，复议机关决定维持原行政行为的，作出原行政行为的行政机关和复议机关是共同被告；复议机关改变原行政行为的，复议机关是被告。复议机关在法定期限内未作出复议决定，公民、法人或者其他组织起诉原行政行为的，作出原行政行为的行政机关是被告；起诉复议机关不作为的，复议机关是被告。两个以上行政机关作出同一行政行为的，共同作出行政行为的行政机关是共同被告。行政机关委托的组织所作的行政行为，委托的行政机关是被告。行政机关被撤销或者职权变更的，继续行使其职权的行政机关是被告。“法律、法规或者规章授权行使行政职权的行政机关内设机构、派出机构或者其他组织，超出法定授权范围实施行政行为，当事人不服提起诉讼的，应当以实施该行为的机构或者组织为被告。”所以，虽然一个组织在具备了行政主体资格的情况下，就既具有了行政主体的权利能力，也具有了相应的行为能力，但从法律角度讲，是否有行政主体资格主要属于权利能力问题，而是否具有某项行政职权主要属于行为能力问题。

第三节 行政主体与行政组织法

一、行政组织法的价值

行政主体主要是由行政机关和授权组织构成。其中，行政机关是行政组织，是行政主体的主要构成部分，处于法律法规执行重心的位置。这一位置并不随公共行政社会化程度的提高以及行政授权、行政委托的普遍而改变。

行政组织法是规范行政组织的法律规范的总称，主要由行政机关组织法和行政机关编制法构成。行政法作为控权法，其对行政权力的控制可以针对行政权力实体，也可以针对行政权力运用。从联系的角度看问题，行政权力的合法、合理运用，必须以行政权力的合法、合理的组织为基础。如果政府组织杂乱无章，则政府行为杂乱无章，整个社会必然陷入无序或混乱。因此，行政组织法制化意义重大，其前提就是行政组织法的健全与完善。具体来说，行政组织法的价值主要表现在两个方面：

（一）行政组织法是建立“理想行政组织”的保障

行政组织是行政职能的承担者，行政职能的履行首先需要一个理想的行政组织。按照德国学者马克斯·韦伯的设计，理想行政组织应该是：其一，在政府组织中，每个官员都有固定的职责权限，他们只能在自己的职责权限范围内发布命令而不能超越；其二，政府组织有严格的等级，下级组织必须接受上级组织的监督和控制；其三，政府的各项活动都严格依照规范性文件的规定进行；其四，以能够胜任工作为前提，政府工作人员领取固定薪俸并终身任职，使政府公职成为受尊重的职业。韦伯认为，按照“职权分明、层级节制、政令严格、稳定任职”原则建构起来的政府组织是最为合理的政府组织，这种政府组织完全具有最高行政效率和胜任各项行政任务。近年来，尽管韦伯设计的理想行政组织受到广泛批判，但这一设计中所包含的诸多要素，如行政组织机构、管理方式和价值观念等都有合理之处。

从行政组织结构看，任何国家的行政组织都是按层级化设计的，这种设计规定了行政权力运行方向、行政首脑指挥线路、行政信息传递渠道和行政人员职责权限，是政府有效行政的组织保障。从行政管理方式看，理想行政组织以行政权力为轴心，运用计划、组织、指挥、协调、控制等方式，对全社会实施强制性管理，这是迄今为止最为有效的管理方式。

从行政价值观念看，对契约、形式和规则的重视是理想行政组织的基本价值观念，又称“官僚精神”。这种官僚精神是西方理性主义一以贯之的传统。

按照理想行政组织的标准衡量，与西方国家高度规范的行政组织相比，我国行政组织仍处于理想官僚制体现不足阶段。例如，行政职能的不完整、行政权责的不一致、行政机关的随意设置、行政关系的不协调、行政领导的独断专行等。因此，建立理想行政组织仍是我国政府面临的一大任务。建立理想行政组织的前提就是行政组织法的健全与完善。如前所述，对契约、形式和规则的重视是理想行政组织的基本价值观念，当一些西方国家已经开始构造一个“放松规制政府”的时候，我国提出必须加强规制政府，这恰恰说明了我国规制政府的缺乏，亦即理想官僚制的缺陷。从规制政府到放松规制政府，这是政府组织发展的历史过程。从常识上说，没有一个受到严格规制的政府，没有一个拥有纪律素养的政府，或者一个原本就缺乏规制的政府，也就谈不上一个放松规制的政府。

（二）行政组织法是巩固机构改革成果的保障

新中国成立以来曾进行过多次机构改革，仅改革开放至今就有七次。多轮机构改革的和精简工作的成绩有目共睹，但却始终没能走出“精简—膨胀—再精简—再膨胀”的怪圈。这个怪圈经多轮改革而不变，反而演化成了一条难以避开的刚性路径。例如，1993 年的机构改革力度很大，国务院各部门精简 20%，全国共精简人员 200 万，但膨胀的速度却更快。机构精简后膨胀的原因虽然很多，但行政组织体系法制建设落后，缺乏强有力的约束机制是其中的重要原因。因此，从根本上巩固得来不易的机构改革成果，必须加强行政组织立法，构建政府机构改革的法制机构，防止机构编制的再度膨胀。

二、行政组织法的基本内容

如前所述，行政组织法主要是由行政机关组织法和行政机关编制法构成，因此，行政组织法的基本内容涉及行政机关组织法和行政机关编制法的基本内容。

（一）行政机关组织法的基本内容

1. 行政机关的性质和地位

行政机关组织法规定行政机关的根本属性和它在整个行政系统中所处的位置。例如，《中华人民共和国地方各级人民代表大会和地方各级人民政府组织法》第五十四条规定："地方各级人民政府是地方各级人民代表大会的执行机关，是地方各级国家行政机关。"其中，"地方各级人民代表大会的执行机关"规定了地方各级人民政府的地位，"地方各级国家行政机关"规定了地方各级人民政府的性质。

2. 行政机关或人民政府的人员组成

行政机关组织法规定各级行政机关或人民政府的人员组成。例如，《中华人民共和国国务院组织法》第二条第一款规定："国务院由总理、副总理、国务委员、各部部长、各委员会主任、审计长、秘书长组成。"《中华人民共和国地方各级人民代表大会和地方各级人民政府组织法》第五十六条第一款规定："省、自治区、直辖市、自治州、设区的市的人民政府分别由省长、副省长，自治区主席、副主席，市长、副市长，州长、副州长，和秘书长、厅长、局长、委员会主任等组成。"

3. 行政机关的正副职设置

行政机关组织法规定行政机关行政首脑正副职设置及其设置额数。例如，《中华人民共和国国务院组织法》第九条第一款规定："各部设部长一人，副部长二至四人。各委员会设主任一人，副主任二至四人，委员五至十人。"《中华人民共和国地方各级人民代表大会和地方各级人民政府组织法》第五十六条第三款规定："乡、民族乡的人民政府设乡长、副乡长。民族乡的乡长由建立民族乡的少数民族公民担任。镇人民政府设镇长、副镇长。”

4. 行政机关工作机构的设立与变动

行政机关组织法通常采用概括方式规定行政机关工作机构的设立。例如，《中华人民共和国国务院组织法》第十一条规定：“国务院可以根据工作需要和精简的原则，设立若干直属机构主管各项专门业务，设立若干办事机构协助总理办理专门事项。”再如，《中华人民共和国地方各级人民代表大会和地方各级人民政府组织法》第六十四条第一款规定：“地方各级人民政府根据工作需要和精干的原则，设立必要的工作部门。”行政组织法还规定了地方各级人民政府工作部门设立与变动的程序。例如，《中华人民共和国地方各级人民代表大会和地方各级人民政府组织法》第六十四条第三款规定：“省、自治区、直辖市的人民政府的厅、局、委员会等工作部门的设立、增加、减少或者合并，由本级人民政府报请国务院批准，并报本级人民代表大会常务委员会备案。”

5. 行政机关的职权

行政机关组织法规定行政机关与其他国家机关之间、中央行政机关与地方行政机关之间、不同职能行政机关之间、不同级别行政机关之间的职权划分。例如，《中华人民共和国宪法》第八十九条规定了国务院的职权；《中华人民共和国地方各级人民代表大会和地方各级人民政府组织法》第五十九条规定了县级以上地方各级人民政府的职权；《中华人民共和国产品质量法》第八条规定了产品质量监督部门的职权等。

6. 行政机关之间的关系

行政机关组织法规定中央与地方行政机关之间、不同职能行政机关之间、不同级别行政机关之间的关系。例如，《中华人民共和国宪法》第八十九条第四项规定：国务院“统一领导全国地方各级国家行政机关的工作”；《中华人民共和国防沙治沙法》第五条第一、二款规定：“在国务院领导下，国务院林业行政主管部门负责组织、协调、指导全国防沙治沙工作。国务院林业、农业、水利、土地、环境保护等行政主管部门和气象主管机构，按照有关法律规定的职责和国务院确定的职责分工，各负其责，密切配合，共同做好防沙治沙工作”；《中华人民共和国地方各级人民代表大会和地方各级人民政府组织法》第六十六条第一款规定："省、自治区、直辖市的人民政府的各工作部门受人民政府统一领导，并且依照法律或者行政法规的规定受国务院主管部门的业务指导或者领导"。

7. 行政机关的基本工作制度

行政机关基本工作制度是行政机关内部机构、人员之间所形成的制度化的关系模式。行政机关组织法所规定的行政机关基本工作制度主要有民主集中制、行政首长负责制和行政机关会议制。例如，《中华人民共和国宪法》第三条第一款规定："中华人民共和国的国家机构实行民主集中制的原则。"《中华人民共和国国务院组织法》第二条第二款规定："国务院实行总理负责制。总理领导国务院的工作。"《中华人民共和国地方各级人民代表大会和地方各级人民政府组织法》第六十三条规定："县级以上的地方各级人民政府会议分为全体会议和常务会议。全体会议由本级人民政府全体成员组成。""政府工作中的重大问题，须经政府常务会议或者全体会议讨论决定。"

（二）行政机关编制法的基本内容

与行政机关组织法密切相关的是行政机关编制法。从内容上看，编制法是实体法和程序法的统一。编制法的实体性表现在：行政机关及其工作人员的总数是法定而不能突破的。编制法的程序性表现在：为了保证行政机关编制的稳定性，任何编制的扩充都要遵循编制管理的法定程序，否则就要被追究法律责任。在这方面，日本的经验是值得借鉴的。日本不仅有比较系统的行政机关组织法，而且还有行政机关的总定员法。总定员法规定了行政机关总人数和定期减员的百分比。从发布总定员法开始，日本行政机关的总人数一直难有突破。目前，日本已成为世界公认的行政机关最为精简的国家之一。

行政机关编制法的基本内容包括：编制管理机关、机关编制、人员编制。编制管理机关可以是政府体系内独立的、专司编制管理的机关；可以是从属于政府体系人事部门的、专司编制管理的机构；也可以是独立于政府体系之外的、专司编制管理的国家机关。机关编制是指根据社会发展要求、行政职能需要和经济条件许可程序确定行政机关的设立、规模和级别。人员编制是指根据行政事务多少和行政经费数额确定行政职位总额、行政人员总额以及行政人员结构，其中尤为重要的是行政人员总额。首先，行政人员数额是国家支付行政经费的最基本依据，控制行政人员总额实际就是扼住了国家行政经费的关口，把握住了行政经费的流向；其次，行政人员虽为行政职能实现的必要条件，但是，如果不对人员总额施加控制，就可能导致行政机关冗员充塞，并引发各种各样的“官场病”。因此，控制行政人员总额是国家政治、经济、文化和社会发展总体规划中不可缺少的有机组成部分。

三、行政组织法的健全与完善

我国的行政组织法离健全与完善还有相当的距离。例如，1982 年制定并实施的《中华人民共和国国务院组织法》，是我国现行有效的行政机关组织法之一。这一法律的主要缺陷是过于简约。法律的简约增加了法律的灵活性，亦即增加了机构设置的随意性，为机构膨胀预留了制度空间。

又如，目前我国地方各级人民代表大会组织法与地方各级人民政府组织法是合二为一的。这一法律于 1979 年通过颁行，其后又于 1982 年、1986 年、1995 年、2004 年和 2015 年作过五次修正，是我国另一现行有效的行政机关组织法。随着市场经济体制的建立，各级地方政府之间的管理职能、职权范围及工作部门设置等都将存在一定的差异。因此，应当制定单行的地方各级人民政府组织法，对地方各级人民政府的组成、职能、权限、会议制度、隶属关系等作出进一步具体规定。

再如，与行政机关组织立法相比，我国关于行政机关编制的立法更为薄弱。我国既没有与《中华人民共和国宪法》《中华人民共和国国务院组织法》及《中华人民共和国地方各级人民代表大会和地方各级人民政府组织法》相配套的行政机关编制的法律法规，也没有效力级别高、内容综合并具普遍指导意义的行政机关编制的基本法。由于编制立法薄弱，我国行政机关编制管理主要依靠的是文件、纪要或领导人的讲话，故经验色彩、人治色彩相当浓厚。因此，制定系统的行政机关编制法是完善行政组织法的必然要求。

综上所述，为了使行政组织适应社会主义市场经济体制的要求，达到精简、统一、效能的标准，我国必须健全和完善行政组织法，使行政组织的机构设置、人员编制等走上法治化轨道。

课后习题

一、选择题

1. 下列不属于行政主体的是（　　）。

A. 各级人民政府

B. 法律、法规授权的组织

C. 法律、法规授权的社会公权力组织

D. 行政机关委托的组织

2. 下列不具有行政法律地位的是（　　）。

A. 行政权限　　B. 行政职责

C. 行政违法　　D. 行政职权

二、简述题

1. 简述行政主体资格的条件。

2. 简述行政主体与其他相关的概念。

3. 简述行政主体的特征。

第五章　行政机关

本章概要

行政机关是国家机关的一种，是国家权力机关的执行机关，是代表国家依法行使行政权、管理国家事务的机关。它是我国最主要的行政主体，绝大部分行政职权是由行政机关来行使的。行政机关可分为中央行政机关和地方行政机关。

第一节　行政机关概述

一、行政机关的含义

行政机关，是指按照宪法和有关组织法的规定而设立的依法行使国家行政权力、对国家各项行政事务进行组织和管理的国家机关。

行政机关与其他国家机关共同构成了国家机构整体，都是实施国家职能、行使国家权力的机关。行政机关也是最主要的行政主体，因为行政机关是国家专设的行政职能机关，行政管理活动主要由行政机关实施和完成。

二、行政机关的特点

（1）行政机关是为完成一定行政职能而专门设立的国家机关。这一点是行政机关区别于其他国家机关的根本特征。根据国家权力分立制衡的原理，宪法中规定的各项国家权力应由不同国家机关来完成。各国家机关因不同的职能而有不同的国家权力，行政管理职能是划分给国家行政机关的。另外，从现代行政的发展来看，行政机关并不是包揽了国家的所有行政职能。现代社会中有许多的行政事务是由被授权或受委托的社会组织来完成的。因此，行政机关只是完成一部分的国家行政职能。

（2）行政机关是依法设立的。行政机关是依照宪法或行政组织法设立的，各级政府有时会因工作需要而设立一些临时性机构，这些机构的设立由于没有法律依据，因此不享有行政职权，不是行政机关。

（3）行政机关具有独立的法律人格。行政机关必须具有独立的法律人格，能够以自己的名义行使行政权，进行行政管理活动。如发布行政命令、采取行政强制措施、参加行政复议或行政诉讼等。虽然行政行为通常由行政机关的内部机构（司、局、处、科等）具体实施，但这些内部机构却不能以自己的名义，而只能以其所属行政机关的名义实施行政行为，因为它们不具有独立的法律人格，不能独立实施行政行为。

（4）行政机关具有一定的行政组织机构及公务员编制。行政机关成立时，为完成专门的行政职能，都下设一定的内设机构及职位，并具有相应编制和公务员配备，具备相应的办公设备条件和行政经费预算，这是取得独立执法主体资格和完成法定行政职能的基本要素。

三、行政机关的职权

1. 行政职权的概念

行政职权是指行政主体及其工作人员基于行政职能或者行政职务而享有的行政权力。行政主体及其工作人员的行政职权与行政职责具有一致性，行政职权从必须依法行使的角度讲，就是行政职责。通常，行政职权有多大，行政职责就有多重。

行政职权与行政权限不同。行政权限是指行政职权的范围、大小、边界。行政权限分为纵向权限和横向权限。任何行政主体及其工作人员的行政职权都是有限的。职权法定、权力有限、越权无效是行政法的基本原则。

2. 行政职权的内容

行政职权是行政权的具体表现，概括起来讲，行政职权可以分为以下几类：

（1）行政立法权，是指行政机关制定和发布行政法规的规章的权力。此外，行政机关还有权制定发布其他规范性文件。

（2）行政决策权，是指行政机关依法对其所辖领域和范围内的重大行政事项作出决策的权力。

（3）行政命令权，是指行政机关依照有关法律公布行政法规和规章，宣布实施重大强制性行政措施，嘉奖有关单位及人员的权力。

（4）行政决定权，是指行政机关对重要事项或者重大行作出安排，奖罚有关单位及人员，变更或者撤销下级机关不适当的事项决定权，如行政许可决定、行政处罚决定、行政强制决定、行政奖励决定。

（5）行政执行权，是指行政机关对已经生效的未得到履行的行政决定，采取一定措施予以实现的权力。

（6）行政监督权，是指行政机关依法对行政相对人及公务人员是否严格执行法律、法规和规章的情况予以监督检查的权力。

（7）行政指导权，是指行政机关依法对行政相对人可否作为或者不作为予以建议、引导、服务、帮助等权力。

其他还有行政合同权、行政委托权、行政司法权等。

3. 行政优益权

行政优益权是指国家为了保证行政主体有效行使行政职权而赋予其在职务上和物质上享有一定优益条件的权力。行政优益权不是行政职权，而是基于行政职权的附属权力。只有具有行政职权才可能被赋予行政优益权；行政优益权只有在行使行政职权时才可依法享有。行政优益权必须依法行使，不得滥用。

行政优益权可以分为行政优先权和行政受益权。

（1）行政优先权。行政优先权是指国家为了保证行政主体有效行使行政职权而赋予其在职务上享有一定优益条件的权力。包括先行处置权、优先通行权、优先使用权、社会协助权等。如《中华人民共和国人民警察法》

第十三条规定："公安机关的人民警察因履行职责的紧急需要，经出示相应证件，可以先乘坐公共交通工具，遇交通阻碍时，优先通过。"又如《中华人民共和国消防法》第四十七条规定："消防车、消防艇前往执行火灾扑救任务或者执行其他灾害、事故抢险救援任务时，在确保安全的前提下，不受行驶速度、行驶路线、行驶方向和指挥信号的限制，其他车辆、船舶以及行人应当让行，不得穿插超越。交通管理指挥人员应当保证消防车、消防艇迅速通行。"

（2）行政受益权。行政受益权是指国家为了保证行政主体有效行使行政职权而赋予其在物质上享有一定优益条件的权力。如办公条件、公务经费、交通工具。如《中华人民共和国公务员》第十三条规定，公务员享有获得履行职责应当具有的工作条件、获得工资报酬、享受福利、保险待遇等权利。

四、行政机关的种类

在行政法上，可以按照不同的标准对行政机关进行种类划分，以达到认识不同类别行政机关的功能与法律地位的目的。

（一）中央行政机关与地方行政机关

这是以职能活动地域范围为标准划分的。中央行政机关的活动范围及于全国，中央行政机关制定的行政法规或规章、发布决定和命令，在全国范围内都有约束力，拥有全国性行政事务的管理权，如国务院及其工作部门。地方行政机关的活动范围仅及于一定行政区域范围，只对本区域内的行政事务进行处理，如地方各级人民政府及地方人民政府所属工作部门。

（二）一般权限机关和专门权限机关

这是按照行政机关的职能权限划分的。一般权限的行政机关，是指管理全国或一定区域内全面性行政事务的行政机关，其职能和权限带有综合性，如各级人民政府及发改委、国资委等机关。专门权限的行政机关，是指管理某种专门事项或特别事项的行政机关，其职能和权限受制于一定事物专业或行业领域，如工商、海关、税务、环保、交通、物价等机关。

（三）外部行政机关和内部行政机关

这是按照行政机关职能活动系统范围内划分的。外部行政机关是指依法对社会公共事务实施管理的行政机关，其对象是公民、法人和其他组织。而内部行政机关是依法对行政组织系统内部事务实施管理或领导的行政机关，其对象是行政机关或行政机构的公务员。外部行政机关与公民、法人及其他组织形成外部行政法律关系，而内部行政机关与行政机关、行政机构及公务员则形成内部行政法律关系。

除上述分类外，还可将行政机关划分为常设行政机关与临时行政机关，权力机关决定设立的行政机关和行政机关决定设立的行政机关，首长制行政机关和委员制行政机关，集权制行政机关和分权制行政机关等。

第二节　中央行政机关

中央行政机关是指所辖区域及事务范围涉及全国的行政机关。中央行政机关是领导全国和各地方行政工作的最高行政机关，它是一国行政体制的核心。我国中央行政机关由国务院和国务院的工作部门（部、委、行、署）组成。

一、国务院

国务院，即中央人民政府，是最高国家权力机关的执行机关，是最高国家行政机关。根据《中华人民共和国宪法》和《中华人民共和国国务院组织法》的规定，国务院由每届全国人民代表大会选举产生。国务院享有领导和管理全国行政事务的职权，它具有行政主体资格。

国务院由总理、副总理、国务委员、各部部长、各委员会主任、审计长和秘书长组成。国务院实行总理负责制，总理负责领导国务院的工作，副总理、国务委员协助总理工作。国务院总理，根据国家主席的提名，经全国人大全体代表过半数表决通过决定，由国家主席任命。其他成员由总理提名，经全国人大全体代表过半数表决通过决定，由国家主席任命。

国务院行使职权的方式是全体会议和常务会议。国务院全体会议由国务院全体组成人员组成。常务会议由总理、副总理、常务委员、秘书长组成，必要时可请有关部委的行政首长列席。总理召集和主持国务院的全体会议和常务会议。国务院工作中的重大问题，必须经国务院全体会议或常务会议讨论决定。

二、国务院的组成部门

国务院各部委是国务院的工作部门或职能机关，依法对于某一方面或某一类行政事务，享有全国范围内的管理权限。各部管理比较专门的行政业务。国务院各部委所拥有的行政职权，归纳起来主要有：

（1）制定规章权。根据宪法和国务院组织法的规定，国务院各部委可以根据法律、法规和国务院的命令、决定，对其所辖的行政事项，制定对全国具有普遍约束力的部门规章。

（2）本部门所管辖事务的管理权。各部委对全国范围内的本部门所辖行政事务负责管理，依照相关法律、行政法规享有处理权，如对有关事项作出决定、发布命令或指示及采取行政措施等。同时，各部委还享有对地方各级人民政府中的相关职能部门的领导权或者业务指导权。

（3）裁决法律争议权。各部委可以对因自身具体行政行为和下一级职能机关具体行政行为所引起的争议，依法进行复议和作出复议决定，并依法律规定，裁决与行政管理密切联系的一些民事法律争议，国务院各部、委是行政主体。

国务院各部、委是国务院的组成部分，各部委的设立经总理提出，由全国人大或全国人大常委会决定。各部委实行部长、主任负责制。各部部长各委员会主任召集和主持部务会议、委务会议和委员会会议，签署上报国务院的重要报告和下达的命令或指示。各部委工作中的方针、政策、计划和重大行政措施，应向国务院请示报告，由国务院决定。

中国人民银行、审计署和国务院办公厅也是国务院的组成部门，与各部委具有同样的法律地位和行政主体资格。

三、国务院的直属机构

根据宪法和组织法规定，国务院根据工作需要和精简原则，可以设立若干主管各项专门业务的机关。根据《国务院行政机构设置和编制管理条例》第六条规定，“国务院行政机构根据职能分为国务院办公厅、国务院组成部门、国务院直属机构、国务院办事机构、国务院组成部门管理的国家行政机构和国务院议事协调机构”，“国务院直属机构主管国务院的某项专门业务，具有独立的行政管理职能”。国务院直属机构主管国务院的某项专门业务，具有独立的行政管理职能。国务院直属机构的设立、撤销或者合并由国务院机构编制管理机关提出方案，报国务院决定。国务院直属机构在职能分解的基础上设立司、处两级内设机构。司级内设机构的增设、撤销或者合并，经国务院机构编制管理机关审核方案，报国务院批准。处级内设机构的设立、撤销或者合并，由国务院行政机构根据国家有关规定决定，按年度报国务院机构编制管理机关备案。国务院直属机构及其司级内设机构的名称应当规范、明确，并与该机构的类型和职能相称，不得擅自变更名称。国务院直属机构增加或者减少编制，由国务院机构编制管理机关审核方案，报国务院批准。领导职数，按照国务院组织法的规定确定。司级内设机构的领导职数为一正二副；处级内设机构的领导职数，按照国家有关规定确定。国务院直属机构在自己所主管的专门事务范围内，有权以自己的名义依法行使职权，并由自己独立承担法律责任。因而，直属机构具有行政主体资格。

四、国务院部委管理的国家局

国务院依照有关组织法定的权限，根据国家行政事务的需要，设立若干行政主管职能部门，负责有关法律的实施和执行。由于其行政事务与一些部委的职能有密切联系，因而改由部委对其进行管理。这些由部委管理的国家局主要有：国家信访局、国家粮食局、国家能源局、国家国防科技工业局、国家烟草专卖局、国家外国专家局、国家公务员局、国家海洋局、国家测绘地理信息局、国家铁路局、中国民用航空局、国家邮政局、国家文物局、国家中医药管理局、国家外汇管理局、国家煤矿安全监察局等。

部委管理的国家局在成立的时候就具有独立的法律地位，依法行使某项行政事务的管理权和争议裁决权，具有行政主体资格。

第三节　地方行政机关

地方行政机关，是指其活动范围仅限于国家一定行政区域范围内，其管辖事项仅限于地方性行政事务的行政机关。它包括地方各级人民政府、地方各级人民政府的职能部门、地方各级人民政府的派出机关。

一、地方各级人民政府

地方各级人民政府是由地方国家权力机关产生的、主管本行政区域内行政事务的机关。它依法独立享有行政职权，并对其行为后果独立承担法律责任，因而具有行政主体资格。

地方各级人民政府分为：省（自治区、直辖市）、市（自治州）、县（自治县、市辖区及不设区的市）、乡（民族乡、镇）四级。

乡级人民政府由正副职领导组成；县级以上地方人民政府组成人员除正副职领导之外，还包括同级人大常委会任命的各职能部门负责人；省、市（州）人民政府组成人员还包括秘书长。地方各级人民政府均实行首长负责制。县级以上地方各级人民政府实行全体会议和常务会议制度，政府工作中的重大问题，须经政府常务会议或全体会议讨论决定。各级人民政府首长负责召集和主持本级人民政府全体会议和常务会议。

根据组织法的规定，地方各级人民政府享有如下职权：

（1）制定行政规章，规定行政措施，发布决定、命令；

（2）执行本级人大及其常委会的决议和上级国家行政机关的命令和决议，办理上级行政机关交办的事项；

（3）县级以上人民政府领导所属职能部门和下级人民政府的工作，管理本行政区域内的所有行政事务；

（4）监督本级人民政府的职能部门和下级人民政府的行政工作；

（5）裁决法律纠纷；

（6）保护国家、集体的合法财产和公民个人的政治权利、人身权利和财产权利等。

此外，民族自治地方的自治区、自治州、自治县人民政府，除行使上述职权外，还依照《中华人民共和国宪法》《中华人民共和国民族区域自治法》和其他法律规定的权限，行使自治权。

二、地方各级人民政府的职能部门

根据《中华人民共和国宪法》和有关法律，地方县级以上各级人民政府根据工作需要，设立若干职能部门，承担某一方面行政事务的行政机关，依照有关法律、法规的规定，独立享有并行使相应的行政职权，包括对自己管理行政事务发布有关的决定和命令，就主管行政事务进行一定范围和方式的处理，颁发行政许可证照，对违法行为采取制止、纠正措施和依法进行处罚等。职能部门是主要的行政执法机关，其所享有的具体职权与职责内容、范围、方式等，在有关法律、法规中有具体规定。职能部门以自己的名义行使职权和作出决定，并承担相应的法律后果。县级以上地方人民政府职能部门具有行政主体资格。

地方人民政府工作部门的设立、增加、减少或者合并，由本级人民政府决定，报上一级人民政府批准。工作部门正职负责人属于本级人民政府组成人员的，其任免由所属本级人民政府正职首长提名，由本级人民代表大会常务委员会决定，并报上一级人民政府备案。地方人民政府各工作部门既受本级人民政府统一领导，同时又受上级人民政府主管部门的领导或业务指导。

省、自治区人民政府设立的派出机关即行政公署下辖的职能工作部门，也应是行政主体，与地方人民政府工作部门具有同等的法律资格与法律地位。

三、地方各级人民政府的派出机关

地方各级人民政府的派出机关，是指县级以上地方人民政府经有权机关批准，在一定区域内设立的行政机关。

根据《中华人民共和国地方各级人民代表大会和地方各级人民政府组织法》第六十八条的规定，我国地方人民政府的派出机关有三类：省、自治区人民政府在必要的时候，经国务院批准，可以设立若干行政公署作为其派出机关；县、自治县人民政府在必要的时候，经省、自治区、直辖市人民政府批准，可以设立若干区公所作为其派出机关；市辖区、不设区的市人民政府，经上一级人民政府批准，可以设立若干街道办事处作为其派出机关。至今，全国所有的区公所已全部被撤销，行政公署已绝大部分被撤销，变为地级市，实行市管县的体制。至于街道办事处是否有继续存在的必要还有待于进一步研究。

派出机关不是一级人民政府，但实际上行使着一定区域内所有行政事务的组织与管理权，以自己的名义作出行政行为，并对其行为后果承担法律责任。因此，地方各级人民政府的派出机关实际上已具有行政主体资格。但从法理和法律规定来看，其行政主体资格不明确。解决的办法是，应尽快完善《中华人民共和国地方各级人民代表大会和地方各级人民政府组织法》。

由于派出机关的法律地位不明，1999 年在制定《中华人民共和国行政复议法》时，根据其实际情况，就授权派出机关具有行政复议机关或被申请人的地位。该法第十三条第二款规定："对省、自治区人民政府依法设立的派出机关所属的县级地方人民政府的具体行政行为不服的，向该派出机关申请行政复议。"第十五条第一款第一项规定："对县级以上地方人民政府依法设立的派出机关的具体行政行为不服的，向设立该派出机关的人民政府申请行政复议。"

派出机关所设立的行政机构，如行政公署所属的局、处、办等，是否具备行政主体资格，组织法及其他法律、法规并无具体规定，但实践中都视为具有行政主体资格。

第四节　中央行政机关与地方行政机关关系的法律调整

中国自古以来就是一个疆域辽阔、人口众多的多民族国家，历代的统治者都十分重视中央与地方之间的关系协调问题。中央与地方的关系，主要包括中央行政机关和地方行政机关的职能划分、中央行政机关对地方行政机关的监督和控制以及各地方之间、地方和中央之间关系的协调三个方面。

（一）中央行政机关与地方行政机关职能的划分

《中华人民共和国宪法》第三条第四款规定："中央和地方国家机构职权的划分，遵循在中央的统一领导下，充分发挥地方的主动性、积极性的原则。"这一宪法原则，要在实际中具体应用，必须从行政法上确立最高行政机关和地方各级行政机关之间的相互协作的权利义务关系，建立科学的、合理的纵向职能划分。

外交事务、国防事务、货币、度量衡、行政区划调整、财政拨款、国民经济和社会发展与布局规划等，凡属全国性的行政管理事务，涉及全国利益的事务，应由中央行政机关统一管辖。

地方性经济建设规划、文化、教育、卫生、体育、环保、生活福利设施等，凡属地方性的行政管理事务，涉及地方利益事务，应由地方行政机关独立自主地管辖。

凡实施范围关系到全国或者数省、自治区、直辖市的行政管理事务，如长江水利资源利用、黄土高原水土整治，应由中央行政机关主持处理，并由中央行政机关召集有关省、自治区、直辖市行政机关共同管辖。

在本地区独立实施某项行政管理事务发生困难的地方行政机关，有权向中央行政机关申请援助，中央行政机关应在人力、物力、财力等方面给予支持和援助。

（二）中央行政机关对地方行政机关的监督和控制

中央行政机关与地方行政机关之间的职能划分，已经包含并要求中央行政机关对地方行政机关的监督和控制。无论是联邦制国家，还是单一制国家，任何国家的地方行政机关都必须接受中央行政机关的监督和控制。

在我国，党的十一届三中全会以前，实行的是高度中央集权制，中央与地方是垂直型的命令服从的关系，管理权限几乎全部集中在中央各部门，导致地方缺乏自主权，体制僵化、浪费严重、效率低下。为此，中央提出发挥中央和地方两个积极性的战略构想，经过多次放权与授权的调整，终于冲破了“一统就死，一放就乱”体制上的束缚，在宏观调控的前提下，扩大地方人民政府的权力。从中央和地方的关系协调发展的角度看，这只能是权宜之计，应当在实践中逐渐放权给地方政府，中央政府应当更多地履行指导、监督和协调的职责。

中央行政机关有权审核地方行政机关的行政管理工作计划，有权检查地方行政机关的行政管理活动，有权依照法律的规定撤销或者纠正地方行政机关违法或者不当的行政管理措施。

课后习题

一、选择题

1. 我国实行国务院总理负责制，这属于（　　）。

A. 合议制　　　　B. 首长负责制

C. 委员会制　　　　D. 民主集中制

2. （多选）下列关于国务院的说法，正确的是（　　）。

A. 国务院是最高人民政府　　　　B. 最高权力机关的执行机关

C. 最高权力机关　　　　D. 最高权力机关的工作机构

3. （多选）下列属于国务院组成部分的是（　　）。

A. 国务院总理与副总理

B. 国务委员会

C. 国务院各部部长和各委员会主任

D. 国务院审计长和秘书长

二、简述题

1. 简述行政机关的特征。
2. 简述行政机关的分类。
3. 简述中央行政机关的体系结构。
4. 简述其他地方行政机关的结构。

第六章 授权组织与受委托组织

本章概要

授权组织和受委托组织是行政法上的两个基本概念，随着我国行政法理论和制度实践的不断发展，授权理论和行政主体理论都发展到了一个新的阶段。本章主要讲述了授权组织和受委托组织的概念、基本特征、分类以及法律、法规授权与行政授权等的主要概念。

第一节 授权组织

在现代法治国家，行政权力被宪法和法律设定以后不可能一成不变。面对越来越复杂和非常专业的社会事务管理，国家往往需要把部分行政职权转移给其他主体行使，这就是所谓的行政授权。杜绝行政授权无疑会因政府不善处理专业性行政事务或者得不到社会响应而导致行政管理效率的低下；但如果放任行政授权，则会因破坏宪法和法律原先设定的权力结构而面临毁坏宪政体制的威胁。因此，需要将行政授权纳入规范、科学、制度化的轨道。

一、授权组织的概念与特征

行政主体多数情况下表现为行政机关，但是行政机关并不能包含所有的行政主体。随着我国行政体制改革的不断深入，行政权力的行使主体和活动范围不断得到调整。除了行政机关，其他的机构和主体同样以各种方式行使行政权力。授权组织就是其中一项。一般认为，授权组织是指因国家通过宪法和行政组织法以外的单行法律、法规的授权而行使某一方面行政职权以管理公共事务的非国家机关组织。

通常，授权组织具有以下几方面的特点：

1. 具有法律、法规的明确授权

被授权的组织在得到法律、法规的授权之前，不具有处理被授权事项的行政主体资格，不能以自己的名义对外行使行政权力。即便被授权组织在得到授权之前已是行政主体，它要获得该种事项的独立处理权就必须有法律规范的另行授权。在授权法律规范中必须对被授权者及授予的内容、范围、时限等情况作出明确的规定。

2. 行政组织不同于行政机关

主要是指行政机关以外的组织，包括行政机构和社会组织。在得到法律法规的授权之前，这种组织一般实施民事行为，多数没有行政主体资格，而行政机关自成立之日起即依法具有行政职权，具有行政主体资格。当然，需要指出的是，授权组织在很大意义上指的是原先没有行政主体资格的行政机关内部机构或者其他社会组织，但是这并不排除行政机关或由法律、法规授予其行政职权的可能性。实际上，我国的法律对于授权组织的要求并没有明确的规定，至少并不明确排除哪些主体不能成为被授权的对象。且不说行政机关，实际上在我国目前及以后的相当长的一段时间内，甚至一部分企业都可以接受国家法律法规的授权而成为被授权组织，这就是所谓的行政性公司。

3. 授权必须符合法定方式

授权方式必须要有法律法规的具体规定，一般来说有两种：第一，法律法规直接授予职权。如《植物检疫条例》第三条规定：“县级以上地方各级农业、林木主管部门所属的检疫机构，负责执行国家的植物检疫工作。”第二，法律、法规规定由特定的行政机关授予行政职权。《中华人民共和国出境入境管理法》第四条第二款、第三款规定：“中华人民共和国驻外使馆、领馆或者外交部委托的其他驻外机构负责在境外签发外国人入境签证。出入境边防检查机关负责实施出境入境边防检查。县级以上地方人民政府公安机关及其出入境管理机构负责外国人停留居留管理。公安部、外交部可以在各自职责范围内委托县级以上地方人民政府公安机关出入境管理机构、县级以上地方人民政府外事部门受理外国人入境、停留居留申请。”行政授权是单方法律行为，依行政机关单方作出法人授权意思表示成立，无须被授权的单位或组织作出同意或接受的意思表示。

二、授权组织的类型

关于被授权的“组织”的范围，在20世纪80年代至90年代，受当时行政诉讼的立法指导思想的影响，即为了解非行政机关即社会组织和行政主体资格问题，多数学者便把被授权组织限定为“非行政机关”。但后来当人们发现我国不少法律、法规除对社会组织外，还对行政派出机构的权力作直接设定这一事实时，便有人把被授权“组织”的范围作了修正，即用“不是一级的行政机关”取代“非行政机关”。此外，有许多学者主张上述被授权“组织”应当不受限制，可以是行政机关，也可以是非行政机关；可以是一级行政机关，也可以是非一级行政机关。所以，概括而言，我国的法律、法规授权的组织可以包括以下两种类型。

（一）行政机构

1. 行政机构的概念

行政机构是行政组织的构成要素之一，其本身又是作为行政机关的内部机构而存在的。具有行政主体资格的各级人民政府及其职能部门，可以根据行政管理的需要设置若干办公和办事机构，以协助行政主体处理和具体办理各项行政事务和机关内部的事务。行政机构不能以自己的名义独立对外行使行政权。但是，由于诸多专业上、技术上的需要以及出于提高行政效率、维持行政秩序等方面的考虑，在某些特定的情况下，行政机构可以接受法律法规的授权，或者接受行政机关的依法授权，成为行政主体。

2. 行政机构成为行政主体的具体类型

根据我国现行法律法规的有关规定以及行政活动运作的实际情况，行政机构成为行政主体的情形主要有以下三种类型：

第一，依照法律法规的授权规定而直接设立专门行政机构。根据行政管理的现实需要，有些法律法规明确规定，为处理专项行政事务设立一定的专门机构。依照法律法规的授权而设立专门行政机构，具有行政主体资格。例如，《中华人民共和国专利法》第四十一条规定："国务院专利行政部门设立专利复审委员会。专利申请人对国务院专利行政部门驳回申请的决定不服的，可以自收到通知之日起3个月内，向专利复审委员会请求复审。"该法第二十一条规定："国务院专利行政部门及其专利复审委员会应当按照客观、公正、准确、及时的要求，依法处理有关专利的申请和请求。"《中华人民共和国商标法》第二条规定："国务院工商行政管理部门商标局主管全国商标注册和管理的工作。国务院工商行政管理部门设立商标评审委员会，负责处理商标争议事宜。"商标评审委员会是处理商标争议的专门机构，行使对商标争议行政纠纷的复议权。该法第三十四条规定："对驳回申请、不予公告的商标，商标局应当书面通知商标注册申请人。商标注册申请人不服的，可以自收到通知之日起15日内向商标评审委员会申请复审。商标评审委员会应自收到申请之日起9个月内作出决定，并书面通知申请人。""当事人对商标评审委员会的决定不服的，可以自收到通知之日起30日内向人民法院起诉。"此外，根据我国《医疗事故处理条例》（2002年9月1日起施行）第二十条的规定："卫生行政部门接到医疗机构关于重大医疗过失行为的报告或者医疗事故争议当事人要求处理医疗事故争议的申请后，对需要进行医疗事故技术鉴定的，应当交由负责医疗事故技术鉴定工作的医学会组织鉴定。"根据《中华人民共和国计量法》（1986年7月1日起施行）的规定，为了执行强制检定和其他检定、测试任务，县级以上人民政府计量行政部门根据需要设置的计量鉴定机构，或者接受其授权的其他单位的计量检定机构等，都属于行使专项职权的专门机构，都具有行政主体资格。

第二，行政机关的内部机构。行政机关的内部机构在得到法定授权的情况下可以成为行政主体。依照组织法和国家行政管理的需要而设立的行政机关的内部机构可分为两种：一种是各级人民政府的直属的内部机构，另一种是政府的职能部门的内部机构。目前依法得到授权而成为行政主体，主要是后者。例如，《中华人民共和国消防法》第四条、第二十五条等，对公安机关消防机构的监督检查职能作了全面、系统而明确的规定，使其具有行政主体资格；这些成立之初并不具有独立的法律地位的政府职能部门的内部机构，经法律、法规授权，或者经特定行政机关依法授权，可取得行政主体资格，成为行政主体。

第三，政府职能部门的派出机构。政府中的职能部门根据工作需要在一定区域内设立的工作机构，代表该职能部门从事一定范围内的某些行政事项的管理工作，其自身原则上没有独立的法律地位。目前，职能部门设立的派出机构种类较多，如审计署驻各地特派员办事处、公安派出所等。派出机构获得法定授权，便可以以自己的名义行使行政权，实施具体行政行为，因而取得行政主体资格。由于行政活动的复杂性和广泛性，法律法规对派出机构的授权，有的以列举的方式进行，也有的以概括方式进行。无论以何种形式进行，只要某派出机构获得法律法规授权，该派出机构便获得行政主体资格，在授权范围内成为行政主体。例如，《中华人民共和国治安管理处罚法》第九十一条规定："治安管理处罚由县级以上人民政府公安机关决定；其中警告、500 元以下的罚款可以由公安派出所决定。"这是以列举方式授权，只限于在"警告、500 元以下的罚款"事项上赋予公安派出所以行政主体资格。1991 年 4 月国务院批准，国家工商行政管理局发布的《工商行政管理所条例》则是以概括的方式直接赋予工商所以行政主体资格的。不过，依据该条例，工商所只能在涉及个体工商户和集市贸易管理方面的范围内行使职权，不能越权以自己的名义管理其他工商行政事务。某些地方性法规直接授予该地区范围内的税务行使部分行政职权，获得授权的税务所便取得了行政主体资格。

（二）其他社会组织

其他社会组织，即行政组织系统以外的社会组织。随着现代行政事务的增加和行政范围的扩大，产生了许多带有社会性和专业性的公共行政事务。由行政组织来包办难以适应现代国家新形势的发展需要，也无法收到良好的社会效应。行政法学理论认为，通过法律法规和行政规章授权行政组织外的社会组织行使一些行政职能，有其重要的意义和必然性。既可以减少行政机关和公务员的数量，降低行政管理成本，提高行政管理和服务的效率，又可以调动社会组织对公共事务参与管理的积极性，发挥社会组织特有的许多专业性和技术性事务的处理上的优势。

当然，根据我国现阶段的行政法规则，其他社会组织要以自己的名义对外作出一定的具体行政行为并独立承担法律责任，就必须得到法律法规和规章的明确授权。一般认为，可以获得授权而成为行政主体的社会组织主要包括：行政性公司、具有一定行政职能的事业单位、少量有行政职能的企业单位、基层群众性自治组织、有行政职能的社会团体、行业协会等。

1. 行政性公司

这是指既具有公司的基本构成要件，从事经济活动；又要承担某方面行政职能的组织。属于这类的组织主要存在于电信、电力、航空、铁路等部门。一般认为，行政性公司是计划经济体制下国家垄断的产物。随着我国市场经济的发展，很多行业已经打破垄断，引入民间和国外资金，在法律规定的范围内，不同所有制性质的企业进行公平竞争。国家负责宏观调控，营造合理、公平和竞争的环境。但是目前我国还是存在某些领域允许国家垄断行为，或者由于国家制定的政策或营造的竞争环境的不太合理，其他所有制的行政企业不能涉足或者不能和国家业以建立的企业展开公平竞争。在这样的领域，国家往往没有进行彻底的以市场经济的公平竞争为导向的行政改革。尽管这些领域的企业迫于外部的压力在努力改变自身的行为方式，但是历史性的地位和行政行为并没有得到重大的改变。因此，这些企业继续行使着计划经济体制下的两种职能，即一边实施经济行为，一边又实施一定的行政管理职能。国家又通过制定相应的法律法规将这种因历史原因导致的事实合法化。随着我国市场经济的进一步发展和行政改革的不断深化，我们认为，行政性公司终将会成为改革的对象，实现行政职能和经济职能的分离。

2. 具有一定行政职能的事业单位

根据国务院 1998 年 10 月颁布的《事业单位登记管理暂行条例》第二条规定，事业单位是指国家为了社会公益目的，由国家机关举办的或者其他组织利用国有资产举办的，从事教育、科技、文化、卫生等活动的社会服务组织。因此，一般来讲，事业单位属于公共机构，但是事实上，我国事业单位的真实情况其实非常复杂。有的事业单位事实上就是一个经济实体；有的事业单位实际上是行业协会或社会团体；有的事业单位其实可以建成行政机关。目前，国家通过立法将一部分行政职能授权给某些事业单位，从而使其具有了行政主体资格。例如，普通高等学校，由于《中华人民共和国学位条例》的授权，取得了对学生学位管理方面的行政管理权，从而获得了行政主体资格。又如按照《中华人民共和国证券法》的规定，中国证券业监督管理委员会这个国务院所属的事业单位，就具有行政主体资格。

3. 少量具有行政职能的企业单位

这里的企业不是行政性公司，法律规范授予的也不是传统意义上的行政命令或行政决定职能，而是为了实现公共利益，国家鼓励公民的一定行为，为了服务行政便利的需要，将一定的职能特别是授益性行政权力赋予一定的企业。例如，国务院1989年发布的《石油、天然气管道保护条例》，其中第二十四条规定：对维护管道及其附属设施安全作出显著成绩的单位和个人，能源主管部门或管道企业可以给予表彰和奖励。于是，管道企业取得了行政奖励权，成了相应的行政主体。

4. 基层群众性自治组织

根据我国宪法，基层群众性自治组织主要是农村的村民委员会和城市的居民委员会。根据宪法和以上两种机构组织法的规定，村民委员会和居民委员会属于我国的基层群众性自治组织，不是国家的基层政权，当然也不是行政机关。按其性质来说，它们不是行政主体。但是其中的村民委员会比较特别，它实际上行使着很多行政职能，这种职能在稍后的《中华人民共和国村民委员会组织法》中进行了规定。所以，很多学者认为是《中华人民共和国村民委员会组织法》对村民委员会进行了授权，从而使其获得行政主体资格。该法第二条第二款规定：“村民委员会办理本村的公共事务和公益事业，调解民间纠纷，协助维护社会治安，向人民政府反映村民的意见、要求和提出建议。”但在法律地位中其是否具有行政主体资格，还有待于学者进一步探讨。

5. 有行政职能的社会团体、行业协会

由于我国进入社会主义市场经济建设，特别是加入了世界贸易组织，随着经济体制改革的不断深入和行政机关的行政职能的重大转变，由政府机构转变、改建或者自发组建的社会团体、行业协会逐渐大量涌现。这些组织有些时候也称为公务组织，如中国纺织总会、中国轻工总会。这些组织通过法律法规授权享有一定的职权并履行职责，以完成自己的公务管理职能。这类组织一般具有下列特征：首先，由行政机关决定设立并由设立的行政机关领导，与行政机关之间有一定隶属关系。其次，是国家行政机关特意设立用以从事专门性、技术性、事务性的公务组织，因此也是公务组织。最后，行政性公司是因为法律、法规和规章的授权而具有行政主体资格，从而能从事公共事务管理和服务，与行政机关相区别的是它不是依靠自身组织性质和地位获得行政主体资格的，它要由法律、法规和规章的授权。

社会团体或行业协会有时和行政机构很难分清，尤其是对于行政法学和行政学比较陌生的初学者来说，所以有必要再次将两者作一番比较研究。行政性公司和行政机构之间的共同处在于，它们大多是行政机关设立的专门处理一定公共事务的机构，都因法律、法规和规章的授权而取得行政主体资格。它们的区别是：本身的法律性质不同。很多社会团体或事业单位是国家设立的事业单位，不具有行政编制；而行政机构是行政机关的构成要素，对外以所在行政机关的名义实施具体行政行为，由此引起的法律责任由行政机关承担。社会团体或行业协会要代表一定的行政机关行使职权需要行政机关依法进行行政委托，行政机构不需要办理委托手续即可代表行政机关行使职权。社会团体经法律、法规和规章的授权，可以获得行政主体资格。如《中华人民共和国消费者权益保护法》第三十二条规定："各级人民政府工商行政管理部门和其他有关行政部门应当依照法律、法规的规定，在各自的职责范围内，采取措施，保护消费者的合法权益。有关行政部门应当听取消费者和消费者协会等组织对经营者交易行为、商品和服务质量问题的意见，及时调查处理。"另外，如中国足球协会得到《中华人民共和国体育法》的授权后取得了对足球有关事项的管理权，获得行政主体资格。《中华人民共和国体育法》第四十条规定："全国性的单项体育协会管理该项运动的普及与提高工作，代表中国参加相应的国际单项体育组织。"

三、法律法规授权和行政授权的区别

在行政法学和行政立法中，行政授权概念涉及两种含义：（1）法律、法规对行政权的直接设定；（2）行政主体将经过法律、法规所设定的行政权转而成为其固有的行政权力，依法授予有关组织，其实质是行政权力的转让。有人把前者称为"行政权设定"，把后者称为"行政权转让"。

行政权设定与行政权转让之间的确有不少共同点，而正是这种共同点在一定程度上影响了人们对它们的甄别。它们之间的共性表现为：

（1）客体相同。行政权的设定是指有权机关通过法律、法规把行政权力直接赋予有关组织；行政权的转让系指行政主体把自身所拥有的行政权力授予有关组织。这两种行为的客体都是国家的行政权力。

（2）效果相同。行政权的设定和行政权的转让均能使被转让人从此拥有以前所没有的、独立的行政权力，从而使它们获得行政主体的资格和地位，进而使它们在行政诉讼中具有被告的资格和地位。换句话说，行政权设定和转让的结果，都是创设了一种新的行政主体。

然而，共性无法抵消质的差异性。其差异性具体表现在以下几个方面：

（1）主体不同。行政权力作为国家政权的组成部分，必须由法律法规作直接设定。因而，设定行政权力的主体必然是有权制定法律和法规的主体，即国家立法机关。但行政权转让中的授权方主体则不同，由于行政权转让是指拥有行政权（本身无行政权便无法实施行政权的转让）的主体把自己的行政权力的全部或一部分授给其他组织，因而其授权方主体必然是行政主体，一般是行政机关。

（2）行为性质不同。既然行政权授权的设定系指立法机关（大多是权力机关）通过法律、法规对行政权力作出规定，那么这一行为属于立法行为。而行政权转让是指无立法权的行政主体通过非法律、法规形式把自己的行政权力授予其他组织，这种授权行为的本质是行政行为。

(3) 实施行为的基点不同。在行政权设定中，立法机关通过法律、法规对有关组织设定行政权。当然，当立法机关同时是行政机关时，行政机关设定的主体和行政权转让的主体出现这种交叉情况时，我们主张按前者定处。行政权设定，是基于立法权而进行的。它并不要求设定机关自己拥有行政权，但它要求设定机关必须具有实施设定行为的立法权，而在行政权转让中，行政主体是通过非立法形式把自身固有的行政权力授给其他组织，实施这一行为必须基于授权方本身拥有将要授出的行政权力。在行政权转让中，谁都不能也无法把本身所没有的行政权授给别人。

(4) 受调整的法律不同。正因为在行政权的设定中，设定机关是立法机关，且设定行为本身又是立法行为，因而不受行政法调整，只受宪法或宪法性法律管辖。相反，在行政权转让中，由于转让机关是行政机关，且转让行为又属于行政行为，因而它只受行政法直接约束和规范。不难推论，如果把行政权设定的授权与行政权转让的授权合二为一，那势必导致将宪法（含立法法）同行政法合二为一，从而既降低宪法作为根本法的地位，又否认行政法作为独立部门法的资格。

综上所述，中国行政法理上的行政授权概念，原意既不包含法律、法规对行政权设定的内涵，更不是指其本身，而是指行政主体（行政机关）依法将自己的行政职权的全部或一部分授予有关组织的行政行为的法律制度。

第二节　受委托组织

一、行政委托的概念

在日本行政法学中，行政委托被表述为“权限委托”，并认为“权限委托”不同于“权限委任”。在德国的行政法学中，“权限之委托”亦被解释为：“一行政机关（委托机关）将其管辖权范围内之权限委托其他行政机关

（受委托机关）以委托机关名义执行之。由于受委托机关是以委托机关名义行之，故受委托机关在委托范围内所作出的处分视为委托机关之处分，其法律效果亦由委托机关自己承担。”

在我国，行政委托是指行政主体在其职权范围内，将某项行政职权委托给其他机关、社会组织或个人行使的法律行为。依法取得行政委托的其他机关、社会组织或个人统称为受托组织。例如，公安机关委托城乡治安联防队进行社会治安管理，卫生行政部门委托食品卫生监督员进行食品卫生监督工作，交通管理部门委托交通协管员维持交通秩序等都是行政主体的行政委托行为。相应地，受委托的城乡治安联防队、食品卫生监督员、交通协管员等就成为受托组织。行政委托一般采取书面委托的形式，明确规定双方的权利和义务，在紧急情况下也可以采取口头委托形式。

二、行政委托的范围

行政委托的范围主要体现在委托主体的范围和受委托组织的范围两个方面。

1. 委托主体的范围

有的人认为行政委托的委托者必须是行政主体，既包括国家行政机关，也包括法律、法规授权的组织。对此，我们的看法是，行政机关可以成为合格的委托主体应当是毫无疑问的，但法律、法规授权的组织则不然。在我国，法律、法规授权的组织主要包括法律、法规授权的行政机关内部机构、行政性公司，经授权的事业单位和经授权的社会团体、群众性组织及其他社会性组织。这些授权性组织的施政能力远不如行政机关，如果它们再把职权委托给更松散的受托者来代行，那么行政目的能否得到实现是值得怀疑的。同时，从学理上讲，对于法律、法规授权的组织而言，法律、法规之所以授予其特定的行政职权，乃是因为行政管理的必要，被授权组织一般具有技术和人员上的特殊条件，且往往行使比较单一的被授予的行政职权，因而其不应把单一的职权再委托出去。换言之，如果它还需要将法律、法规授予的行政职权再委托给其他受托者行使，那么这种法律、法规的授权就是毫无意义的行为。

从实践来看，现行法律中，委托主体多是行政机关，而在确定行政委托法律责任的法律及司法解释中，如《中华人民共和国行政诉讼法》、最高人民法院的司法解释以及《中华人民共和国国家赔偿法》中，认定的委托主体则只是行政机关。对行政委托有深远影响的《中华人民共和国行政处罚法》，也规定委托主体是行政机关。但应当注意到现有立法中也有授权组织能够成为委托主体的例子。例如《中华人民共和国邮政法实施细则》第五条规定："邮政企业委托其他单位或个人代办邮政业务时，应当协商一致，并签订代办合同。"基于以上分析，邮政企业作为企业固然可以与其他单位或者个人签订民事委托合同，但不宜把其作为授权组织经授权取得的行政权力一并委托给其他组织或者个人。

2. 受委托组织的范围

我们认为，行政机关应当排除在受托主体之外。理由是，行政机关之间的委托，乃是一种事项委托。A 行政机关委托 B 行政机关处理某行政事项，则 B 行政机关本身执掌处理该行政事项的职权，并承担由此产生的法律后果；但 A 行政机关不一定执掌该行政职权，也不承担由此产生的法律后果。例如 C 地税务机关委托 D 地边防检查机关阻止在 C 地偷税的外籍纳税人出境就是此种情况。所以事项委托不符合由委托行政机关承担法律后果这一行政委托的本质特征，不属于行政委托，实质上是一种行政协助关系。另外，从《中华人民共和国行政处罚法》第十八条规定来看，受委托组织也不能是行政机关。

个人能否作为行政委托的受托者呢？我们认为并不排除。因为行政委托与行政授权不同，行政授权的效果是创设行政主体，而行政主体只能是组织，不能是个人；但行政委托的效果则是创设行为主体，而不是行政主体，行为主体可以是组织，也可以是个人。行政委托的目的是实现行政管理的目标，如果委托个人行使某一特定的行政职权可以更经济地达到这一目标，那么只要个人具备相应的条件，就可以成为受托者。我国立法中也不乏个人作为受托者的例子。例如，《家畜家禽防疫条例》规定，农牧部门及其畜禽防疫机构可以委托有条件的饲养户或饲养单位检疫，家畜出售者可持有被委托检疫的饲养户或检疫单位的检疫证明进入市场。

三、行政委托的规则

行政委托的结果是出现了大量的委托组织，必然会对行政相对人的权利义务产生影响，因此行政委托应当遵循必要的规则。这些规则具体包括以下几点：

（1）委托的行政主体必须依法委托，不得自行解决是否委托和如何委托问题。

（2）委托的行政主体必须在职权范围内委托，超越职权范围的委托属无效委托。

（3）委托的行政主体对于受委托的其他机关、社会组织或个人具有监督职责，可以依法收回或撤销委托。

（4）受委托的其他机关、社会组织或个人必须符合法定条件，如属于依法成立的管理公共事务的事业组织、具有专业技术优势、具有熟悉法律和业务的工作人员等。

（5）受委托的其他机关、社会组织或个人必须在委托权限范围内实施行政行为而不能越权。

（6）受委托的其他机关、社会组织或个人接受行政委托后，不得再委托给其他机关、社会组织或个人。

从目前我国行政委托的实际情况看，委托不足和委托违规是行政委托中并存的两大问题。委托不足指政府对政府外公共组织参与社会公共事务管理的利用不足。委托不足的直接后果就是政府公共服务供给能力以及社会活跃程度的降低，社会活跃程度的降低反过来又加剧了政府垄断和官僚主义。对此，邓小平同志曾深刻指出："我们各级领导机关，都管了许多不该管的、管不好、管不了的事，这些事只要有一定的规章，放在下面，放在企业、事业、社会单位，让他们真正按民主集中制自行处理，本来可以很好办，但是统统拿到党政领导机关、拿到中央部门来，就很难办。谁也没有这样的神通，能够办这么繁重而生疏的事情。这可以说是目前我们所特有的官僚主义的一个总病根。"委托违规指行政委托不遵循法定程序。委托违规的直接后果是使许多不具备法定条件的委托组织进入执法过程，造成了执法过程的无序与混乱。因此，适应公共管理社会化的发展趋势，政府应提高对政府外的公共组织的利用程度，并规范对政府外公共组织的委托程序，以增强社会的自治能力。

课后习题

一、选择题

1. 下列哪些可以成为授权主体？（　　）

A. 行政机关　　B. 内部行政机构

C. 派出机构　　D. 私营企业

2. 下列哪些是成为授权组织的依据？（　　）

A. 宪法　　B. 行政机关组织法

C. 行政法规　　D. 行政规章

二、简述题

1. 简述行政委托的概念。

2. 简述授权组织的类型。

3. 简述法律法规授权和行政授权的区别。

4. 简述行政委托的规则。

第七章 国家公务员

本章概要

国家公务员并非行政主体，只是行政主体的代表。但行政主体的行政职权是由国家公务员直接、具体施行的。没有国家公务员及其行政行为，行政职权就会落空。因此，国家公务员法律制度是行政法的重要组成部分。本章主要介绍国家公务员的概念、范围、特点及其法律关系的历史发展，具体讲述了《中华人民共和国公务员法》及国家公务员的行为等。

第一节 国家公务员概述

一、我国公务员的概念和范围

1. 我国公务员制度的沿革

我国在规划建立国家公务员制度初期，曾就公务员的概念、范围和类型等问题展开过深入的探讨。党的十三大报告提出，将公务员计划分为政务类公务员和业务类公务员的设想：政务类公务员即各级人民政府的组成人员，由各级党组织向相应的人民代表大会或者其常务委员会推荐人选，再由人民代表大会或者其常务委员会决定产生，实行任期制，按照宪法和人民政府组织法进行管理，不适用公务员法；业务类公务员是除各级人民政府组成人员和工勤人员以外的其他所有国家行政机关工作人员，通过公开竞争考试择优录取，实行职务常任，由各级人民政府及其人事管理部门按照公务员法进行管理。根据这种设想起草的《国家公务员暂行条例》，对其适用范围作出规定，只限于业务类公务员。然而，这种设想被认为是对西方国家政务类公务员和事务类公务员分类方式的套用，不符合中国的国情。在对西方国家公务员制度进入深入研究，在对我国国情及建立国家公务员制度的最初构想进行认真分析论证的基础上，广大学者认识到，我国的国家公务员制度没有划分政务类公务员与事务类公务员的基础。西方国家的公务员制度实行“两官分途”，强调政务官“政治化”，一般公务员“职业化”；而我国政府组成人员和非政府组成人员的产生方式虽有不同，但所有的工作人员，不论职位高低，都是人民的公务员，都必须既懂政治又懂业务，绝不允许数量巨大的非政府组成人员形成超然于党的利益之外的利益集团。此外，我国政府组成人员之间的转任以及政府机关工作人员与党的机关工作人员、其他国家机关的工作人员、企业事业单位的干部之间的交流是经常性的，根据我国长期以来的人事工作经验，为不使国家公务员制度成为一个封闭系统，学者认为，不宜把国家公务员分为政务类和业务类。

2. 我国公务员的概念和范围

根据我国有关法律的规定，我国公务员是指各级国家行政机关中依法行使国家行政权，执行国家公务的，除工勤人员以外的工作人员。即我国公务员的范围限于在政府系统任职，在各级行政机关中担任国家公职的人员。我国公务员不包括各级行政机关中的工勤人员。所谓工勤人员，如清洁工、修理工等，是在国家行政机关内从事后勤杂务的人员。与我国的相关规定不同，有的西方国家将隶属于行政机关的工勤人员也列入公务员范围。

我国公务员不仅包括中央人民政府的工作人员，而且包括地方各级人民政府的工作人员。我国是单一制国家，从中央到地方，形成一个自上而下的统一的行政系统。因此，地方各级行政机关的工作人员都是公务员，与实行地方自治的西方国家不同，没有国家公务员和地方公务员之分。也正是因为这样，在《国家公务员暂行条例》修改过程中，删去了“国家”二字，不是《中华人民共和国国家公务员法》，而是称为《中华人民共和国公务员法》，这就从法律的层面确定了全国上下统一的公务员体系。

《中华人民共和国公务员法》第二条规定："本法所称公务员，是指依法履行公职、纳入国家行政编制、由国家财政负担工资福利的工作人员。"根据该条规定，我们可以得出判断公务员的三个要素：一是依法履行公职；二是纳入国家行政编制；三是由国家财政负担工资福利。这三个要素综合起来可以共同修饰"工作人员"。于是，除了所限定的"行政系统"公务员之外，还包括如下几种系统的公务员：政党系统的公务员，权力机关系统的公务员，政治协商会议系统的公务员，审判机关系统的公务员，检察机关系统的公务员，法律法规授权具有公共事务管理职能的事业单位系统的公务员，等等。

我国公务员的范围与《中华人民共和国公务员法》的适用范围是一致的。我国是中国共产党领导的社会主义国家，不存在多党轮流执政的政治基础，因而不存在政务类公务员和业务类公务员之分。不论是行政系统的公务员，还是其他系统的公务员；无论是政府组成人员，还是非政府组成人员；所有公务员的义务、权利和管理，一律适用《中华人民共和国公务员法》。但是，考虑到其他系统公务员和领导成员的特殊性，《中华人民共和国公务员法》第三条进一步规定："法律对公务员中的领导成员的产生、任免、监督以及法官、检察官等的义务、权利和管理另有规定的，从其规定。"第一百零六条规定："法律、法规授权的具有公共事务管理职能的事业单位中除工勤人员以外的工作人员，经批准参照本法进行管理。"可见，与《国家公务员暂行条例》相比，《中华人民共和国公务员法》拓展了公务员的范围，奠定了我国统一的公务员制度的实体法基础，同时，考虑到各类公务员的差异性，规定了特别规范优先适用的规则，并明确规定了分类管理的原则和相关制度，体现了"建设高素质的公务员队伍，促进勤政廉政，提高工作效能"的立法目的，构建了民主、科学、权责明确的中国特色公务员法制体系。

二、国家公务员的特点

西方国家公务员制度是与其权力结构、政党制度、意识形态等相联系的，因而有其自身的特点。

我国公务员制度是在总结党和国家长期以来干部人事工作的经验，借鉴国外公务员制度的有益成果的基础上，结合价值取向、制度设计、政策选择等因素，坚持从中国现实的国情出发，与中国特色社会主义政治制度相适用，充分体现和反映了中国政治体制的特点和要求。与西方国家公务员制度相比，具有鲜明的中国特色。

第一，中国公务员制度贯彻党的基本路线。西方公务员制度强调所谓的“政治中立”，要求一般公务员不得参加党派而要保持“中立”。中国公务员法明确规定，公务员制度坚持以马克思列宁主义、毛泽东思想、邓小平理论和“三个代表”重要思想为指导，贯彻社会主义初级阶段的基本路线。

第二，中国公务员制度坚持党管干部的原则。西方国家强调公务员管理是一个独立的管理系统，坚持“政治中立”原则，不受政党干预，与党派脱钩，党派不得直接管理公务员。中国公务员制度是党的干部制度的组成部分，党管干部是中国公务员制度的一项重要原则。

第三，中国公务员之间可以互相转任。西方公务员制度实行“两官分途”，“政务官”与“事务官”是截然不同的两个体系，相互之间不能转任。强调政务官所谓的“政治化”，事务官所谓的“职业化”。中国公务员不存在“政务官”与“事务官”的划分，公务员之间可以互相转任。

第四，中国公务员制度坚持德才兼备的用人标准。西方文官制度在用人标准上，有的强调所谓的“专才”，有的强调所谓的“通才”，都把业务知识和能力作为用人的主要条件。中国公务员制度坚持任人唯贤、德才兼备的原则，把德放在首位，注重工作实绩。

第五，中国公务员制度坚持全心全意为人民服务的宗旨。西方的公务员是一个单独的利益集团，他们同政府的关系是雇员同雇主的关系，公务员工会为了公务员的利益经常同政府谈判，并设有专门的机构调节公务员集团与政府的关系。而中国的公务员必须坚持全心全意为人民服务，接受人民监督。

三、公务员的法律关系的含义

国家公务员法律关系是指公务员依法定的方式和程序任职于国家机关后，因其担任的国家公职而与国家机关之间所产生的权利义务关系，是由公务员法调整的结果和产物。行政机关里的公务员法律关系是一种行政职务关系，而且是一种最主要的行政职务关系。

下面是关于公务员法律关系性质的主要学说：

1. 特别法律关系说

此学说认为，公务员与国家或行政主体彼此间的法律关系仍应受到法律调整，而属于“法律关系”。不过这种法律关系与一般行政法律关系稍有不同，故称之“特别法律关系”。其具有以下特征：①公务员之权利义务应由法律特别规定，而非服从“不定量义务”或根本否定公务员之权利；②维护公务员制度的有效运作，各项行政主体得制定合法及合理的特别规定来进行规范；③对违法失职的公务员进行惩戒时，除依法惩戒外，尚应遵守正当法律程序；④公务员其他权益受到侵害时，仍可以对行政主体提起行政诉讼或通过其他特殊途径的法定程序来寻求救济，且法律不得明文排除公务员寻求法院救济的途径。

2. 特别权力关系说

所谓特别权力关系是指，公务员与国家或行政主体的关系乃处于一种特殊权力的关系，不仅国家或公权力主体得单方面要求公务员负担特别义务，而且公务员乃处于国家或行政主体的附加地位。特殊权力关系源于18世纪的普鲁士时代，后为第二次世界大战前的日本所继承。特别权力关系可以归纳出下列特征：①当事人地位不对等，公务员只是行政主体的“附庸”；②公务员义务不确定性，公务员须负担不定量的义务；③没有法律保留原则的适用；④对于公务员存在特殊惩戒手段；⑤不得向法律提起诉讼。

特别权力关系说是行政法学上极为重要的理论，也是行政法学理论一开始发展就产生的理论。讨论特别权力关系制度的目的，是研讨与国家行政主体有权利义务关系的公民（包括公务员），如何能获得最大范围的权利保障，以及在此行政权力的范围内，使法治国家的原则与依法行政的原理，能获得适用的余地。第二次世界大战后德国、日本受民主宪政发展的影响，该理论得到了修正，特别权力范围逐渐缩小，涉及基本权利限制的也应当有法律依据等。尽管特别权力关系的权威地位已面临挑战，遭到质疑，但仍对行政法学有着重大影响。

四、国家公务员法律关系的产生、变更与消灭

（一）国家公务员法律关系的产生

公务员法律关系的产生是指公民经过法定的程序和方式开始担任国家公职。这是公务员依法行使职权、履行职责、作出行政公务行为的前提和基础。

公务员法律关系产生的主要方式有如下几种：

（1）选任，即通过选举来确定任用对象的任用方式。选任制有利于发扬民主，充分体现少数服从多数的原则，因此是用于需要根据民意产生人员的任用。我国公务员中的各级政府组成人员，也实行选任制，即由各级人民代表大会及其常委会选举产生或决定任命。

（2）委任，即由任免机关在其任免权限范围内，直接确定任用人选，委派其担任一定职务的任用方式。委任制的实质是由上级领导直接决定任用人选。

（3）聘任，即用人单位通过契约任用工作人员的任用方式。通常的做法是，由用人单位采取招聘或竞聘的方法确定聘任人选，然后与应聘人员签订契约，明确双方的权利义务关系和合同有效期，被聘任人员按合同条款履行职责，并享受相应待遇和报酬，聘期满后即自动解聘，需要时，双方再协商是否续聘。

（4）考任，即通过考试来选拔任用对象的任用方式。考试应在一定范围内公开进行，允许符合条件者自愿报考。考试结果一经公开，根据考试成绩择优决定任用人选。就使用范围而言，“录用担任主任科员以下及其他

相当职务层次的非领导职务公务员，采取公开考试、严格考察、平等竞争、择优录取的办法”。

（二）国家公务员法律关系的变更

公务员法律关系的变更是指公务员在任职期间，因某种法律事实的出现使公务员法律关系的内容部分发生变化，但其公务员身份并没有改变。公务员法律关系变更的主要原因有：

（1）升职，指公务员管理机关，按照国家有关法律、法规的规定，根据政府工作的需要和公务员本人的德、才情况，提高公务员职务与级别的活动。具体地讲，就是指公务员由低层级职位转移到高层级职位的活动。这意味着公务员在行政部门地位的上升、职权的加重和职责的增大，同时也伴随着工资、福利等方面待遇的提高。

（2）降职，指公务员管理机关按照国家有关法律、法规的规定，根据工作需要和量才使用原则，将由于各种原因不能胜任现职的公务员，改任较低职务的一种活动，这意味着公务员所处职位的降职，职权和责任范围的缩小，以及工资、福利等待遇的相应减少。降职不同于撤职，并非行政处分，而是任免机关根据工作需要，对公务员所任职务的一种调整。公务员被降职以后，根据工作能力、业务水平的提高情况和工作需要，还可以再晋升职务。

（3）调任，指国家机关以外的工作人员调入国家机关担任领导职务或者助理调研员以上的非领导职务，以及国家公务员调出国家机关任职。调入和调出两种方式是国家机关之间以及国家机关与企事业单位之间进行的外部交流方式。

（4）转任，指国家公务员因工作需要或其他正当理由在国家机关系统内部的平级调动，它可以跨地区、跨部门，也可以在同一部门的不同职位之间进行。转任是公务员在国家机关内部的流动方式，是实现公务员合理流动的有效途径。

（5）轮换，又称轮岗，是指在同一国家机关工作部门内对担任领导职务和某些工作性质特殊的非领导职务的国家公务员有计划地调换职位任职。

（6）挂职锻炼，指国家机关有计划地选派在职公务员在一定时间内到基层或者企业、事业单位担任一定职务。挂职锻炼是培养公务员，促进公务员成长的有效途径，也是一种比较特殊的交流形式。

（三）国家公务员法律关系的消灭

公务员法律关系的消灭，是指由于发生某些事实或者行为，致使公务员职务关系不能继续存在的情形。导致公务员法律关系消灭的原因有法定原因和事实原因两种。

（1）法定原因，包括开除公职、辞职、辞退、退休、离休和判处刑罚6种。因严重违法失职、违反纪律受到的最为严厉的行政处分是开除。受开除处分者，其职务关系也随之消灭。

公务员因主观和客观原因辞去公职，可自愿解除公务员法律关系。但是，未满最低服务年限的，在涉及国家秘密等特殊职位任职或者离开上述职位不满国家规定的脱密期限的，重要公务尚未处理完毕的，且由本人继续处理的，正在接受审计、纪律审查，或者涉嫌犯罪，司法程序尚未终结的，以及法律、行政法规有明确规定的情况下，公务员不得辞职。值得注意的是，担任领导职务的公务员，因工作变动依照法律规定需要辞去现任职务的，应当履行辞职手续；因个人或者其他原因，可以自愿提出辞去领导职务。这里的辞职并不必然引起公务员法律关系的消灭。同样，领导成员引咎辞职也并不必然引起公务员法律关系的消灭。

辞退，是指由于公务员不履行应尽的职责，由相关机关按照管理权限决定，强行解除公务员法律关系的行为。辞退应以书面形式通知被辞退的公务员。并且，为了保障公务员权利，《中华人民共和国公务员法》明确规定了不得辞退的相关情形。

（2）事实原因，包括死亡、丧失国籍。公务员生命终结，其职务与责任关系便自然消灭。丧失国籍，标志着其公民资格的丧失，其公务员法律关系也必然消灭。

五、国家公务员的法律地位

公务员在不同的行政法律关系中，其法律地位是不相同的。

在外部行政法律关系中，公务员以行政机关的名义行使行政职权，其法律后果由行政机关承担。既不是行政主体，也不是行政相对人。如果在行使行政职权时有违法行为，由行政机关按内部行政法律关系依法予以处理。

在内部行政法律关系中，是独立的主体。根据《中华人民共和国公务员法》及其他行政法律、法规和规章的规定，享有权利和义务。

在行政诉讼法律关系中，公务员既不能作被告，又不能作原告，不具有诉讼当事人的地位，但可以作为证人参加诉讼。

在监督行政法律关系中，公务员可以作为被监督对象与监督主体发生关系，成为一方当事人。

公务员在非行使行政职权时的其他行为而产生的法律关系，可以是行政相对人，可以是民事主体，还可能是刑事主体。

第二节 国家公务员法

一、公务员法的含义

公务员制度的建立，乃是近代国家成立之后发生的社会事务。近代国家建立之前，作为君主帝王的左右手或奴仆，承其命令辅佐其国家事务的官吏，其与君主之间的关系乃是一种与权利义务毫无关系的全人格服从关系，官吏必须服从君主的个人目的，承担无定量的义务，公私生活无法划分。近代国家成立以来，以国家与公务员间权利义务关系为主的近代公务员制度逐步建立。近代公务员制度具有以下三种特征：第一，公务员效忠的对象为国民，服从国家或地方自治团体之公共目的，而不再为私人目的效力；第二，公务员关系为权利义务关系，则公务员的公私生活亦应分离；第三，公务员的身份须以特殊方式取得，而非如封建时代单凭身份即可获得任官。

公务员与国家形成一定的行政法上的权利义务关系，公务员法就是对这种权利义务的关系进行调整的行政法律规范。狭义的公务员法是指公务员法律，广义的公务员法是指所有调整公务员行政职务关系的法律、法规、规章的集合。

建立国家公务员制度是我国干部人事制度改革的历史性进步，也是中国改革开放与社会主义市场经济建设的必然选择，对于经济社会的发展具有巨大的推动作用。毛泽东曾指出："政治路线确定之后，干部就是决定的因素。"目前，我国基本形成了一个完备的公务员法律体系，在该体系中《中华人民共和国公务员法》覆盖面最广也最重要。同时还包括一系列相互配套实施的法规、规章，具体有《国家公务员任职回避和公务回避暂行办法》《公务员录用规定（试行）》《公务员奖励规定（试行）》《关于国家公务员纪律惩戒有关问题的通知》《国家公务员辞职辞退暂行规定》《国家公务员职位轮换（轮岗）暂行办法》《国家公务员申诉控告暂行规定》等。

国家公务员制度的建立，体现了现代民主政治的基本精神，适应了现代市场经济发展的现实需要，也符合现代国家管理的客观规律。

二、《中华人民共和国公务员法》的主要内容

《中华人民共和国公务员法》具体有以下几方面：

（一）国家公务员的条件

在我国，成为公务员的条件主要有：具有中华人民共和国国籍；年满18周岁；拥护中华人民共和国宪法；具有良好的品行；具有正常履行职责的身体条件；具有符合职位要求的文化程度和工作能力以及法律规定的其他条件。

（二）国家公务员的职务与级别

国家实行公务员职位分类制度。国家公务员职位类别按照公务员职位的性质、特点和管理需要，划分为综合管理类、专业技术类和行政执法类等类别。国务院根据本法，对于具有职位特殊性，需要单独管理的，可以增设其他职位类别。各职位类别的适应范围由国家另行规定。

国家根据公务员职位类别设置公务员职务序列。公务员职务分为领导职务和非领导职务。领导职务层次分为：国家级正职、国家级副职、省部

级正职、省部级副职、厅局级正职、厅局级副职、县处级正职、县处级副职、乡科级正职、乡科级副职。非领导职务层次在厅局级以下设置。

综合管理类的领导职务根据宪法、有关法律、职务层次和机构规格设置确定。综合管理类的非领导职务分为：巡视员、副巡视员、调研员、副调研员、主任科员、副主任科员、科员、办事员。综合管理类以外其他职位类别公务员的职务序列，根据本法由国家另行规定。

各机关依照确定的职能、规格、编制限额、职数以及结构比例，设置本机关公务员的具体职位，并确定各职位的工作职责和任职资格条件。

国家公务员的职务应当对应相应的级别。公务员职务与级别的对应关系，由国务院规定。公务员的职务与级别是确定公务员工资及其他待遇的依据。公务员的级别根据所在职务及其德才表现、工作实绩和资历确定。公务员在统一职务上，可以按照国家规定晋升级别。

（三）国家公务员管理的基本原则

在我国，公务员管理的基本原则主要有：党管干部的原则；公开、平等、竞争、择优的原则；监督约束与激励保障并重的原则；任人唯贤、德才兼备、注重工作实绩的原则；分类管理的原则。

实行这些原则，既是由公务员制度自身的规律所决定的，又是由中国的基本国情，包括中国的现行政治制度和几十年来的国家干部人事管理的历史传统所决定的。

（四）国家公务员的考核

（1）考核的内容。对国家公务员的考核，按照管理权限，全面考核公务员的德、能、勤、绩、廉，重点考核工作实绩。

（2）考核的类型。国家公务员的考核分为平时考核和定期考核。定期考核以平时考核为基础。

（3）考核的程序。对非领导成员公务员的定期考核采取年度考核的方式，先由个人按照职位职责和有关要求进行总结，主管领导在听取群众意见后，提出考核等次建议，由本机关负责人或者授权的考核委员会确定考核等次。对领导成员的定期考核，由主管机关按照有关规定办理。

（4）考核的等次。定期考核的结果分为优秀、称职、基本称职和不称职四个等次。定期考核的结果应当以书面形式通知公务员本人。

（5）考核结果的法律效力。定期考核的结果作为调整公务员的职务、级别、工资以及公务员奖励、培训、辞退的依据。

（五）国家公务员的录用

1. 录用的范围、方法和标准

录用担任主任科员以下及其他相当职务层次的非领导职务公务员，采取公开考试、严格考察、平等竞争、择优录取的办法。

2. 录用的主管机关

中央机关及其直属机构国家公务员的录用，由中央公务员主管部门负责组织。地方各级机关公务员的录用，由省级公务员主管部门负责组织，必要时省级公务员主管部门可以授权设区的市级公务员主管部门组织。

3. 报考国家公务员的条件

报考国家公务员，除应当具备《中华人民共和国公务员法》第十一条规定的七项条件外，还应当具备省级以上国家公务员主管部门规定的拟任职位所要求的资格条件。但下列人员不得录用为国家公务员：①曾因犯罪受过刑事处罚的；②曾被开除公职的；③由法律规定不得录用为公务员的其他情形的。

4. 录用国家公务员的程序

（1）发布招考公告。录用公务员，应当发布招考公告。招考公告应当载明招考的职位、名额、报考的资格条件、报考需要提交的申请材料以及其他报考须知事项。

（2）资格审查。招录机关根据报考资格条件对报考申请进行审查。报考者提交的申请材料应当真实、准确。

（3）笔试和面试。国家公务员录用考试采取笔试和面试的方式进行，考试内容根据公务员应当具备的基本能力和不同职位类别分别设置。

（4）确定考察人选。招录机关根据考试成绩确定考察人选，并对其进行报考资格复审、考察和体验。

（5）公示。招录机关根据考试成绩、考察情况和体验结果，提出拟录用人员名单，并予以公示。

（6）备案或审批。公示期满，中央一级招录机关将拟录用人员名单报中央国家公务员主管部门备案；地方各级招录机关将拟录用人员名单报省级或者设区的市级国家公务员主管部门审批。

（7）试用期。新录用的国家公务员试用期为一年。试用期满合格的，予以任职；不合格的，取消录用。

录用特殊职位的国家公务员，经省级以上公务员主管部门批准，可以简化程序或者采用其他测评办法。

（六）国家公务员的职务升降

1. 职务晋升

国家公务员晋升职务，应当具备拟任职务所要求的思想政治素质、工作能力、文化程度和任职经历等方面的条件和资格。公务员应当逐级晋升。特别优秀的或者工作特殊需要的，可以按照规定破格或者越一级晋升职务。

2. 晋升领导职务的程序

国家公务员晋升领导职务，按照下列程序办理：①民主推荐，确定考察对象；②组织考察，研究提出任职建议方案，并根据需要在一定范围内进行酝酿；③按照管理权限讨论决定；④按照规定履行任职手续。

国家公务员晋升非领导职务，参照上述规定的程序办理。

机关内设机构厅局级正职以下领导职务出现空缺时，可以在本机关或者本系统内通过竞争上岗的方式，产生任职人选。厅局级正职以下领导职务或者副调研员以及其他相当职务层次的非领导职务出现空缺，可以面向社会公开选拔，产生任职人选。确定初任法官、初任检察官的任职人选，可以面向社会，从通过国家统一司法考试取得资格的人员中公开选拔。

国家公务员晋升领导职务的，应当按照有关规定实行任职前公示制度和任职试用期制度。

（七）国家公务员的惩戒

1. 国家公务员纪律

根据《中华人民共和国公务员法》的规定，作为国家公务员必须遵守纪律，不得有下列行为：①散布有损国家声誉的言论，组织或者参加反对国家的集会、游行、示威等活动；②组织或者参加非法组织，组织或者参加罢工；③玩忽职守，贻误工作；④拒绝执行上级依法作出的决定和命令；⑤压制批评，打击报复；⑥弄虚作假，误导、欺骗领导和公众；⑦贪污、行贿、受贿，利用职务之便为自己或者他人谋取私利；⑧违反财经纪律，浪费国家资财；⑨滥用职权，侵害公民、法人或者其他组织的合法权益；⑩泄露国家秘密或者工作秘密；⑪在对外交往中损害国家荣誉和利益；⑫参与或者支持色情、吸毒、赌博、迷信等活动；⑬违反职业道德、社会公德；⑭从事或者参与营利性活动，在企业或者其他营利性组织中兼任职务；⑮旷工或者因公外出、请假期满无正当理由逾期不归。此外，还有违反纪律的其他行为。

2. 国家公务员拒绝执行权

国家公务员执行公务时，认为上级的决定或者命令有错误的，可以向上级提出改正或者撤销该决定或者命令的意见；上级不改变该决定或者命令，或者要求立即执行的，国家公务员应当执行该决定或者命令，执行的后果由上级负责，国家公务员不承担责任；但是，国家公务员执行明显违法的决定或者命令的，应当依法承担相应的责任。

3. 法律后果

国家公务员因违法违纪应当承担纪律责任的，依照本法给予处分；违纪行为情节轻微，经批评教育后改正的，可以免予处分。

4. 处分种类

处分分为：警告、记过、记大过、降级、撤职、开除。

5. 处分的要件与程序

对国家公务员的处分，应当事实清楚、证据确凿、定性准确、处理恰当、程序合法、手续完备。

国家公务员违纪的，应当由处分决定机关对公务员违纪的情况进行调查，并将调查认定的事务及拟给予处分的依据告知公务员本人。公务员有权进行陈述和申辩。

处分决定机关认为对公务员应当给予处分的，应在规定的期限内，按照管理权限和规定的程序作出处分决定。处分决定应当以书面形式通知公务员本人。

6. 处分期间

国家公务员在受处分期间不得晋升职务和级别，其中受记过、记大过、降级、撤职处分的，不得晋升工资档次。受处分的期间为：警告，6 个月；记过，12 个月；记大过，18 个月；降级、撤职，24 个月。受撤职处分的，按照规定降低级别。

7. 处分解除

国家公务员受开除以外的处分，在受处分期间有悔改表现，并且没有再发生违纪行为的，处分期满后，由处分决定机关解除处分并以书面形式通知本人。解除处分后，晋升工资档次、级别和职务不再受原处分的影响。但是，解除降级、撤职处分的，不视为恢复原级别、原职务。

（八）国家公务员的奖励

1. 奖励的原则

对工作表现突出，有显著成绩和贡献，或者有其他突出事迹的公务员或者公务员集体，给予奖励。奖励坚持精神奖励与物质奖励相结合，以精神奖励为主的原则。

国家公务员集体的奖励适用于按照编制序列设置的机构或者为完成专项任务组成的工作集体。

2. 奖励的条件

国家公务员或者公务员集体有以下情形之一的，给予奖励：①忠于职守，积极工作，成绩显著的；②遵守纪律，廉洁奉公，作风正派，办事公道，模范作用突出的；③在工作中有发明创造或者提出合理化建议，取得显著经济效益或者社会效益的；④为增进民族团结、维护社会稳定做出突出贡献的；⑤爱护公共财产，节约国家资源有突出成绩的；⑥防止或者消除事故有功使国家和人民群众利益免受或者减少损失的；⑦在抢险、救灾等特定环境中奋不顾身，做出贡献的；⑧同违法违纪行为作斗争有功绩的；⑨在对外交往中为国家争得荣誉和利益的；⑩有其他突出功绩的。

3. 奖励的种类

奖励分为：嘉奖、记三等功、记二等功、记一等功、授予荣誉称号。对受奖励的国家公务员或者公务员集体予以表彰，并给予一次性奖金或者其他待遇。

4. 撤销奖励

国家公务员或者公务员集体有下列情形之一的，撤销奖励：①弄虚作假，骗取奖励的；②申报奖励时隐瞒严重错误或者严重违反规定程序的；③有法律、法规规定应当撤销奖励的其他情形的。

（九）国家公务员的培训

1. 培训的依据、方式和机构

机关根据国家公务员工作职责的要求和提高公务员素质的需要对公务员进行分级分类培训。国家建立专门的公务员培训机构。机关根据需要也可以委托其他培训机构承担公务员培训任务。

2. 培训的种类和要求

机关对新录用人员应当在试用期内进行初任培训；对从事专项工作的公务员应当进行专门的业务培训；对全体公务员应当进行更新知识、提高工作能力的在职培训，其中对担任专业技术职务的公务员，应当按照专业技术人员继续教育的要求，进行专业技术培训。此外国家有计划地加强对后备领导人员的培训。

3. 培训管理

国家公务员的培训实行登记管理。公务员参加培训的时间由公务员主管部门按照《中华人民共和国公务员法》第六十一条规定的培训要求予以确定。公务员培训情况、学习成绩作为公务员考核的内容和任职、晋升的依据之一。

（十）国家公务员的工资福利保险

1. 工资制度

国家公务员实行国家统一的职务与级别相结合的工资制度。公务员工资制度贯彻按劳分配的原则，体现了工作职责、工作能力、工资实绩、资历等因素保持不同职务、级别之间的合理工资差距。国家建立公务员工资的正常增长机制。

2. 工资结构

国家公务员工资包括基本工资、津贴、补贴和奖金。公务员按照国家规定享受地区附加津贴、艰苦边远地区津贴、岗位津贴等津贴。公务员按照国家规定享受住房、医疗等补贴、补助。公务员在核定考核中被确定为优秀、称职的，按照国家规定享受年终奖金。

3. 确定工资水平的原则

国家公务员的工资水平应当与国民经济发展相协调、与社会进步相适用。国家实行工资调查制度，定期进行公务员和企业相当人员工资水平的调查比较，并将工资调查比较结果作为调整公务员工资水平的依据。

4. 福利、保险

公务员按照国家规定享受福利待遇。国家根据经济社会发展水平提高公务员的福利待遇。公务员实行国家规定的工时制度，按照国家规定享受休假。公务员在法定工作日之外加班的应当给予相应的补休。

国家建立公务员的保险制度，保障公务员在退休、患病、工伤、生育、失业等情况下获得帮助和补偿。公务员因公致残的，享受国家规定的伤残待遇。公务员因公牺牲、因公死亡或者病故的，其亲属享受国家规定的抚恤和优待。

5. 工资福利等保障

任何机关不得违反国家规定自行更改公务员工资、福利、保险政策，擅自提高或者降低公务员的工资、福利、保险待遇。任何机关不得扣减或者拖欠公务员的工资。

国家公务员工资、福利、保险、退休金以及录用、培训、奖励、辞退等所需经费，应当列入财政预算，予以保障。

（十一）国家公务员的申诉控告

1. 申诉

国家公务员对涉及本人的下列人事处理不服的，可以自知道该人事处理之日起30日内向原处理机关申请复核；对复核结果不服的，可以自接到复核决定之日起15日内，按照规定向同级公务员主管部门或者作出该人事处理的机关的上一级机关提出申诉；也可以不经复核，自知道该人事处理之日起30日内直接提出申诉：①处分；②辞退或者取消录用；③降职；④定期考核定为不称职；⑤免职；⑥申请辞职、提前退休未予批准；⑦未按规定确定或者扣减工资、福利、保险待遇；⑧法律法规规定可以申诉的其他情形。

对省级以下机关作出的申诉处理决定不服的，可以向作出处理决定的上一级机关提出再申诉。行政机关公务员对处分不服向行政监察机关申诉的，按照《中华人民共和国行政监察法》的规定办理。

2. 复核、申诉决定期限

原处理机关应当自接到复核申请书后的30日内作出复核决定。受理公务员申诉的机关应当自受理之日起60日内作出处理决定；案情复杂的，可以适当延长，但是延长时间不得超过30日。复核、申诉期间不停止人事处理的执行。

3. 控告

公务员认为机关及其领导侵犯其合法权益的，可以依法向上级机关或者有关的专门机关提出控告。受理控告的机关应当按照规定及时处理，公务员提出申诉、控告，不得捏造事实，诬告、陷害他人。

（十二）国家公务员的交流与回避

1. 交流的范围和方式

国家实行公务员交流制度。公务员可以在公务员队伍内部交流，也可以与国有企业事业单位、人民团体和群众团体中从事公务的人员交流。

交流的方式包括调任、转任和挂职锻炼。

（1）调任的条件和程序。国有企业事业单位、人民团体和群众团体中从事公务的人员可以调入机关担任领导职务或者副调研员以上及其他相当职务层次的非领导职务。调任人选应当具备《中华人民共和国公务员法》第十一条规定的条件和拟任职位所要求资格条件，并不得有《中华人民共和国公务员法》第二十四条规定的情形。调任机关应当根据上述规定，对调任人员进行严格考察，并按照管理权限审批，必要时可以对调任人选进行考试。

（2）转任条件和程序。国家公务员在不同职位之间转任应当具备拟任职位所要求的资格条件，在规定的编制限额和职数内进行。对省部级正职以下的领导成员应当有计划、有重点地实行跨地区、跨部门转任。对担任机关内设机构领导职务和工作性质特殊的非领导职务的公务员，应当有计划地在本机关内转任。

（3）挂职锻炼的条件。根据培养锻炼国家公务员的需要，可以选派公务员到下级机关或者上级机关、其他地区机关以及国有企业事业单位挂职锻炼。公务员在挂职锻炼期间，不改变与原机关的人事关系。

2. 回避的情形

（1）任职回避。国家公务员之间有夫妻关系、直系血亲关系、三代以内旁系血亲关系以及近姻亲关系的，不得在同一机关担任双方直接隶属于同一领导人员的职务或者有直接上下级领导关系的职务，也不得在其中一方担任领导职务的机关从事组织、人事、纪检、监察、审计和财务工作。因地域或者工作性质特殊，需要变通执行任职回避的，由省级以上公务员主管部门规定。

（2）地域回避。公务员担任乡级机关、县级机关及其有关部门主要领导职务的，应当实行地域回避，法律另有规定的除外。

（3）公务回避国家公务员执行公务时，有下列情形之一的，应当回避：①涉及本人利害关系的；②涉及与本人有《中华人民共和国公务员法》第六十八条第一款所列亲属关系人员的利害关系的；③其他可能影响公正执行公务的。

（4）回避的方式。国家公务员有应当回避的情形的，本人应当申请回避；利害关系人有权申请公务员回避。其他人员可以向机关提供公务员需要回避的情况。机关根据公务员本人或者利害关系人的申请，经审查后作出是否回避的决定，也可以不经申请直接作出回避决定。法律对公务员回避另有规定的，从其规定。

（十三）国家公务员的职位聘任

1. 聘任制适用范围

机关根据工作需要，经省级以上公务员主管部门批准，可以对专业性较强的职位和辅助性职位实行聘任制。但涉及国家秘密的，不实行聘任制。

2. 聘任公务员的方式和条件

机关聘任公务员可以参照公务员考试录用的程序进行公开招聘，也可以从符合条件的人员中直接选聘。机关聘任公务员应当在规定的编制限额和工资经费限额内进行。

3. 签订聘任合同

机关聘任公务员，应当按照“平等自愿、协商一致”的原则，签订书面的聘任合同，确定机关与所聘公务员双方的权利、义务。聘任合同双方协商一致可以变更或者解除。聘任合同的签订、变更或者解除，应当报同级公务员主管部门备案。

4. 聘任合同的内容

聘任合同应当具备合同期限，职位及其职责要求，工资、福利、保险待遇，违约责任等条款。聘任合同期限为1年至5年。聘任合同可以签订试用期，试用期为1个月至6个月。聘任制公务员按照国家规定实行协议工资制，具体办法由中央公务员主管部门规定。机关依据《中华人民共和国公务员法》和聘任合同对所聘公务员进行管理。

5. 人事争议仲裁

国家建立人事争议仲裁制度。人事争议仲裁应当根据“合法、公正、及时处理”的原则，依法维护争议双方的合法权益。

人事争议仲裁委员会根据需要设立。人事争议仲裁委员会由公务员主管部门的代表、聘用机关的代表、聘任制公务员的代表以及法律专家组成。

聘任制公务员与所在机关之间因履行聘任合同发生争议的，可以自争议发生之日起60日内向人事争议仲裁委员会申请仲裁。当事人对仲裁裁决不服的，可以自接到仲裁裁决书之日起15日内向人民法院提起诉讼。仲裁裁决生效后，一方当事人不履行的，另一方当事人可以申请人民法院执行。

第三节　国家公务员的权利与义务

一、国家公务员的权利

公务员权利是指国家法律对于公务员享受某种利益或者有权作出、不作出某种行为的许可和保障。公务员可以自愿不享受或者放弃某些权利，但是，不得放弃属于职务方面的权力。因为，公务员职务方面的权力同时也是其必须履行的义务，放弃则意味着失职，必须承担法律责任。按照法律规定，国家公务员基于其身份，享有以下基本权利：

（1）身份保障权利。国家公务员享有身份保障权，即国家公务员从录用或者任用时起，非因法定事由和非经法定程序不被免职、降职、辞退或者行政处分。国家公务员的身份保障权是公务员的最基本权利，这一权利对于解除公务员履行公务、行使权力的后顾之忧，对于保持国家行政管理的连续性与稳定性都有重要意义。

（2）获得履行职责应有条件的权利。国家公务员享有工作条件权，如必要机具设备、良好工作环境、安全与卫生防护措施等。国家公务员的工作条件权，是公务员履行职责或者执行公务的物质保障。

（3）获得劳动报酬和享受保险、福利待遇的权利。国家公务员享有各项经济权，主要包括工资、保险、福利等。公务员工资是国家对公务员进行个人消费品分配的货币表现形式，是公务员本人及其家庭生活的基本保证。公务员保险是国家对暂时或者永久丧失劳动能力的公务员以及应当由他们供养的直系亲属所给予的物质帮助，如伤残保险、生育保险、医疗保险、待业保险、养老保险、死亡保险等。保险制度的建立可以满足这一部分人的基本生活需要，并在很大程度上缓解在职公务员的后顾之忧。公务员福利是公务员物质和文化生活的重要补充，包括生活困难补贴、季节性福利补贴、子女教育补贴、家属医药补贴、交通费补贴、住房补贴等。国家公务员的经济权涉及每个公务员的切身利益，属于公务员制度中的敏感问题，处理是否得当，直接关系到社会的发展和稳定。

（4）参加培训的权利。国家公务员享有参加培训的权利。国家行政机关应当根据需要对公务员进行有计划、有组织的教育与培训，包括初任培训、晋升培训、专门业务培训、更新知识培训等。国家公务员的参加培训权，有利于开发人员智能，更新知识结构，掌握专业技能，提高工作效率，也有利于提高公务员队伍的整体素质，使公务员的知识、技能与科学技术的发展同步化，与政府行政功能的发展同步化。

（5）对行政机关及其行政首脑的工作提出批评、建议的权利。国家公务员享有批评、建议权。批评、建议的对象包括本行政机关及其行政首脑、与本行政机关有隶属关系的行政机关及其行政首脑、与本行政机关无隶属关系的行政机关及其行政首脑；批评、建议的内容可以是自己工作、权益方面的问题；批评、建议的形式可以是口头的，也可以是书面的。国家公务员的批评、建议权有利于行政机关形成平等、民主、和谐的工作氛围，并防范行政首脑的工作专断，这是保障行政机关依法行政和高效运转所必需的。

（6）提出申诉、控告的的权利。国家公务员享有申诉、控告权。公务员对国家行政机关作出涉及本人权益的人事处理决定不服的，有权向原处理机关、原处理机关的上一级机关和行政监察机关申诉；认为自己的合法权益受到有关行政机关及其领导人员的侵害的，有权向上一级行政机关或者行政监察机关控告。由此可见，申诉与控告是公务员权利救济的两条基本途径。国家公务员的申诉、控告权有利于恢复公务员受到侵害的权利，也有利于监督行政机关及其公务员的违法、违纪行为。除此之外，此项权利对于公务员录用、考核、奖励、纪律处分、工资与福利、职务升降与任免等项具体制度的执行，都有一定的监督与保障作用。

（7）依法自愿辞职的权利。国家公务员享有辞职权。辞职包括辞去领导职务和辞去公务员职务。当公务员由于主客观原因提出不愿继续担任领导职务或者不愿继续从事公务员职业时，国家行政机关应当允许其辞职。国家公务员的辞职权，尤其是公务员的自由择业权，是社会文明的标志之一，它有利于人的自由全面发展。允许公务员辞职会使工作成为有益身心的活动。对于公务员系统来说，辞职制度有助于公务员系统的精干优化。

（8）宪法和法律规定的其他权利。这里所说的“其他权利”主要包括两个部分：一是宪法、法律对公民权利的一般规定，二是宪法、法律对公务员权利的特别规定。对于前一部分权利，由于公务员既是公民又是公务员的双重身份，因此，只要这些权利与公务员的身份和职责不相冲突，便也是公务员的权利，说明公务员权利具有的广泛性与全面性。

二、国家公务员的义务

公务员应履行下列几项任务：

1. 守法义务

遵守宪法、法律和法规为全社会所必需，是公民的基本义务，当然也是公务员首要的、第一位的义务。公务员作为国家具体的执法者，较之普通公民，应具有更强的法律意识和守法觉悟，更应带头遵守宪法、法律和法规。只有这样才能保障广大人民群众的根本利益。

2. 履行职责、提高效率义务

“行政机器效率的前提是公务人员职位公共工作，在代表国家和人民实施活动时遵循依法行政原则。”依法履行职责是法治国家的基本原理之一，公务员在执行公务时是代表国家的，必须体现国家的意志和利益，必须按照国家的法律、法规和政策办事。严禁滥用职权，为谋求本部门或小团体利益而侵犯群众利益及损害政府和人民群众的利益。

3. 联系群众义务

全心全意为人民服务，既是党的根本宗旨，又是社会主义民主政治的内在要求；既是公务员进行行政管理活动的根本出发点和最终归宿，也是衡量公务员工作态度、工作责任心的根本标准。密切联系群众、倾听群众意见、接受群众监督，是党的群众路线的组成部分，是党和政府的一贯方针，是社会主义民主的具体表现。

4. 维护国家安全、荣誉和利益

《中华人民共和国宪法》第五十四条规定：“中华人民共和国公民有维护祖国的安全、荣誉和利益的义务，不得有危害祖国的安全、荣誉和利益的行为。”《中华人民共和国公务员法》第十二条第四项所规定的则是这一义务的具体化。在国家管理中，公务员代表国家执行公务。公务员的特殊身份和职责决定了其言行必须始终保持与其所代表的国家意志的一致，维护国家的安全、荣誉和利益。

5. 忠于职守，服从命令

忠于职守要求公务员在完成本职工作任务的过程中，必须尽职尽责，严格遵守组织纪律，坚守工作岗位，认真做好本职工作。“作为职务关系基础的忠诚和服从义务是所谓的公务员制度的核心要素。”

公务员服从命令的义务可以从以下几方面理解：①公务员在执行公务时，必须服从领导，执行命令，不能各行其是，随意行事；②对公务员下达指标和命令，一般应逐级进行；③公务员必须服从的命令应是领导人在其职权范围内发出命令，如果领导人超出自己的职权范围发布命令，则下级公务员无服从义务；④若命令是违反法律、法规、党和国家方针与政策的，下级公务员也没有服从义务。

《中华人民共和国公务员法》第五十四条规定：“公务员执行公务时，认为上级的决定或者命令有错误的，可以向上级提出改正或者撤销该决定或者命令的意见；上级改变该决定或者命令，或者要求立即执行的，公务员应当执行该决定或者命令，执行的后果由上级负责，公务员不承担责任；但是，公务员执行明显违法的决定或者命令的，应当依法承担相应的责任。”这是一个兼顾行政效率与公务员纪律以及法律尊严的妥善规定。

6. 保密义务

保守国家秘密和工作秘密，是维护国家的安全、荣誉和利益的重要内容之一。在任何情况下，任何公务员都不得有意或无意地泄露国家秘密和工作秘密，违反者须承担行政责任或被追究其他法律责任。为确保秘密不被泄露，在涉及国家安全、重要机密等特殊职位上任职的公务员，不得辞职。国家公务员辞职后，2 年内到与原机关有隶属关系的企业或者营利性事业单位任职，须经原任免机关批准。

7. 公正廉洁、克己奉公

公正廉洁、克己奉公，是国家公务员的基本守则，是党对干部队伍建设的基本要求。公务员必须正确运用人民所赋予的权力，为人民谋利益真正做到秉公尽责，不得贪污、盗窃、行贿、受贿或者利用职权为自己和他人谋取利益。不得挥霍公款、浪费国家资源，不得经商、办企业及参与其他营利性的经营活动。

8. 宪法和法律规定的其他义务

公务员作为国家公民，除上述义务外，还必须履行宪法和法律规定的公民的各项义务。例如，维护国家的统一和民族团结，爱护公共财产，遵守公共秩序，尊重社会公德；保卫祖国、抵抗侵略；依法纳税的义务等。这一规定，一方面使公务员义务的内容更完整；另一方面，也表明公务员应像普通公民一样必须在宪法和法律允许的范围内活动。

课后习题

一、选择题

1. 下列不是国家公务员的特点的是（　　）。

A. 贯彻党的基本路线　　B. 坚持党管干部的原则

C. 不可以互相转任　　D. 为人民服务

2. 下列是国家公务员的法律关系的含义的有（　　）。

A. 特别法律关系说　　B. 特别权利关系说

C. 特别利益关系说　　D. 特别法规关系说

二、简述题

1. 简述国家公务员的含义。

2. 简述国家公务员的权利与义务。

3. 简述国家公务员的法律地位。

第八章　行政相对人

本章概要

行政相对人是行政法学中一个基本范畴，是行政法律关系中与行政主体相对应的另一方主体。行政相对人是相对于行政主体而言的，指在具体的行政法律关系中行政权力所指向的另一方当事人。本章主要阐述行政相对人的基本概念，行政相对人的分类、法律地位和行为内容。

第一节　行政相对人概述

一、行政相对人的概念

行政相对人，是指在行政管理法律关系中与行政主体相对应的另一当事人，即行政行为影响其权益的公民、法人或其他组织。这一概念应从以下几方面来理解：

第一，行政相对人是行政管理法律关系中的一方主体。在行政管理法律关系中有两方主体。即行政主体和行政相对人，二者均享有一定的权利，同时承担一定的义务，均是行政管理法律关系的当事人。行政相对人是行政主体管理的对象，但我们不能因此把行政相对人看成行政管理的客体，而不把其当作一方主体。但行政管理法律关系又不同于民事法律关系，行政管理法律关系的双方当事人的法律地位是不平等的。行政主体享有国家行政权，依法对行政相对人实施管理，作出影响行政相对人权益的行政行为；而行政相对人则有义务服从管理，依法履行相应行政行为确定的义务。

第二，行政相对人是处在行政管理法律关系中的公民、法人或其他组织。任何公民、法人或其他组织如果不处在行政管理法律关系中，不具有行政相对人的地位，就不能赋予其“行政相对人”称谓。行政相对人主要包括中国的公民、法人或其他组织，外国人、外国的法人或其他组织、无国籍人在中国境内也可能成为我国的行政管理法律关系中的行政相对人。行政机关自身作为其他行政主体行政管理的对象时，也是行政相对人。

第三，行政相对人是行政管理法律关系中，其权益受到行政主体行政行为影响的公民、法人或其他组织。从理论上讲，一切公民、法人或其他组织，包括行政机关自己都可能成为行政相对人。但作为实际的、具体的行政相对人，必须是其权益受到行政主体的行政行为影响的个人和组织。这种影响可能是直接的，如行政处罚、行政强制措施、行政许可等；也有可能是间接的，如行政主体批准某造纸厂向某公民承包经营的渔场水库排放污水。该批准行为对造纸厂权益的影响是直接的，而对公民的权益影响是间接的。作为公民、法人或者其他组织，无论其权益是受到行政主体行政行为的直接影响或是间接影响，都是行政相对人。那种把行政相对人仅仅界定为行政主体行政行为直接对象的观点是不适当的，不利于行政法保护公民、法人或其他组织合法权益目的的实现。

二、行政相对人的分类

1. 自然人相对人和组织相对人

行政相对人以其是否有一定的组织体为标准，可以分为自然人相对人和组织相对人。自然人相对人是以自然形态存在的，没有组织体的行政相对人，包括一人和多人两种情况。一人是单个自然人；多人是两个或者两个以上的自然人，他们以其个人的名义成为行政相对人。组织相对人是以组织体形态存在的行政相对人，包括法人组织和其他非法人组织两种情况。

作为行政相对人的自然人主要指公民。在绝大多数行政管理领域，与行政主体发生法律关系的对方当事人都可能是公民，如行政许可、行政处罚、行政强制等。公民都可以成为这些行政行为的直接对象或间接对象。国家公务员在执行国家公务时是行政主体的代表，不具有行政相对人的地位；但其在非执行公务时则具有公民的身份，同样要接受各种有关的行政管理。外国人和无国籍人在中国境内时，必须服从中国的法律，接受中国的行政管理，从而要与作为行政主体的行政机关和法律、法规授权的组织发生各种行政法律关系。这些自然人都因接受行政机关的管理而成为行政管理法律关系的行政相对人。

作为行政相对人的组织，主要指各种具有法人地位的企业组织、事业组织和社会团体，包括在我国取得法人资格的外国企业、事业组织。行政主体对社会、经济、文化等各项事业进行管理，其主要对象包括各种法人组织。行政主体为实现行政管理目标，经常要对各种法人组织实施各种行政行为，如批准、许可、征收、处罚等。在这些行政行为所引起的行政管理法律关系中，法人组织都处于行政相对人地位。除了法人以外，非法人组织也可能成为行政管理法律关系中的行政相对人。这些非法人组织主要包括：①经国家有关部门认可的从事一定生产或经营活动的经济实体，如合伙组织、联营组织等；②经一定主管机关认可的，处于筹备阶段的企业、事业组织和群众团体；③经国家有关部门批准，在我国设立，经营一定业务或从事一定社会活动，但未取得我国法人资格的外国组织，如外国公司设立于我国的产品修理服务机构、商务代办处等。这些组织虽然不具有法人资格，但同样必须接受国家行政管理，行政主体同样可以对它们实施各种行政管理行为。国家机关实施非职权行为或处在非行使职权的场合、领域，如处在治安、交通、卫生等领域则同样接受相应行政主体的管理，相应行政主体同样可以依法对其实施有关的行政管理行为。上述法人组织和非法人组织因行政机关的行政管理行为而与相应行政主体发生的法律关系是行政法律关系，它们是该相应行政法律中的行政相对人。组织作为行政相对人与行政主体打交道时，应由其法定代表人代表。组织的其他成员未取得组织法定代表人的授权，不能以组织的名义与行政主体发生行政法律关系。

2. 权利相对人和义务相对人

因为行政主体与行政相对人在具体法律关系中的地位不同，可以将行政相对人分为权利相对人和义务相对人。权利相对人是行政行为的实施将其权益产生积极影响，因而向行政主体主张权利并要求行政主体履行其相应义务的行政相对人。权利相对人主要包括：行使参与行政管理权利的人，受到行政奖励、行政救助、行政保护、行政指导、行政许可的行政相对人。义务相对人是行政行为的实施将对其合法权益产生不利影响，但受行政主体权力约束并向行政主体履行义务的行政相对人。义务相对人主要包括：被行政征收、行政命令、行政裁决、行政强制、行政处罚的行政相对人。

3. 特定相对人和不特定相对人

行政相对人可以是特定的某些公民、法人或其他组织，也可以是一定范围内无法确切知道的人。因此，在行政法上，我们也可以根据行政行为针对的对象是否特定，将行政相对人划分为特定相对人和不特定相对人。所谓特定相对人，就是行政主体的行政行为所指向的、可以确定的对象。这类相对人在范围上明确、具体，通常就是具体行政行为的相对人。不特定相对人是行政主体的行政行为所指向的、广泛而不确定的对象，一般表现为抽象行政行为的相对人。

从行政法律关系的角度分析，特定相对人是与行政主体有特定权利义务关系的公民、法人或其他组织。由于具体行政行为种类的复杂性，各种行政主体具有不同的行政职责或行政义务，行使不同的行政职权。对于行政主体而言，特定相对人各属不同的权利主体或义务主体。因此他们与行政主体的关系是个体的、各不相同的。不特定相对人则是对行政主体有同类权利义务关系的相对人，对于作出抽象行政行为的行政主体而言，他们首先是共同性的义务主体。行政主体作出抽象行政行为是行使行政立法权或规范性文件制定权的行为。不特定相对人对行政主体有服从并遵守其所建立的秩序的义务。在这种义务之外，不特定行政相对人既可能是同一类权利主体，也可能是同一类义务主体。这关键要看行政法规、行政规章和其他行政规范性文件规定的是他们的权利还是义务。

4. 抽象相对人和具体相对人

根据行政主体影响其权益是否产生实际效果，行政相对人可分为抽象相对人和具体相对人。前者是指行政行为对其权益尚未产生实际影响而仅仅具有潜在影响的相对人；后者是指行政行为对其权益已经产生实际影响的相对人。一般抽象行政行为的相对人属于抽象相对人，具体行政行为的相对人属于具体相对人。但某些抽象行政行为不经过具体行政行为也会对相对人权益产生实际影响。例如，行政机关以限制或者禁止方式规定某种产品质量标准或者包装标准，虽然是抽象行政行为，但将直接影响相对人的市场销售，从而对其权益产生实际影响，因此，某些抽象行政行为也可能产生和形成具体相对人。

5. 内部相对人和外部相对人

行政法律关系可以分为外部行政法律关系和内部行政法律关系。前者一般指的是行政主体与社会上的公民、法人或其他组织之间的权利义务关系；后者指行政机关或行政机构相互之间的权利义务关系。以行政相对人所处的法律关系是内部还是外部为标准，可以分为内部相对人和外部相对人。外部相对人是指外部法律关系中与行政主体相对应的，社会上的公民、法人和其他组织；内部相对人是指内部法律关系中与一方行政机关或行政机构相对应的另一方行政机关、机构或公务人员。

6. 直接相对人和间接相对人

所谓直接相对人是指直接作为行政主体行政行为实施对象的相对人；间接相对人是指间接作为行政主体行政行为实施对象的相对人。在实践中，直接相对人的地位比较明确，其与行政主体构成的行政法律关系清晰，权益也易于受到法律保护。但间接相对人往往被忽视，其与行政主体之间的平衡难以找出连接点，其权益的法律保护显得比较薄弱。为了弥补上述缺陷，有的学者将类似于直接相对人的当事人称为行政相对人，将类似于间接相对人的当事人称为行政对象人或行政相关人。我们认为，行政相对人不存在与行政相关人或行政对象人的区分，上述的区分观点实际上是排斥了完整的行政相对人的概念。因为间接相对人是作为行政主体行政行为的间接实施对象而客观存在，具有作为相对人的一切外在形式和内在条件，并不是理论上虚拟的分类；间接相对人与行政主体的行为之间构成间接关系，是基于一定的法律事实——行使行政职权行为而形成的，但从法律关系的特点来看，这种间接关系仍然是受行政法调整的关系。

这里需要指出，行政主体的行为与间接相对人之间的物质社会关系是间接的，但作为意志关系的行政法律关系却是直接的，属于行政法律关系范畴。

第二节　行政相对人的法律地位

行政相对人的法律地位是行政相对人在行政法上的权利和义务的综合体现。行政相对人的具体法律地位，因其在不同行政法律关系中所享有的权利和承担的义务不同，也有一定差别。例如，在行政管理法律关系中，由于行政主体是管理者，因而处于主导地位，依法享有强制、命令、指挥、制裁等权力。而行政相对人是被管理者，由于行政公务优先、推定有效及不停止执行等公务原则，使得行政相对人具有服从和接受管理的义务，因而行政相对人与行政主体处于不平等地位，但在监督与救济行政法律关系中，行政相对人处于监督主体、申请人和原告等地位，享有法律规定的监督权利、请求权利、诉讼权利等，就应与行政主体处于平等的法律地位。同时，在行政实体法律关系中，行政主体依法拥有较多的行政自由裁量权，而行政相对人具有服从管理的义务，但在行政程序法律中，则要求行政主体行使职权和实施行政行为的过程做到公正、公开和事实清楚。行政处罚法中具体规定了表明身份，告知处罚事实、事由和依据，回避及当事人有陈述权和申辩权等权利和义务，行政主体就承担了较多的程序性义务，而行政相对人就享有了较多的程序性权利。

行政相对人的具体法律地位，也会因行政相对人的状态不同，所享有法定权利与承担的义务的内容也不同，而导致一定的差异。如公民，就会因自然人状态而享有人身自由权、生命健康权、申请结婚登记权等；而法人组织也会因企业法人、社会团体法人的不同，享有不同的法律权利，如企业法人就享有申请颁发营业执照和经营自主权，事业单位就享有自主发展权等。下面就对行政相对人综合法律地位的行政法上的权利与义务，作一具体阐述：

一、行政相对人的权利

（一）行政相对人的权利的含义

行政相对人的权利是“属于作为整体的人民权力，在行政法调整领域的具体体现，故其是为享有者所固有的。国家法律、法规等对行政相对方权利之规定，其实质在于承认、确认、保障和维护，而非恩赐赏与”。行政相对人所享有的公民、法人和其他组织的法律地位与身份，并不因其成为行政相对人而发生法律性质上的变化。也正是基于此，行政相对人在进入某项行政管理领域后，其原来所享有的权利也不会因此而改变，除非法律有明确规定。所以，行政相对人的权利包括依照行政法律规范所规定的权利和被其他法律规范所规定而受到行政法确认和保护的权利，前者可以称为公法上的权利，后者可以称为私法上的权利。

（二）行政相对人的权利的内容

在现代行政法制下，行政相对人一方面是行政主体管理的对象，另一方面也是行政管理的参与人，同时还是刑侦救济法律关系和监督行政法律关系中的救济对象和监督主体。在这些不同的法律关系中，行政相对人享有的权利概括起来包括以下几个方面：

第一，申请权。行政相对人有权依法向行政主体提出实现其法定权利的各种申请，如申请取得抚恤金、救济金、补助金，申请办理许可证照，申请行政机关保护其人身权和财产权等。如《中华人民共和国宪法》第四十一条规定：“中华人民共和国公民对于任何国家机关和国家工作人员，有提出批评和建议的权利；对于任何国家机关和国家工作人员的违反失职行为，有向有关国家机关提出申诉、控告或者检举的权利，但是不得捏造或者歪曲事实进行诬告陷害。对于公民的申诉、控告或者检举，有关国家机关必须查清事实，负责处理。任何人不得压制和打击报复。由于国家机关和国家工作人员侵犯公民权利而受到损失的人，有依照法律规定取得赔偿的权利。”

第二，参与权。行政相对人有权依法参与行政管理。如参与行政法规、行政规章以及行政政策的制定（参加讨论、论证、听证，提出修改建议等）；参与国民经济和社会发展计划的编制和实施；参与与自身有利害关系的具体行政行为的相应程序等。如《中华人民共和国宪法》第二条规定：“人民依照法律规定，通过各种途径和形式，管理国家事务，管理经济和文化事业，管理社会事务。”《中华人民共和国立法法》《行政法规制定程序条例》《规章制定程序条例》等都将听取社会各方面的意见作为权力机关立法和行政机关立法的必经程序，以保障行政相对人参与国家法律、法规、规章制定的权力。如《中华人民共和国立法法》第三十六条规定：“列入常务委员会会议议程的法律案，法律委员会、有关的专门委员会和常务委员会工作机构应当听取各方面的意见。听取意见可以采取座谈会、论证会、听证会等多种形式。法律案有关问题专业性较强，需要进行可行性评价的，应当召开论证会，听取有关专家、部门和全国人民代表大会代表等方面的意见。论证情况应当向常务委员会报告。法律案有关问题存在重大意见分歧或者涉及利益关系重大调整，需要进行听证的，应当召开听证会，听取有关基层和群体代表、部门、人民团体、专家、全国人民代表大会代表和社会有关方面的意见。听证情况应当向常务委员会报告。常务委员会工作机构应当将法律草案发送相关领域的全国人民代表大会代表、地方人民代表大会常务委员会以及有关部门、组织和专家征求意见。”

第三，了解权。行政相对人有权了解行政主体的各种行政信息，包括各种规范性法律文件，会议决议、决定，制度，标准，程序规则以及与行政相对人本人有关的各种档案资料。除法律、法规规定应予保密的外，行政相对人均有权查阅、复制。为了保障行政相对人了解权的实现，依法获取政府信息，提高政府工作的透明度，促进依法行政，充分发挥政府信息对人民群众生产、生活和经济社会活动的服务作用。2007 年 1 月 17 日国务院第 165 次常务委员会通过了《中华人民共和国政府信息公开条例》，并于 2008 年 5 月 1 日起施行。该条例将政府信息界定为“行政机关在履行职责过程中制作或者获取的，以一定形式记录、保存的信息”，规定各级人民政府应当加强对政府信息公开工作的组织领导，建立健全本行政机关的政府信息公开工作制度，并制定政府信息公开工作机构负责本行政机关政府信息公开的日常工作。再如，《中华人民共和国行政处罚法》第三十一条规定："行政机关在作出行政处罚决定之前，应当告知当事人作出行政处罚决定的事实、理由及依据，并告知当事人依法享有的权利。"

第四，批评、建议权。行政相对人对行政主体及其工作人员实施的违法、不当的行政行为有权提出批评，并有权就如何改进行政主体的工作和提高行政管理的质量提出建议、意见。《中华人民共和国宪法》第四十一条授予了我国公民享有批评、建议权，规定"中华人民共和国公民对于任何国家机关和国家工作人员，有提出批评和建议的权利"。《中华人民共和国行政处罚法》第三十二条也规定了行政机关在对行政关系相对人进行行政处分前，"必须充分听取当事人的意见"。这里的"意见"，当然包括行政相对人对行政机关工作方法、内容和程序等方面的批评和建议的意见。

第五，申诉、控告、检举权。行政相对人对行政主体及其工作人员作出的对其本身不公正的行政行为有权申诉，对行政主体及其工作人员的违法、失职行为有权控告和检举。《中华人民共和国宪法》第四十一条赋予了所有公民具有申诉、控告和检举的权利。

第六，陈述、申辩权。行政相对人在行政主体作出与自身权益有关，特别是不利的行政行为时，有权陈述自己的意见、看法，提供有关的证据材料，进行说明和申辩。我国宪法赋予了我国公民享有该项基本权利。在其他单行法律中，对于行政相对人此类权利有大量的规定。如《中华人民共和国行政处罚法》第六条规定"公民、法人或者其他组织对行政机关所给予的行政处罚，享有陈述权、申辩权"；《中华人民共和国行政许可法》第三十六条规定"行政机关对行政许可申请进行审查时，发现行政许可事项直接关系他人重大利益的，应当告知该利害关系人。申请人、利害关系人有权进行陈述和申辩"，等等。

第七，申请复议权、提起行政诉讼权。行政相对人对行政主体做出的具体行政行为不服，有权依法申请行政复议和依法提起行政诉讼。《中华人民共和国行政复议法》和《中华人民共和国行政诉讼法》专门规定了行政复议制度和行政诉讼制度，对于保障行政相对人的合法权益发挥了重要作用，也使得《中华人民共和国宪法》赋予公民的申诉、控告的权利有了具体实现的制度。

第八，请求行政赔偿权、行政补偿权。行政相对人在其合法权益被行政主体违法侵犯并造成损失时，有权依法请求行政赔偿。行政相对人财产因公共利益的需要而被国家征收、征用，或其合法权益因国家机关及其工作人员合法行使职权行为而受到损害，有权依法请求补偿。《中华人民共和国宪法》第四十一条规定了"由于国家机关和国家工作人员侵犯公民权利而受到损失的人，有依照法律规定取得赔偿的权利"，并且国家制定了《国家赔偿法》保证了宪法赋予公民的这一项基本权利能够得到真正的实现。关于国家补偿制度，《中华人民共和国宪法》第十条规定了"农村和城市郊区的土地，除由法律规定属于国家所有的以外，属于集体所有；宅基地和自留地、自留山，也属于集体所有。国家为了公共利益的需要，可以依照法律规定对土地实行征收或者征用并给予补偿"。《中华人民共和国宪法》第十三条规定："公民的合法的私有财产不受侵犯。国家依照法律规定保护公民的私有财产权和继承权。国家为了公共利益的需要，可以依照法律规定对公民的私有财产实行征收或者征用并给予补偿。"在《中华人民共和国行政许可法》中，也有关于行政补偿制度的规定，该法第八条规定："公民、法人或者其他组织依法取得的行政许可受法律保护，行政机关不得擅自改变已经生效的行政许可。行政许可所依据的法律、法规、规章修改或者废止，或者准予行政许可所依据的客观情况发生重大变化的，为了公共利益的需要，行政机关可以依法变更或者撤回已经生效的行政许可。由此给公民、法人或者其他组织造成财产损失的，行政机关应当依法给予补偿。"

第九，抵制违法行政行为权。行政相对人对于行政主体实施的明显违法或重大违法的行政行为有权依法予以抵制，如抵制没有法律依据的摊派、罚款和收费等。抵制违法行政行为权，较早在《中华人民共和国行政处罚法》中得到规定。该法第四十九条规定："行政机关及其执法人员当场收缴罚款的，必须向当事人出具省、自治区、直辖市财政部门统一制发的罚款收据；不具有财政部门统一制发的罚款收据的，当事人有权拒绝缴纳罚款。”

（三）行政相对人的权利与其他权利的区分

1. 行政相对人的权利与宪法规定的公民权利的区分

对于行政相对人的权利与宪法规定的公民权利的区别主要有三点：

（1）宪法规定的公民权利是公民的基本权利，它决定着公民在法律中的地位，是公民行使国家权力、管理国家事务的基础。基本权利是公民成为社会一员所必需的权利。它是整个权利体系的核心，其他一切权利都是基本权利派生出来的。行政相对人的权利并不都是公民的基本权利，它包括公民的基本权利，是基本权利的具体化，但还包括由基本权利派生的权利以及基本权利以外的一般权利。例如，退休人员的生活保障权既属于公民基本权利也是行政相对人权利，但退休人员增长生活福利待遇的权利就只是行政相对人权利而不属于公民基本权利。也就是说，在行政相对人权利中，一部分权利同时属于公民基本权利，另一部分则不属于公民基本权利而只是行政相对人权利。

（2）行政法是贯彻实施宪法的部门法，当行政法将宪法有关公民基本权利的内容加以具体规定时，行政相对人权利就是公民基本权利在行政活动领域中的具体化、细致化。

（3）宪法规定的公民基本权利主要是静态的、确认性的，而行政法规定的行政相对人权利（包括属于公民基本权利的那一部分）则是动态的、交互性的，是赋予特定主体之间的权利。

2. 行政相对人权利与民事权利的区分

（1）从权利的运用范围和行使范围看，民事权利只是民事活动中行使和享有的权利，而行政相对人权利则属于在国家行政活动范围中行使和享有的权利。前者发生于平等的民事主体之间，是民事主体对民事主体的权利；后者发生于行政相对人与行政主体之间，是行政相对人针对行政主体的权利。凡是公民只能运用于行政活动而不能运用于民事活动的权利，都属于行政相对人权利。

（2）从权利针对的对象和要求的义务上看，行政相对人权利只针对行政主体并要求行政主体履行特有的义务，这种义务通常是作为民事主体的公民所不具备的。如行政相对人向行政主体主张的人身和财产受保护权、福利生活保障权等。

（3）二者可以相互转化。公民、法人的有些权利，在行政活动中是行政相对人权利，可以在民事活动中发生性质转换，成为民事权利；或者在民事活动中是民事权利，在行政活动中性质变化，成为只针对行政主体，并由行政主体履行特定义务时，才能享有的行政相对人权利。

二、行政相对人的主要义务

行政相对人的义务是依法应对行政主体所履行的义务。行政相对人在法律关系中主要应履行下述义务：

（1）服从行政管理的义务。即遵守行政机关发布的行政法规、规章和其他规范性文件；执行行政命令、行政决定；履行行政法上的各项义务。

（2）协助公务的义务。即行政相对人对行政主体及其工作人员执行公务的行为，有主动予以协助的义务。如配合公安机关维持社会秩序，协助人民警察追捕违法犯罪分子，等等。

（3）接受行政监督的义务。即行政相对人在行政管理法律关系中，要接受行政主体依法实施的监督。包括检查、审查、检验、鉴定、登记、统计、审计，向行政主体提供情况说明及有关材料或报表、账册等。

（4）提供真实信息的义务。即行政相对人在向行政主体申请提供行政服务（如申请许可证照）或接受行政主体监督时，向行政主体提供的各种信息资料应真实、准确，如果故意提供虚假信息，将要为之承担相应的法律责任。

（5）遵守法定程序的义务。行政相对人无论是请求行政主体实施某种行政行为（如申请办理营业执照、申请行政复议等），还是应行政主体要求作出某种行为（如纳税、征用财产等），均应遵守法律、法规规定的程序、手续和时限，否则可能导致自己提出的相应请求不能实现，甚至要为之承担相应的法律责任，如不按时纳税，可能要受到被科处滞纳金或其他形式的行政处罚。

第三节　行政相对人行为

一、行政相对人行为的概念

行政相对人行为是指在国家行政管理活动中，由与行政主体对应的公民、法人或者其他组织一方所作出的、能产生行政法律后果的各种法律行为的总称。对于这个概念，应从以下几个方面来理解：

1. 行政相对人行为是一种法律行为

行政相对人行为是作为法律行为的范畴而存在的，对于公民、法人或者其他组织的非法律行为属于一般社会行为，我们可以称为个人行为或组织行为，但不能称为“行政相对人行为”，行政相对人行为是在法律行为意义上使用的概念，表明它是由法律规定的、能产生法律后果的行为。

2. 行政相对人行为是行政法律关系中由作为行政相对人的公民、法人或其他组织作出的行为

①行政相对人行为必须是处在行政法律关系中的行为。行政相对人行为的主体是行政相对人，不存在行政法律关系，就不存在行政相对人，也就谈不上行政相对人行为。②行政相对人行为是行政法律关系中行政相对人一方的行为。行政主体的行为称为行政行为，行政相对人一方的行为才称为行政相对人行为。

3. 行政相对人行为是由行政法规定并产生行政法上法律效果的行为

行政相对人的行为包括个人行为与组织行为，只有那些受到行政法规定、能引起行政法律关系发生、变更和消灭的行政法律效果的相对人行为，才被称为行政相对人行为。

二、行政相对人行为的特征

行政相对人行为与行政主体的行政行为相比较，具有以下几点特征：

第一，行政相对人行为的形式灵活。行政相对人行为在法律的标准化上远不如行政行为。因为行政行为是严格受到法律制约的行为，对行政行

为（特别是外部行政行为），立法时就注重强调其法定的形式要件，否则其便不能生效。而对于行政相对人，由于其受文化水平、法律素质等各种因素的限制，立法时除必要者外，一般不要求具备严格的法定形式要件。因而行政相对人行为在行为的形式要求上具有一定程度的灵活自由性。如行政相对人的意思表示可以是书面的，也可以是口头的，甚至可以是默示的。

第二，行政相对人行为目的的多样性。行政相对人行为的目的不像行政主体行政行为的目的那样单一，行政行为的目的就是实现预定的国家行政管理目标，行政主体作出行政行为不能有属于自己或他人的特殊目的，也不能具有非目的性，否则将构成滥用职权。而行政相对人行为的目的可能是多重的，一般而言要满足其自身的利益，但行政相对人也可能以达成国家行政管理目标为目的而作出行为，如协助公安机关抓捕犯罪嫌疑人。有时，行政相对人行为还可能兼具几重目的。此外，行政相对人还可能发生行为的非目的性，如行政相对人在被行政强制执行情况下所为的行为，往往是被迫的、非本意的。

第三，行政相对人行为对行政主体没有直接的强制执行力。行政行为具有强制执行力，行政相对人不履行行政决定，可以导致被强制执行的法律后果。而行政相对人行为对行政主体或其他人不具有强制执行力，行政相对人行为如要强制执行，则必须借助于一定的国家权力，如权力机关的监督权、司法机关的司法审查权以及上级行政机关的监督权。当然，行政相对人的合法行为由法律确认，得到法律保障，具有法定约束力。

三、行政相对人行为的分类

1. 主动行为和被动行为

以相对人行为是否以相对人自己的意愿作出为标准，可以分为主动行为和被动行为。主动行为是行政相对人以其意愿，为达成一定的目的而主动实施的行为。行政相对人的主动行为包括：主动行使法定权利，放弃权利以及对法定义务主动履行的行为。被动行为主要是指行政相对人被强制要求履行义务的行为，如被行政主体实施强制执行而承担法定义务。行政相对人的主动行为和被动行为有较大差别，行政法学应当建立必要的制度来充分调动行政相对人作出主动行为，尽可能减少行政相对人被动行为的发生。

2. 直接产生法律效果的行为和不直接产生法律效果的行为

直接产生法律效果是指相对人的行为（作为或者不作为）必然产生行政法上的权利义务内容，如相对人遵守交通规则是履行了行政相对人对交通管理秩序的法定义务，相对人对交通警察违章处罚不服申请复议，是实现了法律赋予的权利。不直接产生法律效果是指相对人的行为内容不具有行政法意义或者行政法规不予调整。不具有行政法意义的行为，如相对人实施民事行为、政治行为等；行政法律规范不予调整的行为，如盲人过十字路口无须辨别红绿灯；不满 14 周岁的人违法等，不存在法律规定的应然性义务履行。

3. 实体性行为和程序性行为

实体性行为是相对人实现实体权利或履行实体义务的行为。行政相对人实体性权利与义务，是具有本质属性的权利义务，它体现了行政相对人在某种行政法律关系中的存在、地位和资格，不具有这种权利义务的人，就不存在于该行政法律关系之中，不具有该法律关系中的主体地位。程序性行为是指行政相对人行使程序权利和履行程序义务的行为。程序性权利不直接决定和体现行政相对人在实体法律关系中的地位和资格，它是为实体权利义务而存在。当然，程序性行为也有其独立的价值：①当一个公民不具有实体权利的时候，他仍有程序权利并能作出行使该权利的行为，如在不具有资格的情况下仍可以申请行政许可；②程序性行为能直接阻止行政权力的违法行使。

4. 合法行为和违法行为

合法行为是指相对人遵守法律规定，履行合法的行政义务，依法行使实体和程序权利的行为。如相对人依法照章缴纳税款，依法取得抚慰金，依法申请复议或提起诉讼等。违法行为是指相对人侵害法律保护的行政管理秩序，拒绝或拖延履行行政法义务的行为。如相对人破坏公共设施，拒绝服兵役，拖延缴纳罚款等。相对人的合法行为受到法律的保护，行政主体不得侵犯；相对人的违法行为应当追究其法律责任并予以纠正。

5. 要式行为和不要式行为

要式行为是行政法规定了明确、具体的行为方式，行政相对人只能按照法定方式作出才能产生法律效力的行为。不要式行为是指行政法没有严格的行为形式规定，行政相对人以其意思表示作出，无论采用何种方式都能产生法律效力的行为。从方便相对人的角度，行政法在可能的情况下都应该允许行政相对人以不要式行为方式作出意思表示，行政主体应尽可能减少对行政相对人行为方式的严格限制。

6. 实现权益的行为和履行义务的行为

以相对人行为内容的性质为标准，可以分为实现权益的行为和履行义务的行为。实现权益的行为是指相对人依法作为和不作为的方式实现自己的合法权益。如相对人依法申请行政主体保护自己的人身安全，依法请求国家赔偿其所受到的损害等。履行义务的行为是指相对人以法定方式履行行政法义务，如服兵役、计划生育、支付滞纳金等。相对人实现权益的行为必须具有合法性，否则，不发生法律效力；相对人的义务必须是法定的，行政主体违法设定义务，相对人有权拒绝履行。

7. 接受行政管理的行为和申请法律救济的行为

以相对人的行为目的可将其分为接受行政管理的行为与申请法律救济的行为。接受行政管理的行为是指在行政法律关系中服从和执行行政主体的决定和遵守法律规范的规定。申请行政救济的行为是指相对人依法申请行政复议、提起行政诉讼、请求国家赔偿等行为。区分这两类行为有利于界定行政法律关系在行政实体法和行政程序法中主体双方的法律地位。

8. 行政法禁止、奖励、授权和命令的行为

行政法禁止的行为是指在行政法价值判断上予以否定的行政相对人行为。这类行政相对人行为受到行政法约束，相对人作出这种行为，要承担行政法律责任，导致行政主体行政强制、行政处罚行为的处理。行政法价值对这类行为的判断是否定的，如违反治安管理的行为。

行政法奖励的行为是指行政法在价值判断上大力提倡的行政相对人的行为。这类行政相对人行为往往不是一般的行使法定权利或履行法定义务的，而是超出法律对众人最低限度要求的行为，是行政法所支持、鼓励的

具有较高道德水准的行为。因此，行政法对于这类行政相对人行为给予特别的肯定，一旦公民作出这种行为，就会导致行政主体行政奖励行为的发生，形成使自己受益的行政法后果，如见义勇为的行为、热心公益事业的行为等。

行政法授权的行为是指行政法授权行政相对人有权做或不做的，在行政法价值上给予一般肯定和保护的行政相对人行为。这类行为由行政相对人自由作出，受行政法保护，如行政相对人依法进行的自主经营、处分自己合法财产的行为等。

行政法命令的行为是指行政法要求行政相对人必须作出的行政相对人行为。这是行政法对行政相对人提出最低要求的行政相对人行为，如按时纳税、遵守交通法规的行为。

四、行政相对人行为的效力

行政相对人行为如果是依法作出的，就会得到法律的支持并以强制力保障其实现。对于行政主体，行政相对人行为的效力主要表现在两个方面：

1. 对行政主体的法定约束力

行政相对人行为对行政主体的约束力又可分为形成力和阻止力。具体如下：

（1）形成力是指行政相对人行为具有使行政法律关系发生的效力。这种形成力表现在：一是对于行政相对人单方涉及实体利益请求的行为，属于法定紧急情形的，行政主体必须及时解决，否则构成违法的行政不作为；二是行政相对人单方对行政主体作出的程序性请求行为，可以直接形成双方的程序性法律关系，如行政相对人的行政复议申请行为；三是行政相对人参与同行政主体双方合意的行为，能直接形成行政法律关系，如行政相对人在行政合同上签字的行为；四是在特定情况下，行政相对人行为对行政主体具有科以义务的性质，如行政相对人对行政主体的工作提出公开批评、作出专门的评议、评比结论等行为。

（2）阻止力是指行政相对人依法作出的某种行为，具有能直接阻止违法行政行为生效或产生的效力。这是基于行政相对人的抵抗权存在而产生的效力，对于行政相对人的抵抗权，我国法律在行政相对人抵制摊派、滥罚款上已有所规定。《中华人民共和国行政处罚法》第四十九条也规定了“行政机关及其执法人员当场收缴罚款的，必须向当事人出具省、自治区、直辖市财政部门统一制发的罚款收据；不出具财政部门统一制发的罚款收据的，当事人有权拒绝缴纳罚款”。

2. 行政相对人可以凭借国家机关的权力对行政主体产生强制执行力

行政相对人的行为单独不能对行政主体产生直接强制力，但该行为可以启动并借助有关国家机关的监督权力而形成的对行政主体的强制力。如借助司法机关的行政审判权强制行政主体服从行政相对人行为所具有的权利内容。在这种情况下，行政相对人行为与这种国家司法权结合起来形成强制力。其中没有行政相对人行为，国家司法权不会也不能启动并介入国家行政管理领域。同时没有这种国家监督权力，行政相对人行为自身也不具有强制执行力。

课后习题

一、选择题

1. （多选）下列选项中，可以成为行政相对人的是（　　）。

A. 中国公民和组织　　B. 外国公民和组织

C. 国家机关　　D. 国家公务员

2. （多选）下列选项中，属于行政相对人权利的有（　　）。

A. 申请权　　B. 参与权

C. 了解权　　D. 批评、建议权

二、简述题

1. 简述行政相对人的概念。

2. 简述行政相对人行为的效力。

3. 简述行政相对人的法律地位。

第九章　行政行为概述

案例导入

政府违法还是企业违法？

某市房地产开发公司系中外合资企业，意欲在该市开发房地产。该市政府为了吸引外资，同意为其提供优惠条件。该公司看中一块属于基本农田的土地。按照《中华人民共和国土地管理法》的规定，对于基本农田征用的审批权属于国务院，但该市政府越权作出了审批，同意其开发该地块，从而使该公司办妥了而后的有关用地手续。

房地产开发公司在征地开发过程中，引起了大量农民的上访，使上级政府发现了此事件。上级政府的土地管理部门对房地产开发公司作出了行政处罚。处罚决定书写道：该房地产开发公司征用开发基本农田没有被依法批准；有关市政府审批同意属于越权审批，批准文件无效；所开发土地属于非法占地，无条件收回。

房地产开发公司不服上级政府土地管理部门所作的行政处罚决定。理由是：政府越权审批属于政府违法，不是我们公司违法，怎么能对我们公司作出行政处罚呢？于是，向当地人民法院提起了诉讼。

1. 本例中，行政行为无效与相对人违法之间是一种什么样的法理关系？

2. 行政行为无效与行政行为违法之间能不能画等号？

第一节 行政行为的概念与特征

一、行政行为的概念

行政行为，是指行政主体在实施行政管理活动、行使行政职权过程中所作出的具有法律意义的行为。由此可以看出，行政行为包含以下几层含义：

第一，行政行为是行政主体所作出的行为。这是行政行为的主体要素。行政行为只能由行政主体作出，至于是行政主体直接作出，还是行政主体通过公务员或其他工作人员或依法委托其他社会组织作出，均不影响行政行为的性质。但如果是行政主体以外的其他国家机关或其他社会组织，在无行政主体依法委托下所作出的行为，不能认为是行政行为。

第二，行政行为是行政主体行使行政职权、履行行政职责的行为。这是行政行为的职权、职责要素。行政主体的任务不是为了从事民事活动或其他活动，而是为了实现国家行政管理的职能才从事一定的活动。但需要特别注意的是，能够成为行政主体的各个社会组织，并非任何情况下都是行政主体，其所从事的活动行为也不都是行政行为，如行政机关购买办公用品或租用办公用房的行为，就不是行政行为。另外，行政机关应当履行法定职责而不（未）履行的情况，也属于一种消极的行政行为表现形式，在法律上称为不作为。

第三，行政行为是具有法律意义的行为。这是行政行为作为法律概念的法律要素。当然，这里的法律要素，是指行政行为具有行政法律意义和产生行政法律效果，而不是其他法律性质。在行政主体所从事的行政活动中，有些具有行政法律意义，如行政许可行为、行政处罚行为；有些不具有行政法律意义，如气象预报、发布统计数字等行为；可以说，行政行为的法律要素，在于强调行政主体要为自己的行为承担法律责任，至于这种行为是否合法，则不影响行政行为的存在。

二、行政行为的特征

1. 行政行为具有从属法律性

我国宪法规定行政权的来源是宪法和法律，行政机关的性质是执行机关即执法机关，行政机关的执法行为（即行使行政权的行为）必须从属于宪法和法律。与三权分立的资本主义国家不同，在议行合一的体制之下，我国的行政机关从属于法律，从属于权力机关。就行政职权的来源而言，行政主体的行政权力来自立法机关的授权或法律的规定。行政职权具有法定性是我国的宪法性准则。行政主体行使行政权的行为必须接受法律的约束，是行政机关活动的准则。行政主体的行政权与行政相对人的权利一样来源于法律，行政主体行使行政权的行为必须全面服从法律，即使是行政机关享有的行政裁量权也不是行政机关的任意裁量，而是在法律规定的原则和精神之下的裁量。按照行政法治化的要求，如果行政机关实施的行政行为违法，就必须承担相应的法律责任。

2. 行政行为的无偿性

民事法律行为是以“等价交易、有偿服务”为原则的。行政行为尽管也是一种服务，但却是一种通过实施法律来实现的公共服务，是无偿的。国家通过无偿征收税费，使行政相对人（纳税人）分担了公共负担，因此，行政主体为社会提供的公共服务也应当是无偿的。由于国家通过税收已经积聚了行政管理所需要的财政基础，因此，国家有义务为代表国家履行公务的国家机关和机关工作人员提供物质上的条件。行政主体实施法律所需的经费只能由国家财政负担。应当注意的是，行政行为的无偿性是指行政机关或者机关工作人员不能以提供公共服务换取相应的物质回报，行政机关配置其掌握的公共资源时，如果获得资源使用权或者利用权的相对人获得了比其他行政相对人更多的公共利益，这种获得应当是有偿的，应当向国家缴付一定数额的金钱。而当行政机关让特定的行政相对人承担了比其他行政相对人更多的义务时，该行政行为也应当是有偿的。即国家应当对该特定相对人予以补偿。这是公共负担均衡的必然要求。总之，就行政行为而言，无偿是原则，有偿是例外。

3. 行政行为的服务性

行政行为的服务性特点长期为人们所忽视。受“管理论”的影响，行政管理的强制力被夸大了，国家与社会之间的关系被认为是一种利益冲突关系，把国家与个体、公共利益与局部利益的冲突认定为一种对立关系。因此，行政行为被认为是国家的强制行为，体现国家对社会的管制。国家运用国家行政权力服务社会、服务人民的基本职能被淡化了。实际上，行政行为的服务性特点体现在两个基本方面：

（1）国家利益与社会公共利益和人民大众的根本利益在总体上是一致的，行政机关运用国家行政权力管理国家和社会公共事务的行为正是服务于社会的体现，因为，保护国家利益实际上就是保护社会公共利益，就是保护公民个人的根本利益。

（2）行政行为通过对有利于国家和社会公共利益的行为的保护、奖励和引导，通过对违反国家法律和社会公共秩序的行为的制裁，体现出国家法律所反映的价值取向。可以说，行政行为的服务性体现在：行政行为所依据的是人民的意志；行政行为所维护的是社会的公共秩序；最根本的还在于行政机关是人民通过自己的代议机关建立的执行人民意志的执行机关，其服务于、从属于人民意志。行政行为被认为是行政主体在行政相对人的合作下所作的公共服务行为，即公务行为。

4. 行政行为的有限自由裁量性

行政行为必须依法而行，必须有法律根据，但是这并不意味着法律应该将行政行为的每一个步骤、每一个细节都予以严密地规范，也并不意味着行政机关只能机械地按照法律预先设计的具体路线、途径、方式行事，而不能有任何的自行选择、裁量，不能有任何自己的主动性参与其间。事实上恰恰相反。因为任何法律法规无论如何严密，都不可能将行政机关的每一个行政行为的每个细节都予以细密规定。此外，现代国家社会经济在急剧发展变化，而法律是具有相对稳定性的，一旦制定就不能随意修改。因此，立法机关在立法时就应该给予行政机关自由裁量的余地，否则行政机关将无法有效地实施行政管理，还可能给国家和社会利益造成重大损失。

具有一定裁量性是行政行为的一个特征，这是由它的权利因素的特点所决定的。

有些行政行为主要是针对未来，其许可、批准、禁止、免除通常都涉及行政相对人未来的权利和义务，特别是行政机关制定行政法规、规章，发布行政规范性文件，就未来的事项作出预见性规定，从而不能不具有更多的自由裁量因素。

行政行为的自由裁量性与从属法律性不是截然对立的，而是矛盾的对立统一。自由裁量不是无限制的自由裁量，而应是在法律、法规范围内的自由裁量；从属法律也不是机械地执行法律、适用法律，而是充分运用其主观能动性，紧紧地把握相应法律、法规的立法目的与原则、精神，积极、灵活地执行法律、适用法律，最终是为了实现立法目的。

5. 行政行为的单方意志性

行政行为是行政主体行使国家行政权的行为。行政主体实施行政行为，只要是在行政组织法或法律、法规的授权范围内，即可自行决定和直接实施，而并不必须与行政相对人协商并征得其同意。这既是传统行政法上行政行为的一个特点，又是绝大多数情形下行政行为的特点。行政行为的单方性不仅表现在行政主体依职权进行的行为，如行政机关进行行政监督检查，科处行政处罚，采取行政强制措施，征收税款等；也体现在行政主体依行政相对人申请而实施的行为，如颁发许可证、执照，发放救济金、抚恤金等。后者的行为虽然是行政主体在行政相对人提出申请的前提下作出的，但是行政主体是否满足行政相对人的申请，却不简单取决于相对人的请求。传统行政法上，行政主体无须与行政相对人协商，无须与行政相对人讨价还价，而是根据法律规定的标准和条件，自行决定是否作出某种行为。即使是在行政合同行为中，也不乏一定程度的行政单方意志性的表现，如行政合同的解除。当然行政合同总体上讲是一种要求双方意思表示一致的行为，这是它区别于其他诸多单方行政行为的特点，但其在缔结、履行、变更与解除方面也有着许多不同于民事合同的特点。

所以在理解行政行为这一特点的时候，应当注意到以下问题。第一，有些行政行为是双方性行政行为，如行政合同的缔结等，必须是双方意思表示一致的行为，否则无法成立。作为现代行政行为的一种形式，它被越来越多地应用于行政管理之中，而且会发挥越来越大的作用。第二，现代行政法上，越来越强调行政相对人的参与性，也就是其意志应当一定程度地反映到行政行为中去。这是与传统行政法上行政行为特点的一个不同点。从立法上，往往就考虑要求行政行为的作出过程必须充分合理地考量当事人的参与，要求听取当事人一方的意见。当然最后起决定作用的还是行政主体。作为行政行为的基本特征，其并未动摇。

6. 行政行为的国家强制性

行政行为是行政主体代表国家，以国家名义实施的行为。故其以国家强制力作为实施的保障。根据行政法的原则，行政主体为行使其管理职能，享有相应的管理权力和管理手段。行政主体行使职能的行为如果遇到障碍，在没有其他途径克服障碍时，可以运用其行政权力和手段，或依法借助其他国家机关的强制手段，消除障碍，保障行政行为的实现。

行政行为的强制性与单方意志性是紧密联系的。一般而言，行政主体实施行政行为无须事前与行政相对人协商并征得其同意。行政相对人如拒不履行行政主体的行政命令或行政处理措施，行政主体可以依法强制其履行或者依法申请人民法院强制执行。而民事行为的双方当事人则不具有这种特权，民事行为也不具有此种特性。行政行为的强制性是行政行为单方意志性的结果，行政行为单方意志性则是行政行为强制性的前提。

不过在理解行政行为的这一特征时，也应当注意到现代行政行为形式的多样性。有些行政行为如行政指导，并不当然地反映其强制性特点。相反，它却是以非强制性为特征的。这是特别的情形。在大多数情况下，行政行为的强制性特征是非常明显的，如行政处罚、行政强制等行为。这是我们学习和理解行政行为特征时应当特别注意的问题。

第二节　行政行为的内容与效力

一、行政行为的内容

行政行为的内容是指行政行为所包含的意思及其所要达到的目的，具体来讲，是指行政主体对相对人的权利和义务直接作出某种具体处理和决定。不同的行政行为，因为针对的对象、实施的条件、依据的法律等不同而表现出具体内容的不同，但归纳起来，行政行为所能反映的内容大致有以下几个方面：

1. 赋予权利或剥夺权利

赋予权利，是指行政相对人通过行政主体实施的行政行为而获得一定利益或从事某项职业的权能和资格。前者如对社会做出突出贡献的单位或个人由政府授予某种荣誉称号或发放一定奖金等物质奖励，此谓行政奖励。又如公民在年老、疾病或者丧失劳动能力或在其他特殊情况下，由政府发放最低生活保证金、抚恤金以及其他一些救济物品等，此谓行政物质帮助。再者如经相对人申请，由行政主体颁发教师资格证、律师资格证、营业许可证、卫生食品检查合格证以及建设用地许可证、建设工程规划许可证等，从而使相对人具备了从事某种职业或实施某种行为的资格或权能，此谓行政许可。

剥夺权利，就是指行政主体依法剥夺原赋予相对人的某种权利和资格。这就与赋予权利刚好相反，只不过剥夺权利的行为一般是在行政相对人有违法行为出现且符合法律规定的剥夺权利的条件下，才能行使，如违法经营而被吊销经营许可证；酒后驾车且发生重大交通事故而被吊销驾驶证。当然对此也不绝对，如出现了经济上的变化或法律和国家政策上的变化，导致相对人不能再获得社会救助或再享有某种权利和资格，行政主体也可撤回物质帮助或注销某种许可证、执照等。

2. 科以义务和免除义务

科以义务，是指行政主体通过行政行为使行政相对人为或不为一定行为。因为，为了使社会经济处于一种良性循环状态，作为行政相对人不仅应享有这样或那样的权利，而且同时应为社会承担这样或那样的义务，包括承担因为违法而由行政主体科以的惩戒义务，其目的就是使社会处于一种稳定而有序的状态。如要求设定行政相对人应履行的某种财产上的义务——纳税义务，属于要求相对人为一定的行为；因相对人违法而科以的缴纳罚款或人身自由被限制的义务；禁止非法携带枪支、弹药、炸药等危险物品，属于要求行政相对人不为一定的行为。

有科以义务，必然就有免除义务。而免除义务，是指行政主体通过行政行为使行政相对人原来应负有的义务，由于某种情况的出现而予以免除。既包括不作为义务的免除，如不得持有枪支是社会每位公民应承担的一项法定义务，但是如果某些特定的治安保卫人员不拥有枪支就无法履行其义务，所以对其免除不得持有枪支的义务是必要的；也包括科以义务的免除，如出现自然灾害等特定情况，对公民、法人或社会组织的纳税义务予以减免，以使其积累资金更好地进行生产自救。

3. 确认法律事实和法律地位

确认法律事实，是指行政主体对某种行政法律关系有重大影响的事实是否存在，依法加以确认。如医疗事故和交通事故鉴定结论，就是对医疗事故和交通事故的事实加以确认，其结果对于医患责任和交通责任的分担有着重要和直接的影响。

确认法律地位，是指行政主体通过行政行为对行政相对人的某种法律关系是否存在以及存在的范围加以确认。如对土地的所有权和使用权的确认；对房屋产权的确认和对房屋抵押权的登记。

确认法律事实和确认法律地位虽不直接对相对人的权利与义务产生影响，但却是行政主体进一步采取某些特定行政行为的依据。因此，对法律事实和法律地位的确认也是行政权的具体运用和体现，且对相对人的权利和义务产生潜在的影响，必须受到法律的监督和控制。

二、行政行为的效力

行政行为的效力是指行政行为依法产生的作用，具体包括确定力、拘束力和执行力。行政行为的效力涉及合法与违法、有效与无效的关系。但这两组概念之间没有稳定的对应关系：合法的行政行为未必有效；有效的行为未必合法。行政行为原则上自送达之日起成立并且生效，绝对无效的行政行为永远不生效，付款的行政行为以送达之日起成立但自条件成就时才生效。行政行为的效力因具体行政行为和抽象行政行为而异。

(一) 行政行为效力的根据

行政行为之所以具有确定力、约束力和执行力，是由行政行为本身的特性决定的，具体原因包括：

(1) 行政行为是行政机关代表国家所为的意思表示，以国家强制力作为后盾，具有权威性。基于国家的这种权威性，行政行为也应当具有相应的权威，即法律效力，以保证国家意志和目的的实现。

(2) 行政行为效力是法的安定性的客观需要。行政行为是依法形成确认法律关系和法律秩序的行为，法律关系和法律秩序是一种稳定持续的社会关系，而行政活动也具有连续性和稳定性，这都在客观上要求赋予行政行为确定的法律效力。

(3) 行政行为的效力是法律规范效力的体现。行政行为是适用法律、执行法律的行为，法律本身具有约束力和执行力，这种效力也就间接决定了行政行为的效力实际是法律效力的延伸。但这种延伸的前提是行政行为本身也合法正确。

(4) 行政行为的效力是一种有效推定和合法性推定。行政行为的目的是实现行政管理的目标、满足社会公共利益的需要。为了维护公共利益，法律假定行政行为一经作出且具备成立要件后即具有合法有效的法律效力。即使违法，行政相对人也不能自行否定其效力，必须由国家有权机关依据法律经法定程序否定这种推定的法律效力。

(二) 行政行为效力的内容

1. 行政行为具有确定力

所谓行政行为的确定力，就是指有效成立的行政行为，具有不可变更(改变) 力，即非依法不得随意变更或撤销和不可争辩的效力。它是一种对行政主体与行政相对方而言的法律效力。需要注意的是，不可改变力中的“改变”，既包括撤销，也包括变更；既包括对其认定和法律适用的改变，也包括对权利义务的改变。

对行政主体的确定力，称为实质确定力，它要求行政主体，非依法定理由和程序，不得随意改变其行为内容，否则要承担相应的法律责任。例如，行政许可行为，行政机关在发给公民许可证或执照后，就不得随意更改许可事项和范围。这种实质确定力的目的，主要在于防止行政主体反复无常，任意变更、撤销、废止其已作出的行政行为，导致对行政相对方权益的损害。这种确定力对于维护行政相对方对行政行为的信任是极为重要的。

对行政相对人的确定力，称为形式确定力或不可争力，指行政相对人不得任意否认行政行为的内容或随意改变行为内容，非依法也不得请求改变行政行为。也就是说，行政相对人超过行政复议或行政诉讼期限后，不得对该行政行为申请行政复议或提起行政诉讼；即使在行政复议、行政诉讼期间，行政相对人非经法定程序，亦不得停止对该行为确定的义务的履行。例如，持有行政许可证的公民，不得随意改变许可范围，或从事许可范围以外的活动。此外，行政行为的确定力，也包含着除行政主体和行政相对人以外的国家机关（含行政机关）、社会组织和公民，都不得否认或拒绝行政行为所确认的事实和法律关系。

在理解行政行为确定力时，还需要注意这种确定力的相对性。行政行为具有不可变更力并不意味着行政行为绝对不可以变更，而是说行政行为作出后不得随意撤销或变更。基于法定事由，经过法定程序，行政行为可以依法改变（通过行政复议、行政诉讼等）。变更的主体可以是原行政行为的作出机关、行政复议机关或者一定情形下的人民法院等。但行政主体对因变更造成行政相对方利益受损害的应该依法承担相应的法律责任，从《中华人民共和国行政许可法》中可以清楚地看出这一点。

2. 行政行为具有拘束力

行政行为的拘束力，是指行政行为成立后，其内容对有关人员或组织所产生的法律上的拘束效力，有关人员和组织必须遵守、服从。行政行为的拘束力具体表现在以下两个方面：

（1）对相对方的拘束力。行政行为是针对行政管理相对方作出的。因此，其拘束力首先指向相对方。对于生效的行政行为，相对方必须严格遵守、服从和执行，完全地履行行政行为的内容或设定的义务，不得违反或拒绝。否则，就要承担相应的法律后果。同时这种拘束力还及于虽不是行政行为直接对象但与之有利害关系的个人、法人或者组织，即间接相对人。例如，转让注册商标时，不仅转让人受有关行政行为的拘束，而且受让人也受该行政行为的拘束，即受让人必须保证使用该注册商标的商品质量。又如，行政主体依法冻结某公司存款、账户时，有关金融机构即应予以支持和配合，不得让该公司再支取相应款项。这就是涉及第三人效力的行政行为。

（2）对行政机关的拘束力。行政行为的拘束力是针对相对方，行政机关自身同样要受拘束。行政行为生效后，行政机关同样要受拘束。包括作出该行政行为的行政机关和其他行政机关。

3. 行政行为具有执行力

行政行为生效后，行政主体与行政相对人必须自觉履行相应行政行为所确定的义务，并且拒绝履行或拖延履行的一方应当承担相应责任的效力，这就是行政行为的执行力。在相对人拒绝履行或拖延履行的情况下，有关行政主体可以依法采取强制措施，或者依法申请人民法院强制执行行政行为内容，如强制受罚人交纳罚款。而在行政机关拒绝履行或拖延履行的情况下，相对人可以向有关机关提起行政复议或者是向法院提起行政诉讼等。

行政行为的执行力不仅及于行政相对方，也及于行政主体。行政主体作出某种行政行为，行政相对方有可能直接或间接从中获得某种利益，如果行政主体在之后不采取措施保障行政相对方的利益得以实现，行政相对方既可以申请行政主体履行自己的行政行为，也可以通过行政复议或行政诉讼方式，请求行政复议机关或人民法院责令行政主体履行自己作出的行政行为。

行政行为的执行力是与拘束力密切相关的。一方面，拘束力是执行力的前提，只有有了拘束力，当事人才能履行相应行政行为所确定的义务，在当事人不履行时，才存在依法强制执行的问题。另一方面，执行力则是拘束力的保障。也就是说，行政行为若没有了执行力或没有了强制执行力，那么，所谓的拘束力则很容易变为一句空话。

行政行为具有确定力、拘束力和执行力，是根据行政行为的性质对其作出的理论上的概括。这三种效力在实践中具有多方面的意义，也引来一系列规则。例如，在行政法上，对于生效的行政行为，一般采取不停止执行的原则，即不论相对方对行政行为是否存在异议，还是在相对方申请复议、提起诉讼期间，都不能停止对行政行为的执行。只有在例外的情况下，才可能暂停行政行为的执行。

第三节 行政行为的分类

一、行政立法行为、行政执法行为和行政司法行为

根据实施行政行为所形成的法律关系不同，行政行为分为行政立法行为、行政执法行为和行政司法行为。

（1）行政立法行为。行政立法行为是指国家机关依照法律规定的权限和程序，制定规范性文件的活动。行政立法行为所形成的法律关系是以行政机关为一方，以不特定的行政相对方为另一方的普遍性的法律关系，如国务院制定相应的行政法规的行为。

（2）行政执法行为。行政执法行为是指行政主体执行或者适用法律、法规和规章，使法律、法规或者规章在实际生活中得以实现的活动。行政执法行为所形成的法律关系是双方法律关系，以行政主体为一方主体，以被采取措施的行政相对方为另一方主体。常见的行政执法行为有行政许可、行政处罚等。

（3）行政司法行为。行政司法行为是指行政机关作为第三方，裁决当事人之间的民事、行政争议的行为。

行政司法行为所形成的法律关系是三方法律关系，以行政机关为一方居间裁决，以发生纠纷的双方当事人为另外两方。我国行政司法行为主要有行政调解、行政仲裁、行政裁决和行政复议。其中，行政复议的对象是行政争议，其他的都以民事争议或劳动、人事争议为对象。

二、要式行政行为和非要式行政行为

根据是否具备法定的形式，可以将行政行为分为要式行政行为和非要

式行政行为。

（1）要式行政行为。要式行政行为是指必须依据法定方式进行或者具备法定的形式才能生效的行为。如根据《中华人民共和国行政处罚法》的规定，无论简易程序还是普通程序，行政处罚决定都必须制作行政处罚决定书，而且应当载明相应内容，并必须盖有作出行政处罚决定的行政机关印章。

（2）非要式行政行为。非要式行政行为是指不需要具备特定形式或者特定程序，只需行为人口头意思表示就可以生效的行政行为，如公共机关对醉酒的人采取强制约束的行为。

（3）要式行政行为与非要式行政行为划分的意义。区分要式行政行为与非要式行政行为看似简单，但对行政法非常重要。因为行政行为原则上都是要式的，非要式只能是例外。行政法对行政行为有许多要式的规定，符合法定程序是行政行为的合法要件之一。

三、单方行政行为、双方行政行为、多方行政行为

根据决定行政行为时参与意思表示的人数，可将行政行为划分为单方行政行为、双方行政行为和多方行政行为。

（1）单方行政行为。单方行政行为是指行政机关单方面决定，无须取得相对方同意的一种行政行为。大多数行政行为都是如此，如公安局对违反治安管理的某人进行处罚的行为。

（2）双方行政行为。双方行政行为是指行政主体与行政相对方互相协商，经过双方意思表示一致后才作出的行政行为，如政府与农民签订的粮棉购销合同。

（3）多方行政行为。多方行政行为是双方行政行为的延伸，即参与意思表示的相对方从双方转化为多方，如行政裁决。

在这里我们要明确，参与意思表示无论是双方还是多方，作为行政主体才是决定因素。作为双方或者多方的行政行为并不表示相对方也有权实施行政行为，相对方参与意思表示只是实施行政行为的前提条件，而不是实施行为本身。

四、内部行政行为和外部行政行为

根据行政行为作用的对象及其法律地位不同，可以将行政行为分为内部行政行为和外部行政行为。

（1）内部行政行为。内部行政行为是指行政主体在内部行政组织管理中所作的，对行政组织内部产生法律效力的行政行为。内部行政行为主体是行政机关，针对的对象是内部机构和工作人员，往往有隶属关系，涉及机构管理、人事管理、编制行为等事务。内容主要是职权、职务的划分与处理，依据的法律规范往往是内部的法律规范。行政处分就属于内部行政行为。

（2）外部行政行为。外部行政行为是指行政主体对社会实施行政管理过程中针对公民、法人或者其他组织所作出的行政行为。行政相对人与行政主体之间往往没有隶属关系。该行为涉及的内容主要是相对人的权利与义务。依据的是调整社会管理职能的相应法律规范。行政处罚就属于外部行政行为。

（3）内部行政行为与外部行政行为划分的意义。区分内部行政行为和外部行政行为的标准是行为的对象及该对象所处的法律地位。如果行为针对行政机关内部机构及人员，并且该机构和人员处于执行公务的法律地位，则该行为属于内部行政行为；如果行为针对非行政机关及工作人员，或者虽然针对的是行政机关或工作人员，但他们处于和一般公民、法人或者其他组织相同的被管理者的地位，则都属于外部行政行为。区分内部行政行为与外部行政行为对于行政复议和行政诉讼有重要意义。

五、依职权的行政行为和依申请的行政行为

根据行政行为主动性的不同，可将行政行为分为依职权的行政行为和依申请的行政行为。

（1）依职权的行政行为。依职权的行政行为是指行政主体根据其职权，无须行政相对人的申请即可主动实施行政行为，即主动行政行为，如税务

机关征税、交警依法处罚违章的行为。行政行为大部分是依职权的行政行为。

（2）依申请的行政行为。依申请的行政行为是指行政主体只有在行政相对人提出申请后才能实施的行政行为，即被动行政行为，如工商机关发放营业执照的行为。

（3）依职权的行政行为和依申请的行政行为划分的意义。依职权的行政行为与依申请的行政行为的划分，在行政法学上占有非常重要的地位。依职权的行政行为的作为不取决于相对人的意思表示，行政机关依职权主动作出；依申请的行政行为是行政主体应申请而作出，具有被动性。

相对人对依职权的行政行为提起的违法撤销之诉，法院审查判断的标准应该是该行为是否违法、证据是否确凿、程序是否合法等。最终的判决，对于合法的行政行为，应作出维持判决，对于违法的行政行为，应作出撤销判决。对依申请的行政行为，由于是针对行政机关不作为的行为，所以，相对人提起的是请求作为（履行职责或履行义务）之诉，法院审查判断的标准应是相对人是否提出合法申请，该申请是否符合法定条件，行政机关是否具有法定职责，对相对人的请求行政机关应如何处理等，最终的判决是指向行政机关是否应当作为、是否履行职责。

第四节　行政行为成立与合法要件

一、行政行为的成立

1. 行政行为成立的法律意义

行政行为的成立，是指行政主体经过行政活动的一些前置性过程（如研究、咨询、调查、报批等）而最终形成行政决定。该行为从物质上看，已经形成一种物质形态；从法律上看，已开始对外发生法律效力。确定行政行为是否成立，具有多方面的法律意义。

（1）行政行为的成立，是行政行为整体过程中的逻辑起点。这一起点不存在，行政行为的变更和消灭就无以发生。

（2）行政行为的成立，是有权机关对其作合法性、合理性审查的前提。行政法的使命是保障行政行为的合法性和合理性。这一使命通过行政机关和司法机关以有关法律程序（主要是行政复议和行政诉讼）对行政行为进行合理性和合法性审查来实现。但是，我们判断和审查行政行为是否合法、合理都是以行政行为的成立为前提，有权机关无法对不存在的行政行为进行法律监督。

（3）行政行为的成立，标志着它对外发生法律效力。尚不成立的行政行为是不发生法律效力的，成立后的行政行为也有可能被确认无效，但是，行政行为的法律效力无疑是从行政行为的成立开始的。行政行为的成立时间，决定了对外发生法律效力的时间。

（4）行政行为的成立，使行政相对人获得了法律救济的机会。行政行为一经成立，如果行政相对人对其不服，他有权依法提起行政复议或行政诉讼。这就是说，行政行为的成立构成了相对人对其申请法律救济的前提。从理论上说，相对人无法对尚不成立的行政行为申请复议或提起诉讼，行政复议机关或人民法院也无法对尚不成立的行政行为进行法律监督。

（5）行政行为的成立，决定了人民法院的判决方式。从现行的司法制度来看，对于已经成立的行政行为，人民法院可以有多种判决方法，如确认违法或无效、撤销行政行为、责令重作等；但对于不成立的行政行为，如果人民法院受理，也只能确认无效。已经成立的行政行为未必有效，但不成立的行政行为肯定是不发生法律效力的。

2. 行政行为的成立要素

行政行为的要素有多有少，但决定行政行为成立的最基本的要素有以下五项：

（1）行政行为的主体要素。行政行为是行政主体的法律行为，而且也只能是行政主体的行为，非行政主体所作的行为不属行政行为，因而不具有行政行为的效力。可见，离开行政主体，行政行为便无法存在。任何一个行政行为的存在，都必须明确作出该行为的行政主体，当一个行政行为的行政主体尚未明确或落实时，这个行政行为就不算是存在。当一个公民收到一张无任何落款作出的罚款决定书，就可视作罚款决定书不存在。

（2）行政行为的对象要素。行政行为是针对一定的对象作出的。无对象的行政行为同样是不成立的。行政行为的对象无非三类，即人、行为和物。人，指行政相对人，包括公民、法人和其他组织。行为，指行政相对人的各种行为。物，指各种财物，包括公物或私物、无主财物和有主财物。当一个行政行为未表明适用对象时，这一行政行为也是无法实施的，也可视作不成立。

（3）行政行为的内容要素。任何行政行为都有一定的内容，不是赋予权利，便是科以义务，或是确认关系。如果一个行政行为虽然表明主体与对象，但不具有行为内容，也同样不构成行政行为。

（4）行政行为的固化。行政行为的固化，是指行政行为的意思已经通过一种程序而得到最终确定。它不是酝酿中的决定，而是一个最终确定了的决定。也就是说，这个行为已不是个别工作人员，包括领导人在考虑中的一个决定，而是已按规定通过一定的程序（如厅务会议等）形成了的决定。

（5）行政行为的外化。行政行为的外化，系指行政行为对外已发生影响。这表现为已通知相对人，或虽未通知相对人但已对相对人实际发生作用。虽已形成但永远锁在保险箱里的行政决定不能视作行政行为的成立。

以上五项要素是衡量行政行为是否成立的标准，而不是决定行政行为是否合法有效的标准。至于行政主体是否够格、适用对象是否成立准确、行为内容是否符合法律、行为作出是否符合程序等，都与行政行为的成立问题无关，只与行政行为的合法性有关。

二、行政行为的合法要件

行政行为的合法要件，是指行政行为合法成立生效所应具备的基本要素，或者说是应当符合的条件。从法律对行政行为的规定和要求来看，各类行政行为有它们共同应当符合的要件，也有各自特有的一些条件，前者称为一般要件，后者称为特别要件。这里对一般要件作如下叙述：

1. 行政行为的主体应当合法

所谓主体合法，是指实施行政行为的组织必须具有行政主体资格，能以自己的名义独立承担法律责任。只有具备行政主体资格的组织所为的行政行为才是有效的行为。从行为的主体方面看，一般而言，行政行为是由行政机关实施，但并非所有的行政机关都具有行政主体资格，而且，行政机关都是由具体的公务员组成，行政行为都是由公务员代表行政机关行使职权具体实施的。有时行政机关还会委托一定的机关或组织行使职权。行政行为实施主体的这种复杂状况，必然在主体上产生许多要求。据此，行为主体的合法应包括以下几项具体要求：

（1）行政机关合法。指实施行政行为的行政机关必须依法成立，并具有行政主体资格。如果行政机关不是依法成立，或虽合法成立，但并不具有行政主体资格，其所为的行为无效。也就是说，行政行为因其实施者失去合法的行为主体资格而不能合法有效成立。

（2）人员合法。行政行为总是通过行政主体的工作人员具体实施，这些人员必须具备一定的资格和条件，实施行政行为的人员必须是在行政机关具有法定职务、法定资格，并能代表行政机关对外行使职权的工作人员，即必须具备合法的公职身份。

（3）委托合法。委托合法是指作为行政主体的行政机关基于实施行政管理活动的需要，依法委托具有一定条件的社会团体或群众组织、公民个人代表行政机关实施某种行政活动。一般而言，行政活动应由行政机关自己独立实施，但在某些情况下，行政机关可以委托他人实施。委托合法要求行政机关的委托必须合法，所为的行政行为才能有效。委托的合法性表现在以下几点：第一，委托的行政机关必须具有合法的委托权限；第二，接受委托者必须具备从事某项行政活动的能力；第三，受委托者必须在委托权限内实施行政行为。法律对行政机关活动的要求同样适用于受委托者，因此，受委托者实施行政行为同样不能超越委托权限。

2. 行政行为应当符合行政主体的权限范围

权限合法，是指行政行为主体必须在法定的职权范围内实施行政行为，必须符合一定的权限规则。这是行政行为合法有效的权限方面的要件。法律针对不同的行政主体具有不同的职能，确定了相应的职责、权限。行政主体只能依据法定职权实施行政行为，否则无效。同时，任何行政职权都有一定的限度，法律在确定行政主体的职权时，往往在地域、时间等方面设定了各种限度，这些限度是行政主体实施行政行为时所不能超越的。综合起来，行政职权的限制表现在以下几个方面：

（1）行政事项管辖权的限制。国家行政机关是根据宪法和法律分门别类层层设置的，每一个行政机关只能对某些行政事项享有管辖权。因此，行政机关只能就其管辖范围内的行政事项实施行政行为，所实施的行政行为才能合法有效。否则，就构成事项上的越权，该行政行为因越权而无效。《中华人民共和国行政处罚法》规定：行政处罚由具有行政处罚权的行政机关在法定职权范围内实施。该法还进一步明确规定："没有法定依据或者不遵守法定程序的，行政处罚无效。"

（2）行政地域管理权的限制。每一个行政机关对一定地域内的行政事务享有管辖权。也就是说，行政职权的运用都有着地域上的限制。行政机关在一定的地域范围内，对自己有管辖权的行政事务实施行政行为，才是合法有效的成立。如《中华人民共和国行政处罚法》规定，行政处罚由违法行为发生地的县级以上地方人民政府具有行政处罚权的行政机关管辖。法律、行政法规另有规定的除外。

（3）时间管辖权的限制。依法设立的行政机关，只能在自身合法存在的时间内才能有某些行政事务的管辖权，才可以实施行政行为。行政机关只有在其自身合法存在的时间内所实施的行政行为，才能合法有效。

（4）手段上的限制。行政机关行使行政职权不得在法定方式外自设手段，否则即构成手段上的越权，权限合法当然就包括行政机关在法定手段范围内行使职权。

（5）条件上的限制。行政机关必须按照法定条件运用行政职权，只有在符合法定条件的情况下行使职权所作出的行政行为才能生效。如果行政机关不依照法律法规所设定的条件行使行政职权，或者在条件不充分或不具备的情况下行使职权，即构成条件上的越权，该行政行为同样不能合法有效。

（6）委托权限的限制。作为受委托的非行政机关，只能在委托权限内，对委托的行政事项实施行政行为，而不能超越委托权限实施行政行为。否则，该行政行为是违法的、无效的行为。同时，如果委托是附有一定条件或期限的，则受委托者也必须在附加条件客观存在或委托的有效期限内实施行政行为，该行政行为才能合法、有效。否则，受委托者所实施的行政行为亦属违法、无效。

3. 行政行为应当符合法定行政程序

所谓行政程序，是指行政主体实施行政行为时所采取的方式、方法和步骤、时限等。行政程序是行政行为的基本要素，因为任何行政行为的实施都要经过一定的程序表现出来，没有脱离行政程序而存在的行政行为。行政主体实施行政行为，必须按照法定的程序进行，不得违反法定行政程序任意作出某种行为。程序合法成为行政行为的合法要件之一。

行政行为应当符合法定程序有两项具体要求。第一，必须符合与该种行政行为性质相适应的程序要求。例如，行政处罚的实施程序应当符合《中华人民共和国行政处罚法》关于决定程序和执行程序要求；行政许可的实施程序应当符合《中华人民共和国行政许可法》关于行政许可实施程序的要求；行政复议程序应当符合《中华人民共和国行政复议法》的相关规定等，不一而足，这些都是相应行政行为的法定程序。第二，必须符合一般性的程序规则要求，如表明身份规则、说明理由规则、听取意见规则等涉及最低行政程序的标准。近年有些地方的法院以某行政行为违反法定程序为由，作出了确认行政行为违法、无效或者撤销原行政行为，并责令行政机关重新作出行政行为的行政判决，这样实际上是将满足最低限度的公正程序标准纳入了法定程序的范围。其好处是在程序规范缺失的情况下，可以弥补法律规范之不足，最大可能地保障行政相对方权益。但其带来的问题是在缺乏可供操作的程序规范的情况下仍要使行政机关承受所谓违反程序的不利后果似乎显得强加于人。但是一般来说，作为行政机关若违反法律、法规、规章等明确规定的程序，其行为则属无效或应当予以撤销。

对于行政程序，越来越多的国家都开始注重行政程序法的制定。当然，除此之外，还会因为行政管理领域的不同，而有单行法的特殊规定，我国近十多年来制定了不少单行法律、法规。在这些法律、法规中，有一些很重要的行政程序制度的规定，但还显得不够，仍然需要制定一部系统完整的行政程序法。

第五节　行政行为的无效、撤销与废止

一、行政行为的无效

行政行为的无效，是指行政行为自开始就完全不具备法律效力，被视为在法律上不存在，属于绝对无效，既不具有确定力，也不具有执行力。行政主体可能会运用行政权力使无效行政行为产生一定事实上的约束力，当事人有权予以拒绝。

由于我国对行政行为无效、撤销、废止的条件及法律后果并无统一规定。根据近几年我国理论与实践的发展，以及对西方行政法理论及实务的借鉴，行政行为无效的原因可概括为行政行为未具备合法有效要件且明显违法的，对此行政相对人可判定为无效，有权国家机关可宣布该行为无效。

（1）行政行为具有重大明显违法情形。例如，下一级行政机关制定的行政决定，明显与法律、法规的规定有抵触，则此行政决定应视为无效。

（2）行政行为的实施将导致犯罪。例如，行政机关为了实施行政管理而挪用救灾、抢险、防汛等款物，因挪用此类款物的行为属于犯罪行为，故实施此类管理行为是无效行为。

（3）不可能实现的行政行为。例如，北方某县政府为了发展林果业，而鼓励大量种植热带水果，而当地气候根本不适宜种植。故此行政行为是根本不可行的，因而属于无效行政行为。

（4）行政主体受相对人胁迫或欺骗作出的行政行为。例如，行政相对人提供虚假证明或伪造证明文件而获得许可证、执照的。此类行为均是无效行政行为，自始无效。

（5）行政主体不明确或明显超越相应行政主体职权的行政行为。例如，文化行政机关检查卫生和处理违反卫生法规的行为，教育行政机关吊销烟酒公司的执照的行为，这些行为都是明显的越权行为，因而属于无效行政

行为，不具有法律效力。

（6）法律、法规明确规定行政行为无效的。例如，《中华人民共和国行政处罚法》规定：“没有法定依据或者不遵守法定程序的，行政处罚无效。”

行政行为无效的法律后果，主要体现在以下几个方面：（1）有权国家机关（行为作出机关及其上级机关、权力机关、人民法院等），可在任何时候宣布相应行政行为无效；（2）行政相对人可不受该行为约束，有权予以拒绝，且对此不承担法律责任；（3）行政相对人可请求有权国家机关宣布该行为无效，且不受时效限制；（4）行政行为被宣布无效后，应尽量恢复到行为前的原始状态。

二、行政行为的撤销

在行政行为的中止形态中，“撤销”远比“撤回”熟悉。但在目前的立法和执法实践中，“撤销”被适用到了真正的“撤销”意义以外的场合：

第一，“撤回”是意义上的撤销。如原行政机关对自己作出的行政许可依据《中华人民共和国行政许可法》有关规定予以“撤销”的，其性质实际上是“撤回”。

第二，“吊销”意义上的撤销。如《中华人民共和国商标法》所规定的“撤销”，其性质实际上是针对相对人事后违法而作了属于行政处罚性质的“吊销”，等等。

我们所研讨的是行政行为的撤销，是指行政行为的“被撤销”。因为，不论撤销主体是谁，只要该行政行为“被撤销”，都会导致行政行为的“消灭”状态。就这种意义而言，行政行为的撤销，是指有权机关针对违法且尚未达到无效程度的行政行为，依职权或者依申请通过法律程序，消除该行政行为全部或者部分法律效力的活动。行政行为的撤销具有以下法律特征：

（1）从行为主体上看，作出行政行为的主体与消灭行政行为的主体不具有同一性。行政行为的撤销，系由有权机关对某一行政主体作出的行政行为，发现其违法而尚不构成无效的，通过法律监督程序作出决定，使其失去法律效力的行为。撤销机关可以是上级行政机关、行政复议机关或者人民法院。如果由作出该行政行为的行政主体自己撤销该行为以作自我纠正，这其实是“撤回”而不是“撤销”。作出行政行为的主体与消灭行政行为的主体是否具有同一性，是区别行政行为的“撤销”与“撤回”主要标准之一。可以这样说，针对一个有瑕疵的行政行为，由作出该行为的主体作“自我纠错”，属于撤回；由其他机关“他方纠错”的，属于撤销。

（2）从行为原因上看，行政行为的撤销不是由于相对人的违法而需要惩罚，而是由于行政主体行政行为违法需要纠错。而且，行政行为的违法尚未达到无效的程度，否则就不属于行政行为的撤销，而属于行政行为的无效了。

（3）从行为效果上看，行政行为撤销之后，该行为此后便失去了法律效力，同时追溯到被撤销行政行为作出之日。但是，基于正当事由，有权机关也可另行确定被撤销行政行为消灭法律效力的时间。这正是行政行为撤销与无效的区别，因为行政行为的无效是绝对的自始无效。

（4）从行为性质上看，行政行为的撤销属于对行政的监督行为，也属于法律救济行为。行政行为的撤销既不属于自我纠错，也不属于针对相对人的行政处罚。在法律救济程序（如行政复议程序和行政诉讼程序）中，有权机关对行政行为的撤销，往往是依申请行为；而在其他行政监督程序中，往往是依职权行为。

（5）从行为适用法律上看，行政行为的撤销，更多的是适用法律救济法（如行政复议法和行政诉讼法等），行政监督部分也适用行政程序法，而不适用行政处罚法。

行政行为的撤销，既是行政行为消灭的一种常见情形，更是一种行政监督和法律救济的重要手段、故被中外行政法普遍确立。基于信赖利益保护，行政行为的撤销权受到严格的限制，尤其在大陆法系行政法里。中国尚未制定行政程序法，对行政撤销权的权限未有统一的规定。最高人民法院 1999 年的一个司法解释，提出了一种新主张，即对于违法行政行为，如果撤销将会给国家利益或公共利益造成重大损失的，可以只确认违法而不撤销。这一规定弥补了《中华人民共和国行政诉讼法》规定中的不足。为此，对行政行为的撤销，要牢牢把握撤销的条件。①行政行为已构成违法。一种行政行为尚未构成违法，只是属于行政不当，尚不构成撤销的条件；②行政行为的违法尚未构成无效的程度。如果已经达到了无效的程度，那就不适用“撤销”手段，而适用“确认无效”手段了。

三、行政行为的废止

行政行为的废止是指因形式或法律、政策的变化，原合法、适当的行政行为已不符合现行法律、政策，或者行政行为已完成其原定目标、任务，故行政主体终止其效力。

行政行为具有确定力，一经作出即不得随意废止，只有在具有某些法定情形的条件下，才能依法定程序废止。行政行为废止的条件通常有以下几项：

（1）行政行为所依据的法律、法规、规章、政策经有权机关依法修改、废止或撤销，相应行为如继续存在，则与新法律、法规、规章、政策相抵触，故行政主体必须废止原行政行为。

（2）客观形势发生重大变化，原行政行为的继续存在将有碍于社会政治、经济、文化的发展，甚至给国家和社会利益造成重大损失，为此，行政主体必须废止原行政行为。

（3）行政行为已完成原定目标、任务，实现了其历史使命，从而没有继续存在的必要。为此，行政主体废止原行政行为。

行政行为废止后，其效力自废止之日起失效，行政主体在行为废止之前通过相应行为已给予相对人的利益不再收回；行政相对人依原行为已履行的义务亦不能要求行政主体予以任何补偿。但是，如果行政行为的废止是因法律、法规、规章、政策的废、改、撤或形式变化而引起的，且此种废止给行政相对人的合法利益造成比较大的损失，则行政主体应对其损失予以适当补偿。

课后习题

一、选择题

1. 行政行为的特征不包括（　　）。

A. 从属法律性　　B. 无偿性

C. 服务性　　D. 代表性

2. 行政行为的内容有（　　）。

A. 确定力　　B. 拘束力

C. 执行力　　D. 强制力

二、简述题

1. 简述行政行为的分类。

2. 简述行政行为的成立要素。

3. 简述行政行为的合法要件。

第十章　抽象行政行为

本章概要

本章的学习重点主要有：抽象行政行为的概念与分类；行政立法行为的概念与特点、行政立法的原则；其他抽象行政行为的概念、特征和程序等。

第一节　抽象行政行为概述

一、抽象行政行为的概念

抽象行政行为是一个学理概念，在动态意义上，系指行政主体针对不特定对象制定具有的普遍约束力、可以反复适用的规范性文件的行为；在静态意义上，指由此形成的规范性文件。在行政行为理论体系中，抽象行政行为是与具体行政行为相对应的范畴，二者是行政行为的两种基本类型。对抽象行政行为的概念应结合具体行政行为着重从以下方面理解：

1. 抽象行政行为是制定规范性文件的行为

在法学理论中，根据法律的规范性（法的规范性是指法所具有的规定人们的行为模式、指导人们的行为性质）差别，将之分为规范性文件与非规范性文件。规范性法律文件是有权制定法律规范的国家机关制定的规定人们的行为模式和标准，具有普遍约束力的法律文件，它是对社会关系的一般调整，是个别调整的依据，如法律、行政法规、地方性法规等。非规范性文件是有关国家机关在适用法的过程中，对社会关系进行个别调整所作出的法律文件，如司法裁判书、结婚证、许可证等，它仅对特定的当事人有效，不具有普遍效力。

行政行为是行政主体履行行政管理职责、行使行政职权的法律手段。在行政管理实践中，行政主体不仅要适用法律法规对特定的人或事作出具体处理决定，如公安消防机构依据《中华人民共和国消防法》对违反该法规定、存在重大安全隐患的商场责令限期整改；还要针对不特定的人或事制定普遍性行为规则，事前规范、引导一般公众的行为，更好地进行行政管理。在行政法学理论中，前者被称为具体行政行为，后者被称为抽象行政行为。可见，具体行政行为的内容是对社会关系的个别调整，是制定非规范性文件的行为；抽象行政行为则是对社会关系的一般调整，是制定规范性文件的行为；抽象行政行为的内容需通过具体行政行为来实现，即抽象行政行为必须转化为具体行政行为方可实现其他的根本性质，这也是与具体行政行为的本质区别，由此也决定了它具有以下三方面不同于具体行政行为的属性。

2. 抽象行政行为的对象不特定

由于抽象行政行为所规定的是人们应普遍遵守的行为模式和标准，因此其对象具有不特定性，而具体行政行为的对象是特定的。当然，所谓的特定与不特定是相对的，必须限定在一定范围内方可正确认定。例如，某市规划局发出通告要求某小区居民一律拆除违章建筑并非专门针对该小区某一居民。对该小区居民而言其行为对象是不特定的；但就全市而言，此通告仅限于规范该小区居民违章搭建的行为，其对象可以是特定的也可以是不特定的。因此，判断某一行政行为的对象是否特定，该行为是否是抽象行政行为，不仅要看其行为对象是否普遍，还要看行为的适用范围如何。需要指出的是，对象数量的多少并不是区分抽象行政行为与具体行政行为的标准，一般仅具参考意义。如在上述实例中，小区居民人数虽多，但规划局的拆除通告仍是一具体行政行为。抽象行政行为因其对象不特定，从而具有普遍约束力。

3. 抽象行政行为可以被反复适用

与具体行政行为相比，内容的可反复适用性是抽象行政行为的又一属性。所谓内容的可反复适用性是指抽象行政行为对于所规范的同一或同类对象具有多次适用的效力。例如，关于高速公路收费的规定不仅可适用于张三，也可适用于李四，凡利用高速公路的人每次均需按规定缴纳费用。所以，该收费规定是可以反复适用的、多次产生效力的抽象行政行为。与此相反，具体行政行为只能对同一或同类对象适用一次，不具有再次适用的效力。例如，公安机关对违反治安管理的某公民予以处罚，该处罚决定对被处罚人只能产生一次拘束力，如果被处罚人缴纳了罚款，处罚决定即告消灭而不得被再次适用。

4. 抽象行政行为向后发生效力

效力的向后性是抽象行政行为的另一特性。所谓效力的向后性，是指抽象行政行为只对其生效后所发生的调整对象发生约束力，对此前的人或事不具有拘束力。例如，政府决定调整某种商品价格，新价格只对决定生效后发生的交易行为发生拘束力，其效力不具有前溯性。例如，上述市规划局要求拆除违章建筑的通告与公安局的罚款规定，只针对已存在的违章搭建行为和违反治安管理的行为产生效力。

二、抽象行政行为的效力

抽象行政行为的内容是对社会关系的一般调整，具有普遍约束力，其效力具体包括地域效力、时间效力、对人的效力与对事的效力。

1. 地域效力

抽象行政行为的地域效力是指其效力所及的空间范围。制定主体的地域管辖范围不同，其制定的抽象行政行为的地域效力也不同。国务院及其所属各部门的中央行政机关，管辖范围及于全国，因此其制定的抽象行政行为的效力原则上适用于全国范围，包括我国的领土、领空、领海及领土延伸部分，如航空器、船舶等。但如果该抽象行政行为中专门规定了适用的地域范围，则只适用于特别规定的地域。其他行政机关制定的抽象行政行为相应地在其有权管辖的行政区域内发生效力，如北京市人民政府制定的规章的地域效力仅限于本市而不及于河北省。

2. 时间效力

抽象行政行为的时间效力是指其开始生效和效力终止的时间。

生效时间的确定一般有两种方式：①自发布之日起生效；②特别规定的生效时间。

效力终止的方式主要有：①新的抽象行政行为明令废止相关旧的抽象行政行为；②通过专门文件宣布废止旧的抽象行政行为；③抽象行政行为本身规定其效力的终止日期；④抽象行政行为所规定的社会关系已不存在或发生变化而自然失效。

3. 对人的效力

一般而言，抽象行政行为对我国公民、法人及其他组织均适用；也适用于在我国境内的外国人、外国的组织以及无国籍人，但依照国际惯例及法律、法规的特别规定不适用的除外。

4. 对事的效力

所谓对事的效力即抽象行政行为适用于那些事项，也即对它所调整的社会关系的效力。

抽象行政行为的对事效力比较复杂，因行政法规、规章及其他行政规范性文件而不同；同时其属于法律规范的适用问题。

三、抽象行政行为的分类

根据不同的标准，可对抽象行政行为进行不同的分类。一般而言，抽象行政行为的分类主要有以下几种：

（1）以抽象行政行为的制定依据、内容和目的为标准，可以将抽象行政行为分为制定执行性、补充性、试验性的行为规则。执行性行为规则，是指为执行上位法而实施的抽象行政行为；补充性行为规则，是对原有行政法律规范的缺漏或不足之处的进一步补充和具体化；试验性行为规则，是指在上位法尚未规定的情况下，尝试性或探索性制定行政规则的行为。

（2）以抽象行政行为的权力来源为标准，可以将抽象行政行为分为依授权制定行为规则的行为和依职权制定行为规则的行为。所谓依授权制定行政规则的行为，是指行政机关不具有法定的制定某种行政规则的职权，但依据有权制定相关规则的国家机关的授权而制定有关行政规则的行为；依职权制定行政规则的行为是直接依据宪法、组织法或者行使职权的范围，制定行政规则的行为。

（3）以抽象行政行为的规范程度与效力等级为标准，可以将抽象行政行为分为行政立法行为和其他抽象行政行为。这是我国学者对抽象行政行为最常见的分类方法。

行政立法行为，是指国家行政机关制定、发布行政法规和行政规章的行为。这类抽象行政行为只能由法定的较高层级的国家行政机关实施。目前法律规定最低一级享有行政规章制定权的国家行政机关是经国务院批准的较大市的人民政府。

行政立法以外的其他抽象行政行为，是指行政机关针对广泛的、不特定的对象规定行政措施、发布决定和命令行为。这类行政行为的对象不是特定的人或事，而是在一定范围和管理领域内的对一切人具有普遍约束力的抽象行政行为。由于该类行政行为具有反复适用性，因此它虽不属于行政立法行为，但仍属于抽象行政行为。这类抽象行政行为的主体极为广泛，如依照宪法和法律的规定，我国各级行政机关都有权对管理本行政区域内的行政事务发布在一定范围内具有普遍约束力的决定和命令。

第二节　行政立法行为

一、行政立法的概念与特点

（一）行政立法的概念

在我国，行政立法是行政法学上的一个学理概念，学者通常将其用于对一类行政行为的描述。国家特定行政机关依照法定权限和程序，制定具有普遍约束力的法的规范的活动。这个定义包括以下几方面的含义：

第一，行政立法的主体是特定行政机关。首先，只有国家行政机关才能够成为行政立法的主体，其他国家机关和非国家机关都不是行政立法的主体；其次，只有依法被赋予立法权限的行政机关才能够成为行政立法的主体，未依法被赋予立法权限的行政机关不能成为行政立法的主体。我国行政立法的主体具体包括国务院，国务院各部委和具有行政管理职能的直属机构，省、自治区、直辖市人民政府和较大的市人民政府。上述行政主体所进行的立法活动才是行政立法。

第二，行政立法是上述行政机关依照法定权限和程序实施的行政行为。制定法律规范并非行政机关固有的权力。根据国家权力分工原理，根本意义上的立法权为宪法设置的立法机关所享有。由于社会管理所需，行政机关也被授予了制定具有法律效力的规范的权力。因此，行政机关必须依据宪法、法律或有权机关的授权进行立法活动，不得超越权限范围。同时，行政立法必须依照法定立法程序进行。其实，其他行政行为也需遵循一定的程序，但是行政立法的程序通常要比其他行政行为的程序严格、复杂，这是行政立法有别于其他行政行为的因素之一。

第三，行政立法是行政机关制定具有普遍约束力的社会规范的行为。首先，行政立法是行政机关实施的抽象行政行为，具有法的一般特征，即普遍性、抽象性及规范力，从而使行政立法与具体行政行为区别开来。其次，行政立法活动的结果表现为行政法规、行政规章之类的规范性文件。在我国，行政立法活动产生法律文件的具体名称包括条例、规定和办法等。

（二）行政立法的特点

我国的行政立法，是行政性质和立法性质的有机结合。它既有行政的性质，是一种抽象行政行为；又具有立法的性质，是一种准立法行为。缺少任何一方面都是片面的。

1. 行政立法的行政性质

行政立法的行政性质主要表现在以下几个方面：①行政立法的主体是具有一定职权的国家行政机关；②行政立法所调整的对象主要是行政管理事务及与行政管理密切关联的事务；③行政立法的根本目的是实施和执行权力机关制定的法律，实现行政管理职能。

行政立法虽然具有行政性质，但它与行政机关的具体行政行为还是有区别的。第一，享有行政立法权的行政机关是法律特别规定的，并非所有行政机关都享有行政立法权，但几乎所有的国家行政机关都有实施一定的具体行政行为的权力。第二，行政立法针对的对象是普遍性的，所针对的是不特定的人或事，而具体行政行为针对的对象则是个别的，所针对的是特定的人或事。第三，行政立法所立之法的时间效力一般长于具体行政行为；行政立法通常能多次反复适用，而具体行政行为的效力通常是一次性的。第四，行政立法的程序一般较诸具体行政行为的程序更显正式、严格。具体行政行为的程序显得相对简单、灵活。

2. 行政立法的立法性质

行政立法的立法性质主要表现在三个方面。①行政立法是有权行政机关代表国家以国家名义创制法律规范的活动。行政立法具有严肃性和权威性，它不是代表某一团体或以某一部分人的名义进行的，而是按照国家法律授权以国家名义制定人们必须普遍遵守的行为规则的活动。②行政立法所制定的行为规则属于法的范畴，具有法的基本特征，即普遍性、规范性和强制性。这与行政机关直接执行法律规范，依照法的规定处理行政事务的具体行政行为有着明显的区别。③行政立法必须遵循相应的立法程序。行政机关制定行政法规、行政规章必须经过立项、起草、审查、决定、公布等法定程序。

行政立法虽然具有立法的性质，但是它不同于权力机关的立法。行政立法在我国法律体系中居于权力机关所制定的法律之下的地位，不得与法律相抵触，属于从属性立法。行政立法与权力机关立法的区别主要表现在七个方面。①立法的主体不同。权力机关立法的主体是人民代表大会及其常务委员会；具体来说，就是全国人民代表大会及其常务委员会，省、自治区、直辖市的人民代表大会及其常务委员会，民族自治地方的人民代表大会。行政立法的主体则是有权行政机关。具体说，就是国务院和国务院各部门，省、自治区、直辖市的人民政府，较大的市人民政府。②立法权的来源不同。权力机关立法权直接来源于人民的授权，是宪法规定权力机关享有的立法权；而行政立法权则一部分来源于宪法及相关部门组织法的规定，另一部分来自权力机关或上级行政机关的授权。③立法的内容不同。

权力机关立法所涉及的内容通常是有关国家政治、经济、文化生活中的基本制度和重大问题；而行政立法内容通常是有关国家政治、经济、文化事务中的具体管理问题。④所立之法的效力等级不同。权力机关所立之法的效力高于其执行机关所立之法的效力，如行政法规不能与法律相抵触，地方政府规章不得与地方性法规相抵触，否则无法律效力。⑤立法的程序不同。权力机关立法程序要正式、严格得多。行政立法程序相对比较简单、灵活。⑥立法的形式不同。如全国人民代表大会及其常务委员会制定的立法文件往往以“法典”或“法”的形式颁布，而行政立法结果的形式为条例、规范、规章、办法等。⑦立法效果不同。权力机关立法的稳定性比行政立法的稳定性强，其时间效力一般长于行政立法的时间效力；但行政立法比权力机关立法的灵敏度高，适应性强。

二、行政立法的分类

根据不同的标准或者采用不同的观察角度，对行政立法可以作出不同的分类。在我国，通常将行政立法分为以下几种类型：

1. 职权立法和授权立法

根据立法权限的获得方式，行政立法分为职权立法和授权立法两类。

职权立法，是指行政机关依据宪法、组织法以及立法法一般性的或者概括性的立法授权，就其职权范围内的事务进行的行政立法。我国的宪法、组织法以及立法法对国务院，国务院各部委，省、自治区、直辖市人民政府和较大的市的人民政府均有一般性或者概括性的立法授权。根据这一授权，制定行政法规或者规章构成这些机关职权的一部分。上述机关可以根据宪法、组织法或者立法法授予的立法职权就其职责范围内的事项制定行政法规或者规章，无须法律专门授权。正是从这个意义上讲，可以将这种行政立法称为职权立法。

授权立法，是指行政机关根据单行法律、法规或者权力机关或者上级行政机关的授权决议所授予的立法权而进行的立法。授权立法的根据是宪法、组织法和立法法以外的单行法律、行政法规、国家权力机关以及上级人民政府专门的授权决议。被授权主体通常是上述职权立法主体，但不限于这类行政主体。授权立法与职权立法在权限的来源、权力的性质以及立法效力等方面都略有不同。

在其他国家，就行政机关制定实体性法规而言，英国、美国、德国等国家的行政立法只有授权立法而不存在职权立法。而中国、法国等国家则同时存在职权立法和授权立法。

2. 中央行政立法和地方行政立法

以行政立法的空间效力范围为标准，行政立法分为中央行政立法和地方行政立法。在我国，中央行政立法，是指国务院制定行政法规和国务院各部门制定部门规章的活动。中央行政立法调整在全国范围内有效。地方行政立法，是指地方人民政府制定行政规章的活动。地方立法只在制定机关所辖范围内有效。

3. 外部法规与内部规章

以行政立法是否对外产生拘束力，可以分为外部法规与内部规章两类。凡是涉及对行政系统以外的被管理者的权利的限制或设定义务的行政立法，就是外部法规；针对行政系统内部的人员管理或者工作程序而进行的行政立法，则是内部规章。外部行政立法由于涉及对公民个人或者法人组织的权利的限制或者为其设定义务，因此，必须要有法律的授权。而内部规章不直接涉及外部被管理者的权利问题，一般而言，行政机关在有或者没有法律授权的条件下都可以制定。

三、行政立法的原则

行政立法原则贯穿于行政立法的始终，是通过各种行政法律规范体现的一种基本准则。这种准则体现于行政立法过程之中，并统率和指导着整个行政立法过程。根据我国的法律理论和法律规定，结合我国的行政立法实践，我国行政立法的原则主要有以下几项：

1. 依法立法原则

依法立法原则是指行政立法必须依照法定权限和法定程序进行。“依法”中的法主要指宪法和法律，但也包括行政法规、地方性法规、自治条例、单行条例。依法立法包含四层含义：

（1）依据宪法、组织法和立法法的权限立法。只有宪法、组织法和立法法赋予了行政立法权的行政机关才能进行行政立法，而且享有行政立法权的机关只能就其职权管辖范围内的事务立法。

（2）依据法律、法规关于相应问题的规定立法。行政机关进行行政立法时，要查找有关法律法规有无相应问题的规定，行政立法的内容必须符合有关法律、法规的规定，不能与其相抵触。行政法规不能与宪法、法律相抵触，行政规章（包括部门规章和地方政府规章）不能与法律、行政法规或上层级的地方性法规、行政规章相抵触。

（3）依据法律、法规规定的程序立法。如国务院制定行政法规必须遵循《行政法规制定程序条例》的程序规则。

（4）行政紧急立法权的行使必须符合宪法所设定的紧急状态条件。

2. 民主立法原则

民主立法原则是指行政机关依照法律规定进行行政立法时，应通过各种方式听取各方面的意见，保证民众广泛地参与行政立法。民主立法原则包括以下几方面内容：

（1）行政立法草案应提前公布，并附以立法说明，包括立法目的、立法机关、立法时间等内容，以便让人民有充分的时间发表对特定行政立法事项的意见。

（2）将听取意见作为立法的必经环节和法定程序。

（3）要向人民公布对立法意见的处理结果。

（4）要正式公布已通过的行政立法文件，对直接涉及公民权利义务的行政立法应特别规定实施时间。

（5）设置专门的行政立法咨询机关和咨询程序，对特别重要的行政立法进行专门咨询，并作为必经程序。

（6）违反民主立法原则的行政立法应当视为无效。

我国《行政法规制定程序条例》规定：“起草行政法规，应当深入调查研究，总结实践经验，广泛听取有关机关、组织和公民的意见。听取意见可以采取召开座谈会、论证会、听证会等多种形式。"《规章制定程序条例》明确规定："违反本条例规定制定的规章无效。"其第十四条规定："起草规章，应当深入调查研究，总结实践经验，广泛听取有关机关、组织和公民的意见。听取意见可以采取书面征求意见、座谈会、论证会、听证会等多种形式。"

3. 科学立法原则

任何行政立法都有其立法目的和指导思想，而行政立法的目的是有层次的，具体行政立法的直接目的可能是加强或改善某一领域内行政事务的有效管理；更深层次的目的可能是改革、开放、搞活、促进社会主义现代化建设。然而行政立法的终极目的应当是实现和增进公民的权益，增强人民的幸福感。所以，行政机关进行每一项立法时，要正确处理好维护行政权力与保障公民权益的关系，行政立法要在社会协调与发展、稳定与繁荣、社会公平与行政效率之间取得平衡。

总之，一方面，行政立法要为国家行政管理活动提供具体的法律依据，体现行政机关的职权与责任相统一的原则，在赋予有关行政机关必要的职权的同时，应当规定其行使职权的条件、程序和应承担事务责任，从而保证行政活动的顺利进行，维护国家和社会生活的正常运行；另一方面，当行政立法涉及对公民行使民主权利的行为的管理时，必须注意规定的合理、适当，切实保障公民、法人和其他组织的合法权益，在规定其应当履行的义务的同时，也应当规定其相应的权利和保障权利实现的途径，不能不当地限制以至剥夺公民的合法权益。要特别注意正确处理维护行政权力的有效性与保障公民权利之间的关系。

《中华人民共和国立法法》规定：立法应当从实际出发，适应经济社会发展和全面深化改革的要求，科学合理地规定公民、法人和其他组织的权利与义务、国家机关的权力与责任。

《规章制定程序条例》第四条规定："制定规章，应当切实保障公民、法人和其他组织的合法权益，在规定其应当履行的义务的同时，应当规定其相应的权利和保障权利实现的途径。制定规章，应当体现行政机关的职权与责任相统一的原则，在赋予有关行政机关必要的职权的同时，应当规定其行使职权的条件、程序和应承担的责任。”其第五条规定：“制定规章，应当体现改革精神，科学规范行政行为，促进政府职能向经济调节、社会管理和公共服务转变。制定规章，应当符合精简、统一、效能的原则，相同或者相近的职能应当规定由一个行政机关承担，简化行政管理手续。”

四、行政立法的形式与程序

（一）行政立法的形式

在我国，行政法的形式有行政法规、部门规章和地方性规章，其中后两种统称为行政规章。从立法的形式看，制定行政法规与制定行政规章是行政立法的两种基本形式。

1. 制定行政法规

行政法规是指国务院依据宪法和法律制定的具有普遍约束力的规范性文件。它具有四个特征。①制定行政法规的主体是国务院。根据《中华人民共和国宪法》《中华人民共和国立法法》《行政法规制定程序条例》的规定，只有国务院才有权制定行政法规，其他行政机关，以及其他国家机关或社会组织制定的规范性文件都不属于行政法规的范畴。②制定行政法规的依据是宪法和法律。国务院制定行政法规必须根据宪法和法律，其内容不得与宪法和法律相抵触；除非国家权力机关的特别授权，行政法规的内容不能超出法律的范围。③行政法规的内容广泛。涉及政治、经济、科技、文化、教育和外事等各个领域的国家行政管理事务。④行政法规在性质上，属于法律规范的一种形式，属于法的范畴。

关于行政法规的名称，以前没有严格的规定，被用到的名称也极为复杂。常见的行政法规的名称有条例、规则、规定、守则、指令、指示、决定、决议、纲要、办法、方案、通告、通知、章程、细则、措施、要求、意见、问题等多种表达方式。名称繁多庞杂，使人们不容易分辨规范性文件是否是行政法规。2001 年颁布的《行政法规制定程序条例》对行政法规的名称作了明确规定。根据该条例第四条的规定，行政法规的名称一般称“条例”，也可以称“规定”“办法”等。国务院根据全国人民代表大会及其常务委员会的授权决定制定的行政法规，称“暂行条例”或者“暂行规定”。该条例还规定，国务院各部门和地方人民政府制定的规章不得称“条例”，从而使“条例”成了行政法规的专有名词。

行政法规的效力高于地方性法规和行政规章，但低于宪法和法律，不得与宪法和法律相抵触。

2. 制定行政规章

行政规章简称规章，是指由特定的行政机关根据法律、法规制定的，具有普遍约束力的规范性文件的总称。行政规章包括部门规章和地方政府规章。部门规章，是指国务院各部、委员会、中国人民银行、审计署和具有行政管理职能的直属机构根据法律和国务院的行政法规、决定、命令，在本部门的职权范围内依照《规章制定程序条例》的规定制定的规范性文件。简言之，是指国务院各部门为了实施法律、行政法规在自己权限范围内依法制定的规范性文件。地方政府规章，是指省、自治区、直辖市和较大的市的人民政府根据法律、行政法规和本省、自治区、直辖市的地方性法规，依照法定程序制定的规范性文件。行政规章具有以下几个主要特征：

①制定行政规章的主体是特定的行政机关。根据《中华人民共和国宪法》《中华人民共和国立法法》《行政法规制定程序条例》的规定，制定行政规章的主体包括国务院各部委、直属机构，省、自治区、直辖市人民政府，省、自治区人民政府所在地的市人民政府和经国务院批准的较大的市人民政府。除上述几类行政主体之外，其他任何国家机关和社会组织制定的规范性文件都不属于行政规章的范畴。②制定行政规章的依据是国家的法律、行政法规和地方性法规。行政规章实际上是一种执行性的立法，从内容上看，它是对法律、行政法规或地方性法规的具体化。一般而言，行政规章不能直接以宪法为依据制定，因为宪法是国家的根本大法，对它的直接具体化是法律和行政法规的任务。③行政规章的内容有一定范围的限制，它一般不创设新的权利和义务，而主要是对法律、行政法规、地方性法规内容的具体化。④行政规章在性质上，也是行政法律规范的表现形式之一，具有普遍的适用性、规范性、强制性的特点。

关于行政法规的名称，在《规章制定程序条例》施行前，行政规章的制定比较混乱，名称也各式各样。实践中常用的名称有：办法、暂行（试行）规定、实施办法、实施细则、通告、布告、命令等。2001 年国务院颁布的《规章制定程序条例》对规章的名称作了明确规定，规章的名称一般称“规定”“办法”，但不得称“条例”。

行政规章的效力低于宪法、法律、行政法规和地方性法规。

（二）行政立法的程序

行政立法程序是指国家行政机关依照法定的权限制定行政法规和规章所应遵循的步骤和方式的总和。行政立法程序应由宪法或法律作出原则规定，由配套的法规作具体、详尽的规定。我国目前对行政立法程序进行规定的法律法规是 2000 年 3 月 15 日第九届全国人民代表大会第三次会议通过，并于 2015 年 3 月 15 日修改实施的《中华人民共和国立法法》。国务院于 2001 年 11 月 16 日颁布，自 2002 年 1 月 1 日起施行的《行政法规制定程序条例》和《规章制定程序条例》。根据这些法律法规的规定，我国行政立法程序主要包括以下几个环节：

1. 立项

立项，即编制立法规划，是指行政立法主体编制有指导性的行政立法的年度立法工作计划。制定行政法规的立项，指国务院于每年年初编制本年度的立法工作计划。国务院有关部门认为需要制定行政法规的，应当于每年年初编制国务院年度立法工作计划前，向国务院报请立项。指国务院有关部门报送的行政法规立项申请，应当说明立法项目所要解决的主要问题、依据的方针政策和拟确立的主要制度。国务院法制机构在接到申请后，应当根据国家总体工作部署对其进行汇总研究，突出重点，统筹兼顾，拟订国务院年度立法工作计划，报国务院审批。

制定规章的立项，指国务院部门内设机构或者其他机构认为需要制定部门规章的，应当向该部门报请立项。省、自治区、直辖市和较大的市的人民政府所属工作部门或者下级人民政府认为需要制定地方政府规章的，应当向该省、自治区、直辖市和较大的市的人民政府法制机构提出申请，在相关机构接到立项申请后，应当对申请进行汇总研究，拟订本部门、本级人民政府年度规章制定工作计划，报本部门、本级人民政府批准后执行。

2. 起草

起草是指对列入计划的、需要制定的行政法规和规章分别由相应部门草拟法案的活动。起草行政法规应当遵循行政法确定的立法原则，并符合宪法和行政法、立法法均属法律的规定。列入年度立法工作计划需要制定的行政法规，由国务院组织起草。立法工作计划确定行政法规由国务院的一个部门或者几个部门具体负责起草工作，也可以确定由国务院法制机构起草或者组织起草。部门规章由国务院部门组织起草，地方政府规章由省、自治区、直辖市和较大的市的人民政府组织起草。国务院部门可以确定规章由其一个或者几个内设机构或者其他机构具体负责起草工作，也可以确定由其法制机构起草或者组织起草。省、自治区、直辖市和较大的市的人民政府可以确定规章由其一个或者几个部门具体负责起草工作，也可以确定由其法制机构起草或者组织起草。起草规章可以邀请有关专家、组织参加，也可以委托有关专家、组织起草。

在起草过程中应注意以下事项：①起草工作应当深入调查研究，总结实践经验，广泛听取有关机关、组织和公民的意见，力求做到行政法规、行政规章的内容既必要又可行、形式完整、结构严谨。听取意见可以采取书面征求意见、座谈会、论证会、听证会等多种形式。②起草法规、规章，起草部门应当就涉及其他部门的职责或者与其他部门关系紧密的规定，与有关部门协商一致，充分征求其他部门的意见；经过充分协商不能取得一致意见的，起草部门应当在上报草案送审稿时说明情况和理由，由上级机关出面协商或决定。③报送审查的行政法规、规章送审稿，应当由起草部门主要负责人签署。几个部门共同起草的，应当由该几个部门主要负责人共同签署，以保证送审稿的严肃性和规范性。④起草部门将行政法规、规章送审稿报送审查时，应当一并报送送审稿的说明和有关材料。送审稿的说明应当对立法的必要性，确立的主要制度，各方面对送审稿主要问题的不同意见，征求有关机关、组织和公民意见的情况等作出说明。有关材料主要包括国内外的有关立法资料、调研报告、考察报告等，以便审查部门进行全面审查。

3. 审查

审查是指行政法规、规章的草案拟订之后，送交政府法制机构进行审议核查的制度。行政法规、规章草案在拟订之后，由政府法制部门对其进行审查，审查的范围主要包括：①立法草案是否符合宪法、法律以及其他上位法的规定和国家的方针、政策；②立法的可行性和必要性，即是否在年度规划内，是否根据当时的形势、条件，体现改革精神，科学规范行政行为，促进政府职能向经济调节、社会管理、公共服务转变；③立法是否符合精简、统一、效能的原则；④立法是否体现行政机关的职权与责任相统一的原则；⑤是否与有关行政法规、规章协调、衔接；⑥是否正确处理有关机关、组织和公民对送审稿主要问题的意见；⑦法规、规章草案的结构、文字等立法技术是否规范；⑧其他需要审查的内容。

法制机构在对行政立法审查后，应当征求各方面的意见：①应当将行政法规、规章送审稿或者行政法规、规章送审稿涉及的主要问题发送有关部门、有关组织和专家征求意见；②就行政法规、规章送审稿涉及的主要问题，深入基层进行实地调查研究，听取基层有关机关、组织和公民的意见；③对于涉及重大、疑难问题的，法制机构应当召开由有关单位、专家参加的座谈会、论证会，听取意见，研究论证；④对于直接涉及公民、法人或者其他组织的切身利益的，法制机构可以举行听证会，听取有关机关、组织和公民的意见。法制机构应当认真研究各方面的意见，与起草部门协商后，对行政法规、规章送审稿进行修改，形成行政法规、规章草案和对草案的说明。草案由法制机构主要负责人提出提请有关会议审议的建议。

4. 决定与公布

决定是指法规、规章在起草、审查完毕后，交由主管机关的正式会议讨论表决予以通过的制度。国务院制定的行政法规要经过国务院常务会议审议，或者由国务院审批。行政法规草案由国务院常务委员会议审议或者由国务院审批后，由国务院法制机构根据国务院对行政法规草案的审议意见，对行政法规草案进行修改，形成草案修改稿，报请总理签署国务院令公布施行。签署公布行政法规的国务院令载明该行政法规的施行日期。行政法规签署公布后，及时在国务院公报和全国范围内发行的报纸上刊登。国务院法制机构应当及时汇编出版行政法规的国家正式版本。在国务院公报上刊登的行政法规文本为标准文本。

部门规章应当经部委会议或者委员会会议决定。地方政府规章应当经政府常务会议或者全体会议决定。法制机构根据有关会议审议意见对规章草案进行修改后，形成草案修改稿，报请本部门首长或者省长、自治区主席、市长签署命令予以公布。公布规章的命令应当载明该规章的制定机关，序号，规章名称，通过日期，施行日期，部门首长或者省长、自治区主席、市长署名以及公布日期。部门联合规章由联合制定的部门首长共同署名公布，使用主办机关的命令序号。部门规章签署公布后，部门公报或者国务院公报和全国范围内发行的有关报纸应当及时予以刊登。地方政府规章签署公布后，本级人民政府公报和本行政区域范围内发行的报纸应当及时刊登。

5. 备案

备案是指将已经发布的行政法规、行政规章上报法定的机关，使其知晓，并在必要时备查的程序。备案本身不属于立法程序，而是立法程序的一个后续阶段。根据《中华人民共和国立法法》第九十八条的规定，行政法规、地方性法规、自治条例和单行条例、规章应当在公布后的30日内依照下列规定报有关机关备案：①行政法规报全国人大常委会；②省、自治区、直辖市的人大及其常委会制定的地方性法规报全国人大常委会和国务院备案，设区的市、自治州的人大及其常委会制定的地方性法规，由省、自治区的人大常委会报全国人大常委会和国务院备案；③自治州、自治县制定的自治条例和单行条例，由省、自治区、直辖市的人大常委会报全国人大常委会和国务院备案；④部门规章和地方政府规章报国务院备案，地方政府规章应当同时报本级人大常委会备案，设区的市、自治州的人民政府制定的规章应当同时报省、自治区、直辖市的人大常委会和人民政府备案；⑤根据授权制定的法规应当报授权决定的机关备案。

第三节 其他抽象行政行为

行政立法行为是一种最重要的抽象行政行为。但在行政立法之外还存在与之密切联系的另一种抽象行政行为，即行政机关制定具有普遍约束力的决定、命令、规定行政措施的行为，也就是制定行政法规、行政规章以外的其他规范性文件的行为（以下简称“其他规范性文件”）。

一、其他规范性文件的概念

对于其他规范性文件有两种理解。第一，认为它是指各级各类国家行政机关，为实施法律，执行政策，在法定权限内制定的除行政法规和规章以外的具有普遍约束力的决定、命令及行政措施等。第二，认为它是指没有行政法规和行政规章制定权的国家行政机关为实施法律、法规和规章而制定的具有普遍约束力的决定、命令、行政措施等。

二、其他规范性文件的特征

1. 主体的广泛性

主体的广泛性是指除了享有行政法规、行政规章制定权的国家行政机关外，其他行政机关亦可在各自的职权范围内制定规范性文件，亦包括国务院，国务院各部委，国务院各部委所属局、司、办，省、自治区、直辖市人民政府，省、自治区、直辖市人民政府所属局、司、办，省会市和较大的市人民政府及其所属部门，其他设区的市和不设区的市、县人民政府及其下属机关，乡、镇人民政府，都可以成为其他规范性文件的制定主体。

2. 效力的多层级性与从属性

其他规范性文件数量众多，其各自的效力与制定主体相对应，从上到下呈现多层级的特点，下级规范性文件不能同上级规范性文件的内容相抵触，并且分别从属于相应行政机关制定的行政法规、行政规章。

3. 规范性

其他规范性文件也是为人们提供行为规则、行为模式，由各自效力所及范围内的单位和个人遵守，但它不可自主规定法律后果，不可自我设定强制手段，正因为如此它不属于行政立法的范畴。

三、其他规范性文件的性质

关于其他规范性文件的性质，我国行政法界存在不同的看法。而我们认为其他规范性文件不属于中国语境下的行政立法，而只是一种具有极高裁量性质的抽象行政行为。

第一，其他规范性文件作为行政立法缺乏直接法律依据。行政机关发布具有普遍约束力的其他规范性文件与制定行政法规、规章，虽然都由宪法、组织法加以规定，但宪法、组织法中，两者是有分别的。更为重要的是，专门规范国家立法行为的《中华人民共和国立法法》所列举和规范的立法形式不包括其他规范性文件，行政诉讼也没有涉及其他规范性文件。换句话说，在中国现行法的体系中，没有其他行政规范性文件的地位。

第二，发布其他规范性文件的主体太过宽泛。无论是西方法治国家还是中国，制定具有法律效力规范的行政机关都是受到严格限制的，而且哪些机关享有这种权力通常都有具体的列举。但是，在中国，发布其他规范性文件的主体几乎是没有限制的，发布主体的这种普遍性表明，在中国语境下发布其他规范性文件属于一般性的行政行为。

第三，其他行政规范性文件的内容受到严格的限制。行政法规、规章可以在法定权限内对管理者设定某些实体性的权利或者义务，而按照法律的规定，其他行政规范性文件不能对管理者的实体性权利或义务作出规定。此外，我国的法律还特别禁止其他规范性文件设定行政处罚和行政许可。

第四，发布其他规范性文件没有明确的程序要求。

第五，其他规范性文件不具有法律效力。在我国，法律法规和政府规章的效力都是法定的。而其他规范性文件虽然也具有普遍约束力，被管理者应当遵守。但是，在法理上其他规范性文件被排除在我国的法的体系之外，不能作为行政行为合法与否的评判依据，当然也不能作为评判被管理者的行为合法与否的依据。因此，法院审理行政案件不能依据，也不能参照适用其他行政规范性文件。

当然，其他行政规范性文件是中国不发达的法治语境下的一种特殊现象，它和行政立法之间的界限有时候并不清晰，特别是在行政实务中更是如此。

四、其他规范性文件的制定程序

目前我国还没有专门的制定其他规范性文件的程序，起指导作用的是《规章制定程序条例》。行政机关制定、发布具有普遍约束力的决定、命令，可参照该规定的程序执行。具体如下：

1. 立项

由行政机关的文秘部门及时提出拟办意见，送交领导人批示。

2. 起草

经领导批示后，交由懂行政业务又熟悉法律、政策的专门人员负责草拟。

在起草过程中，对文件中涉及其他一个或几个部门的职责权限问题，要求起草人员在取得这些部门的一致意见后，再由双方或多方主要负责人会签，才能生效。如果有关方面意见不统一，上报时应如实反映。

起草过程中应听取有关专家及与规范性文件有利害关系的人的意见和建议。

3. 审查

在文件起草完毕之后，先由机关秘书、部门负责人或法制工作部门的负责人或负责拟稿职能部门的负责人对文稿内容进行全面审查。审查的内容包括：是否需要行文，是否符合有关法律、法规、规章和政策的规定，是否与有关部门协商、会签，文字技术是否符合规定等。

4. 签发

审核结束之后，制定机关的领导人对已审核过的文稿进行最后审定后，再在草案稿上签发对该文的意见、本人姓名及年月日。签发后的文稿即定稿，是文件的标准稿本。文稿签发后交由秘书部门编发文字号并进行登记，加盖印章。

至于是否应以一定方式向社会公开，目前尚无明确规定。在实践中，常采用内部传达的方式进行，透明度不够。从法治角度出发，除涉及国家秘密的文件以外，都应该公开，以利于有效的执行和监督。

五、制定其他规范性文件的作用

制定其他规范性文件的活动在实践中大量存在。从加强行政管理和健全行政法制的角度看，有其合理性和必然性的价值。无论是过去还是现在，行政机关制定的其他规范性文件都已经和正在发挥着不可忽视的作用，未来也将是如此。从法律依据上说，法律法规规定了国家各级行政机关的发布具有普遍约束力的决定、命令和规定行政措施的权力，从而使得其他规范性文件的制定权具备了法律基础。从实际生活看，不享有规章制定权的中央行政机关和地方政府及其下属机关，如国务院各部、各委员会所属司、局，县级以上人民政府甚至县级人民政府的下属机关，常常需要制定一些规范性文件，是为了加强行政管理，提高行政效率。这些规范性文件在实践中发挥了极大的作用，从而使得国家行政机关的其他规范性文件制定权的存在及行使，不仅是必要的，而且已经成为一种现实。值得注意的问题是：如何正确运用和行使这种权力，使之发挥更大的行政效率和社会效率，消除可能产生的一切消极作用。

制定其他规范性文件的作用主要体现：

第一，有利于规范政府行为，加强和完善我国各级政府的行政法制工作。制定其他规范性文件，虽然不是一种行政立法，但与行政立法的紧密联系，是行政机关所作的一种抽象行政行为，它介于行政立法与行政执法之间，常常起着中介作用。就其作用而言，它实际上是为执行法律、法规、规章而制定的。在这一点上，有相似于行政执法行为之处。但它采用的是制定规范的形式，是行政法制的重要组成部分。从法律管理的手段看，各级政府都必须同时运用抽象行政行为与具体行政行为两种手段，缺一不可；任何政府，包括乡级基层政权在内，都不可能只有具体行政行为而不实施抽象行政行为。

第二，有利于提高政府机关的行政效率，解决行政管理过程中出现的新问题。在目前我国行政法制并不完善的情况下，即使有了一些行政法规和行政规章，但是现实中往往涌现出新问题或仅为了某地区、某部门所独有的且并不十分重要的问题需要及时解决，或者虽有行政法规、行政规章的原则规定但缺乏更详细的办法。此时往往需要由国家行政机关以其他规范性文件的形式予以解决，以使行政法规、行政规章得到有效执行和落实，或者缺乏法律、行政法规和行政规章而造成的立法“真空”。现代行政管理的领域十分广泛，抽象行政行为是进行宏观控制和管理的重要手段，具体行政行为则是进行微观管理的重要方式。其中制定其他规范性文件作为区别于行政立法的抽象行政行为，则是宏观控制和微观管理相结合的重要途径。它往往针对一定地域的一定事物，依据法律、行政法规或行政规章作出较前者更为具体、详细的规定，它能将日常行政管理中出现的最烦琐且又最细微的问题通过制定其他规范性文件这一手段得到有效、及时的解决。

第三，有利于促进和完善我国的行政立法工作。实践经验表明，在某些管理领域尚无行政法规甚至无行政规章调整时，往往先由国家行政机关的其他规范性文件调整。尽管我们要努力改变这种状况，使得一切行政管理领域都有行政法调整，以实现真正的“行政法治”或“依法行政”。但是，在相当长的时间内仍将难以完全地实现这一目标。再者，先由其他规范性文件进行调整而后在条件成熟时，将其他规范性文件上升为行政规章或行政法规，在某种意义上也并不违背行政管理的客观规律。

第四，有利于调动和发挥地方各级人民政府及所属部门的积极性。从全国来看，各地区间的政治、经济、文化发展极不平衡，各部门各行业也都具有自己的特殊性。国家行政机关在法定职权范围内制定规范性文件，有利于充分地调动其积极性，可以“因地制宜、因时制宜”，挖掘其潜力，采取灵活多样的办法进行行政管理。对于应付突发的意外事件或应急性事件，可以采用制定其他规范性文件的形式作为对策，以免“失控”或束手无策。当然无论怎样灵活，怎样应急，其他规范性文件都必须符合法律目的。

课后习题

一、选择题

1. 下列哪项不属于抽象行政行为的效力？(　　)

A. 地域效力　　　　B. 时间效力

C. 对人或事的效力　　　　D. 对法律的效力

2. （多选）行政立法的特点有（　　）。

A. 行政立法的行政性　　　　B. 行政立法的立法性

C. 行政立法的司法性　　　　D. 行政立法的合法性

二、简述题

1. 简述抽象行政行为的概念。

2. 简述行政立法的分类。

3. 简述行政立法的原则。

4. 简述其他规范性文件的特征。

第十一章　具体行政行为

本章概要

具体行政行为既是行政法学理论的核心环节，也是行政执法实践的基本方式。本章主要介绍十一种具体行政行为：行政命令、行政许可、行政给付、行政确认、行政征收、行政处罚、行政强制行为、行政裁决、行政奖励、行政合同、行政指导。

第一节　行政命令

一、行政命令的概念和特征

1. 行政命令的概念

我国对行政命令的概念有通俗用法和专门术语的区分。通俗意义上的行政命令是指行政主体的一切决议和措施，而我们这里所说的行政命令是指行政主体依法强制要求行政相对人作为或不作为的一种意思表示。其中，要求行政相对人为一定行为的意思表示，称为命令；要求行政相对人不为一定行为的意思表示，称为禁令。行政命令是较为常见的具体行政行为，表现出一定的强制性，如交通警察命令司机遵守交通信号，城市行政管理执法人员命令小商贩不得占道经营等。行政命令是现代法治国家基于社会行政和福利行政的理念，顺应历史发展的需要而出现的新型管理手段。

2. 行政命令的特征

（1）行政命令是职权性行政行为。行政命令是行政主体主动作出的行政行为，不以行政相对人的申请为前提。行政命令的作出既可以是基于法律条文的明文规定，也可以是行政主体基于宪法或组织法所赋予的职权作出的。但现实生活中的行政命令以后者为主，这一特征决定了行政命令是直接实现行政目的的有效手段。

（2）行政命令是为行政相对人设定义务的具体行政行为。行政命令是典型的设定义务性的行政行为，它要求行政相对人作为或不作为，而不是赋予行政相对人一定的权利。一项行政决定是否是行政命令，不取决于其名称或形式，而取决于其是否具备设定义务的内容，这是行政命令与行政奖励、行政许可的区别。需要注意的是，行政命令虽然能够设定行政相对人的义务，但不能直接对其进行处分，这一点把行政命令和其他行政处理决定如行政处罚等区分开来。

（3）行政命令是行政主体作出的意思表示。行政命令只能由行政主体作出，这是行政命令与其他国家机关如国家权力机关、司法机关作出的命令的区别。行政命令通常表现为行政主体通过指令要求行政相对人履行一定的作为义务或不作为义务来实现其行政目的，而非由行政主体自己进行一定的作为或不作为，这不同于行政即时强制和行政强制执行行为。行政命令以意思表示为成立要件，这种意思表示既可以是书面的，也可以是口头的，甚至是肢体动作表现出来。

（4）行政命令的实质是为行政相对人设定行为规则。行政命令是行政主体为行政相对人设定具体的行为规则，而非抽象的，它强调在特定的时间范围内对特定的人或事进行设定的特定规范。

（5）行政命令通常以行政处罚或行政强制为保障。行政命令一经作出，便为行政相对人设定了义务，行政相对人必须遵守行政命令而作为或不作为，否则行政主体可以对其进行处罚，在一定情况下可以直接采取行政强制措施。行政处罚和行政强制通常是行政命令得以实现的有力保障。

（6）行政命令是一种依职权的行政行为。行政命令无须行政相对人的申请，而是由行政主体依职权直接作出。这个特征决定了行政命令是直接实现行政目的的有效手段。行政相对人必须按照行政命令的要求作为或不作为，否则将承受行政主体因此所给予的行政处罚或其他不利后果。

二、行政命令的作用及其局限性

在现代法治国家中，基于福利国家和社会国家的理念，政府不得不积极地干预市场，其在社会经济生活中的管理职能不断增加。可以说作为行政权的一种表现形式，具有较强的科处义务特征的行政命令对于社会主体及时有效地处理不断增加的行政管理事务，应对瞬息万变的社会发展，具有极其重要的意义。行政命令是现代国家实行行政管理的重要手段和方式。

虽然如此，行政命令也有其局限性。行政命令一旦作出，便为行政相对人设定一定的义务，无论该行政命令是否合法或适当，行政相对人往往都必须依行政命令而为一定的行为或不为一定的行为，否则将引起行政处罚或行政强制的后果。可见，若违法或不当地实施行政命令，将导致对行政相对人合法权益的侵害。因此，为了确保最大限度地发挥行政命令的积极作用，抑制其负面效应，应当建立和完善对于行政命令的监督、制约机制，通过立法确立实施行政命令行为的一系列程序和原则。

第二节 行政许可

在不同的部门法中，许可的含义并不完全相同。民法上的许可通常指土地所有人允许他人占有或使用其土地的行为，属于相邻权所研究的范畴；知识产权法上的许可指专利、商标、版权所有人允许其他人使用其专利、商标、版权的行为。非经所有人允许而使用，即构成侵权，需承担民事法律责任。从这个意义上来说，许可是平等民事主体之间关于特定的民事权利的有条件使用的行为，是以不得随意剥夺民事主体权利为前提的私权利行为，同时也是充分发挥民事主体权利效能的最佳途径。当民法中的许可行为被运用于公权力行为后，许可行为演变为一种国家管理社会经济事务的有效公权力手段，即行政许可。

一、行政许可的概念

《中华人民共和国行政许可法》规定：“本法所称行政许可，是指行政机关根据公民、法人或者其他组织的申请，经依法审查，准予其从事特定活动的行为。”据此，行政许可具有如下特点：

（1）实施行政许可行为的主体是行政机关，而不是其他公民、法人或其他组织。一般的社会团体、自治协会向其成员颁发资格证书及许可性文件的行为不是行政许可行为。公民、法人之间允许对方从事某种活动的行为也不能称为行政许可。

（2）行政许可是为实施行政管理目的而为的行为。例如，政府批准集会、示威、游行申请是为了保障公民的民主权利，维护社会公共秩序而实施的行政许可行为，其目的与行政机关作为民事主体实施的许可行为有严格的区分。

（3）行政许可是行政机关准许公民、法人或者其他组织从事特定活动的行为。应经行政许可的事项，未经行政许可，公民、法人或者其他组织不得从事该项活动；经行政许可后，公民、法人或者其他组织即可从事有关活动，并受法律保护。

（4）行政许可是依据公民、法人或者其他组织申请而作出的行政行为，被称为被动性行政行为。

（5）行政许可法所称的行政许可，是行政机关对外实施行政管理权的行为，其申请人只能是公民、法人或者其他组织。行政机关对其他机关或者对其直接管理的事业单位的人事、财务、外事等事项的审批，因其行使的是对内的管理权，故不受行政许可的调整。

（6）行政许可事项必须有明确的法律规定。行政许可直接涉及公民、法人或者其他组织的权利义务，按照依法行政原则的要求，必须依法进行，于法有据。

行政许可制度是指行政许可的申请、核发、监督管理的一系列规则总和。包括以下内容：规定行政许可的机关、行政许可的范围、申请、审查与作出决定的程序，以及监督检查、撤销、废止、中止、变更行政许可的方式、条件、期限、行政许可的费用等内容。

行政许可行为是包括批准、不予许可、废止、撤销、撤回、变更以及为行政许可决定规定一定条件的各种活动的总称。

二、行政许可的范围

行政许可的制度能够有效地限制特殊行业和特殊行为，将其纳入国家宏观调控范围，起到规范、制约公民、法人和其他组织的作用。但是，亦能注意到，过多、过密、过度的行政许可可能产生抑制竞争的消极影响，或者限制公民、法人和其他组织的权利与自由。

行政许可的范围即能够设定行政许可的事项领域，从世界各国实行行政许可制度的范围来看，许可事项主要集中在少数容易产生外部不良影响且损害后果难以有效补救的自然垄断、公共物品、非价格物品、信息偏向行业或者活动等事项，而对可能发生的随机性、偶然性问题，则往往采取事后监督管理的方式解决，不设定行政许可。这项标准同样可以适用于我国。

行政许可的事项范围主要分为两种：可以设定行政许可的事项范围与可以不设定行政许可的事项范围。

1. 可以设定行政许可的事项范围

①直接涉及国家安全、公共安全、经济宏观调控、生态环境保护以及直接关系人身健康、生命财产安全等特定活动，需要按照法定条件予以批准的事项；②有限自然资源开发利用、公共资源配置以及直接关系公共利益的特定行业的市场准入等，需要赋予特定权利的事项；③提供公共服务并且直接关系公共利益的职业、行业，需要确定具有特殊信誉、特殊条件或者特殊技能等资格、资质的事项；④直接关系公共安全、人身健康、生命财产安全的重要设备、设施、产品、物品，需要按照技术标准、技术规范，通过检验、检测、检疫等方式进行审定的事项；⑤企业或者其他组织的设立等，需要确定主体资格的事项；⑥法律、行政法规规定的其他事项。

2. 可以不设定行政许可的事项范围

《中华人民共和国行政许可法》规定，在可以设定许可的事项中通过下列方式能够予以规范的，可以不设行政许可：①公民、法人或者其他组织能够自主决定的事项；②市场竞争机制能够有效调节的事项；③行业组织或者中介机构能够自行管理的事项；④行政机关采用事后监督等其他行政管理方式能够解决的事项。

三、行政许可的作用

行政许可是一种重要的行政管理手段，对于维护公民人身财产安全和公共利益，保护并合理分配有限资源等方面，都具有重要作用。

一般情况下，行政许可可以在以下几个方面发挥积极作用：

（1）协调作用。协调功能是行政许可制度最基本的功能，其内容包括协调行政机关与公民之间的相互利益关系，使两者处于相对平衡的状态；协调行政机关内部的各种关系；协调行政管理中产生的各种纠纷。

（2）保护作用。主要体现在保护公民的合法权益；保护行政机关依法行政；保护自然资源和生态平衡。

（3）调控作用。这主要是指政府利用行政许可进行宏观调控。

（4）促进文化建设。

（5）推动贸易发展。

行政许可除了从设定后的结果角度考察其作用，还从行政许可制度存在的原因进一步分析其作用。主要原因有以下三种：

（1）控制危险。这是行政许可最主要的作用。行政监督方式通常分为事前监督和事后监督，行政许可属于事前监督。作为一种具体行政行为，行政许可的直接目的是将那些对社会及公民来说是必要的或者是有益的，但同时又可能对社会或者公民个人带来某些不利甚至危害性的活动纳入规范化的管理，置于行政部门的直接监控之下。行政许可具有审查与监督两方面的内容，行政机关可以通过对自然人、法人或者其他组织的条件进行严格审查，对其活动进行必要的监督，排除可能产生对社会、个人带来危险的活动，维护社会秩序和自然人、法人或者其他社会组织的合法权益。

（2）配置资源。在市场经济条件下，市场在配置资源方面发挥了基础作用。但是，在有限资源领域，完全靠市场自发调节来配置资源，有可能会导致资源配置严重不公以及资源配置低效率。因此，由政府通过行政许可的方式配置有限资源，已经成为世界各国的通行做法。

（3）提供公信力证明。在经济、社会生活中，为了使公众可以有效地获取信息，需要政府以许可的方式，确立相对人的特定主体资格或者特定身份，使相对人获得合法从事涉及公众利益的经济、社会活动的某种能力，以此向社会证明或者提供信息，以公信于民。行政机关对特定事项或者活动进行登记，社会公众通过对登记信息的查询，就可以明确知道取得行政许可的当事人在某些方面的能力、条件以及其他信息，降低了人们在社会生活中搜寻信息的成本，继而提高了经济、社会整体运行的效率。

四、行政许可的程序

行政许可程序是指有关许可证的申请、审查、核发、拒绝、修改、更换、中止、废止、撤销、转让、收费等一系列步骤、过程及规则的总称。长期以来，我国法律法规在设定行政许可制度时忽视对程序的规定，造成了许可程序不健全、官僚主义现象严重的后果，降低了行政效率，损害了国家及公民个人的利益。针对这一问题，《中华人民共和国行政许可法》中专门用一章对行政许可的程序进行规范。

1. 申请程序

行政许可程序因行政相对人向行政许可机关提出申请而开始。公民、法人或者其他组织向行政机关提出许可申请，必须履行法定的申请程序。具体而言，申请程序应当包括以下要素：

（1）申请人有明确的意思表示。许可申请人就某一事项提出申请可以采用各种方式，但最常用的是许可申请书。申请人向许可机关主动递交申请书，表明其申请许可的意思表示，许可机关应当接受申请并予以审查。申请书应当列明申请人的姓名或名称、申请许可的要求、理由内容、从事该项许可活动的能力证明，包括场地、设备和卫生环境的说明或证明等。除了涉及需要核实个人相貌等必须由申请人亲自到行政机关提出申请的事项外，申请行政许可可由申请人通过书面方式提出，也可以委托代理人提出。

（2）申请应当在一定期限内提出。我国法律规定，有些行政许可申请，必须在一定期限内提出。这是保障行政效率，督促许可申请人及时行使申请权的重要手段。《中华人民共和国中外合作经营企业法》规定，设立合作企业的申请批准后，应当自接到批准证书之日起30日内向工商行政管理机关申请登记，领取营业执照。合作企业的营业执照签发日期，为该企业的成立日期。合作企业应当自成立之日起30日内向税务机关办理税务登记。

《中华人民共和国行政许可法》对行政许可申请人也提出了相应的要求：申请人申请行政许可，应当如实向行政机关提交有关材料和反映真实情况，并对其申请材料实质内容的真实性负责。行政机关不得要求申请人提交与其申请的行政许可事项无关的技术资料和其他材料。如果申请人提出申请行政许可时提供虚假材料，应当承担相应的法律责任。

2. 受理程序

收到申请人提出的行政许可申请后，行政机关应对其形式要件进行审查，以决定是否受理。行政机关审查的对象是申请人是否提交了符合规定数量、种类、形式的申请材料，一般不对其实体内容进行审查。但基于便民原则，一些简单事项，行政机关可以当场决定的，也可以进行实体审查，并当场作出决定。

行政机关收到行政许可申请后，区别不同情况决定是否予以受理：

（1）对申请事项依法不需要取得许可的，应当即时告知申请人不受理。

（2）对申请事项依法不属于本机关职权范围的，应当即时作出不予受理的决定，并告知申请人向有权机关申请。

（3）对申请材料存在可以当场更正的错误的，应当允许其当场更正。

（4）对申请材料不齐全或者不符合法定形式的，应当当场或者在5日内一次性告知申请人需要补正的全部内容，逾期不告知的，自收到申请材料之日起即为受理。

（5）对申请事项属于本机关职权范围，申请材料齐全、符合法定形式，或者申请人按照本行政机关的要求提交全部补正申请材料的，应当受理行政许可申请。行政机关受理或者不予受理许可申请，均应当出具加盖本机关专用印章和注明日期的书面凭证。

此外，根据《中华人民共和国行政许可法》的规定，行政机关应当建立和完善有关制度，推行电子政务，在行政机关的网站上公布行政许可事项，方便申请人采取数据电文等方式提出行政许可申请；应当与其他行政机关共享有关行政许可信息，提高办事效率。

3. 审查程序

行政机关受理行政许可申请之后，即进入行政许可的审查阶段。行政机关应当依照法定条件和标准对申请人是否具备取得行政许可的要件进行审查，审查申请人提供的材料所反映的事实是否与设定行政许可的法律、法规的要求相一致。

行政许可的审查一般是书面审查，即审查被许可人的书面材料。但是，各种行政许可千差万别，需要根据其内在性质规定相应的特别审查程序。主要有以下几种情况：①现场核查。对一些涉物的行政许可，行政机关在审查过程中还应该实地核查申请材料反映的事实与实际情况是否一致。②检验、检疫、检测、专家评审、对一些专业性强的行政许可，行政机关还应当指定工作人员或者邀请专家依据技术标准、技术规范对申请人是否具备法定条件进行审查。对直接关系公共安全、人身健康、生命财产安全的设备、设施、产品、物品的检验、检测、检疫，除法律、行政法规规定由行政机关实施的外，应当逐步由符合法定条件的专业技术组织实施。

根据《中华人民共和国行政许可法》的规定，行政机关对行政许可申请进行审查时，发现行政许可事项直接关系他人重大利益的，应当告知该利害关系人，申请人、利害关系人有权进行陈述和申辩。行政机关应当听取申请人、利害关系人的意见。例如，某房地产开发公司申请建楼将影响附近居民采光，在此情况下批准建楼的行政机关应当告知附近居民有权进行陈述和申辩，行政机关应当听取居民的意见。

4. 决定程序

根据《中华人民共和国行政许可法》的规定，行政机关对申请人提交的申请材料进行审查，如果申请人提交的申请材料齐全、符合法定形式，行政机关能够当场作出决定的，应当当场予以登记。

行政机关对行政许可申请进行审查后，除当场作出行政许可决定的外，应当在法定期限内按照规定程序作出行政许可决定。行政许可机关对申请人提出的申请进行审查之后，一般可能作出两种决定：一是不予批准，拒绝核发许可证及其他证照；二是予以批准，决定发放许可证或其他证照。行政机关作出准予行政许可的决定，需要颁发行政许可证件的，应当向申请人颁发加盖本行政机关印章的下列行政许可证：许可证、执照或者其他许可证书；资格证、资质证或者其他合格证书；行政机关的批准文件或者证明文件；法律法规规定的检测、检疫合格的设备、设施、产品、物品上加贴标签或者加盖检验、检测、检疫印章。《中华人民共和国行政许可法》还规定，行政机关作出准予行政许可决定的，应当予以公开，公众有权查阅。

5. 行政许可的审查期限

审查阶段是行政许可程序的重要环节，因此有关审查的期限是至关重要的，只有在规定期限内决定是否发放许可证，才能确保行政效率和保护相对人利益。为规定行政机关实施行政许可的行为，促进行政行为高效、便民，《中华人民共和国行政许可法》规定，除可以当场作出行政许可决定的外，行政机关应当自受理之日起二十日内作出行政许可决定。二十日内不能作出决定的，经本行政机关负责人批准，可以延长十日并应当将延长期限的理由告知申请人。但是，法律、法规另有规定的除外。我国现行法中规定行政许可审查期限的并不多。如《中华人民共和国海洋倾废管理条例》规定批准期限为接到申请书后两个月内。《中华人民共和国森林法实施细则》规定为一个月。《中华人民共和国外资企业法》规定，对于设立外资企业的申请，国务院对外经贸主管部门或国务院授权机关应在接到申请之日起 90 天内决定是否批准。《民用机场管理条例》规定了民航局在 3 个月内审批决定是否发放机场使用证。《中华人民共和国出境入境管理法》规定公安机关在 30 日内审批公民申请。

行政许可采取统一办理或者联合办理、集中办理的，办理的时间不得超过 45 日；45 日内不能办结的，经本级政府负责人批准，可以延长 15 日，并应当将延长期限的理由告知申请人。行政机关作出准予行政许可的决定，应当自作出决定之日起 10 内向申请人颁发、送达行政许可证件，并且加贴标签，或者加盖检验、检测、检疫印章。依法应当先经下级行政机关审查后报上级行政机关决定的行政许可，下级行政机关应当自其受理行政许可申请之日起20日内审查完毕。但是，法律、法规另有规定的，依照其规定。

需要注意的是，行政机关作出行政许可决定，依法需要听证、招标、拍卖、检验、检测、检疫、鉴定和专家评审的，所需时间不计算在上述规定的期限内。行政机关应当将所需时间书面告知申请人。

五、行政许可听证

行政听证是指行政机关作出影响行政相对人权益的决定前，有义务告知相对人决定的理由和获得听证的权利，行政相对人有权就事实和适用法律表达意见、提供证据，行政机关有义务听取和接纳，通过公开、民主的方式从而确保行政决定的合法性和妥当性，保障行政相对人平等有效地参与行政决定。行政许可程序中引入听证程序，有助于查明行政许可事项的事实真相，保证行政许可裁决的中立、正当，实现行政许可决定的民主化。

1. 行政许可听证程序的适用范围

行政许可听证主要适用于两种情况：一是主动举行听证。根据《中华人民共和国行政许可法》的规定，对于法律、法规、规章规定施行行政许可应当听证的事项，或者行政机关认为需要听证的其他涉及公共利益的重大行政许可事项，行政机关应当向社会公告，并举行听证。二是依申请举行听证。根据《中华人民共和国行政许可法》的规定，行政许可直接涉及申请人与他人之间重大利益关系的，行政机关在作出行政许可决定前，告知申请人、利害关系人享有要求听证的权利，他们在被告知听证权利之日起5日内提出听证申请的，行政机关应当在20日内组织听证。

2. 行政许可听证程序规则

根据《中华人民共和国行政许可法》的规定，行政许可听证按照下列程序进行：

（1）行政机关应当于举行听证的7日前将举行听证的时间、地点通知申请人、利害关系人，必要时予以公告；

（2）听证应当公开举行；

（3）行政机关应当指定审查该行政许可申请的工作人员以外的人员从事许可活动，则必须在届满 30 日前或者法律、法规、规章规定的期限内提出延续行政许可的申请。行政机关经审查认为符合法定条件的，必须在法定期限内负责更换许可证或同意延展许可有效期。

3. 行政许可的注销

被许可人因特定事实的出现不再具备取得行政许可的条件时，行政许可应予注销。注销行政许可主要适用于以下情形：

（1）行政许可有效期届满未延续的；

（2）复议公民特定资格的行政许可，该公民死亡或者丧失行为能力的；

（3）法人或者其他组织依法终止的；

（4）行政许可依法被撤销、撤回，或者行政许可证件依法被吊销的；

（5）因不可抗力导致行政许可事项无法实施的；

（6）法律法规规定的应当注销行政许可的其他情形。

出现依法应当注销行政许可情形的，行政机关应当依法办理有关许可的注销手续，如收回颁发的行政许可证件，或者在行政许可证件上加注发还；对找不到被许可人的或者注销行政许可事项需要周知的，行政机关还应当公告注销行政许可。为保护被许可人的合法权益，行政机关注销行政许可，应当作出书面决定，告知申请人注销理由、依据。

4. 行政许可的吊销

吊销许可证一般都视为行政处罚的一种形式，指持证人违反许可证规定的内容，从事违法活动，行政机关撤销其许可证以示惩戒，如对违法经营的商店，工商机关可吊销其营业执照。吊销许可证是一种严厉的处罚手段，是终止公民、法人某项行为能力的重要措施，应该辅之以严格的实质和程序要件。如行政机关在决定吊销许可证前应经过公告、调查等程序，只有当违法行为达到一定程度时，才能吊销许可证。

六、行政许可的特别程序

前述是行政许可实施的一般性程序。实践中，由于所涉内容不同，不同的行政许可条件、标准，对公共利益的影响大小也就不同。为保障行政许可的公正和效率，有必要对某些特殊类型的行政许可规定不同的实施程序。根据《中华人民共和国行政许可法》的规定，实施行政许可的程序有特别规定的，适用特别规定；没有特别规定的，适用一般的规定。

《中华人民共和国行政许可法》中规定了几种实施行政许可的特别程序：

1. 通过招标、拍卖等方式作出行政许可的决定的程序

根据《中华人民共和国行政许可法》的规定，实施有限自然资源开发利用、公共资源配置以及直接关系公共利益的特定行业的市场准入等，需要赋予特定权利的事项的行政许可的，行政机关应当通过招标、拍卖等公平竞争的方式作出决定，除非法律、行政法规另有规定。行政机关按照招标、拍卖程序确定中标人、买受人后，应当作出准予行政许可的决定，并依法向中标人、买受人颁发行政许可证件。

2. 通过考试、考核等方式作出行政许可决定的程序

实施提供公众服务并且直接关系公共利益的职业、行业，需要确定具备特殊信誉、特殊条件或者特殊技能等资格、资质的事项的行政许可，赋予公民特定资格，依法应当举行国家考试的，行政机关根据考试成绩和其他法定条件作出行政许可决定；赋予法人或者其他组织特定的资格、资质的，行政机关根据申请人的专业人员构成、技术条件、经营业绩和管理水平等的考核结果作出行政许可决定。但法律、行政法规另有规定的，依照其规定。

公民特定资格的考试依法由行政机关或者行业组织实施，公开举行。行政机关或者行业组织应当事先公布资格考试的报名条件、报考办法、考试科目以及考试大纲。但是，不得组织强制性的资格考试的考前培训，不得指定教材或者其他助考资料。

3. 通过检验、检测、检疫作出行政许可决定的程序

实施直接关系公共安全、人身健康、生命财产安全的重要设备、设施、产品、物品，需要按照技术标准、技术规范依法进行检验、检测、检疫，行政机关根据检验、检测、检疫的结果作出行政许可决定。

行政机关实施检验、检测、检疫，应当自受理申请之日起 5 日内指派两名以上工作人员按照技术标准、技术规范进行检验、检测、检疫。不需要对检验、检测、检疫结果作进一步技术分析即可认定设备、设施、产品、物品是否符合技术标准、技术规范的，行政机关应当当场作出行政许可决定。

行政机关根据检验、检测、检疫结果，作出不予行政许可决定的，应当书面说明不予行政许可所依据的技术标准、技术规范。

4. 企业或者其他组织的设立过程中需要确定主体资格的行政许可程序

关于企业或者其他组织的设立，需要确定主体资格的许可事项，申请人提交的申请材料齐全、符合法定形式的，行政机关应当当场予以登记。需要对申请材料的实质内容进行核实的，行政机关应当指派两名以上工作人员进行核查。

七、行政许可与收费

行政机关利用行政许可乱收费是我国许可领域存在的主要问题之一。由于法律没有明确限制，因此，利用行政许可乱收费的现象非常严重，而且成为不适当扩大许可适用范围的利益诱因。国外行政机关实施许可时也同样收费，但收费多少由法律明确规定。如英国法院判例所确认的收费原则是行政机关只能收取许可证的工本费加必要的监管检查费。

关于行政许可的收费问题，《中华人民共和国行政许可法》作出以下规定：

（1）行政机关实施行政许可或者对行政许可进行监督检查，原则上不得收费。

（2）行政机关实施行政许可确需收费的，必须有法律、行政法规依据，并且要按照规定的项目、标准收费。收取的所有费用都应上缴国库，不得截留、挪用私分。

（3）遇到多个竞争申请，且许可具有经济利益或数量有限时，行政机关可以采取招标、拍卖等方式核发许可证照，招标、拍卖所得全部上缴国库。

第三节 行政给付

一、行政给付的概念与特征

行政给付是国家对于那些缺乏经济和物质保障的社会成员给予有条件帮助的行为，其目的在于资助这些生活困难的社会成员。当然，这项制度既受到国家经济实力的影响，也会承受来自国家政治、意识形态方面的压力。在当代，行政给付的范围十分广泛，涉及家庭、社会性别、失业、教育、住房、货币管理和债务及工伤等领域。具体的行政给付制度涉及相当复杂的法律框架，但行政给付的方式主要还是补贴。

《中华人民共和国宪法》明确规定："中华人民共和国公民在年老、疾病或者丧失劳动能力的情况下，有从国家和社会获得物质帮助的权利。国家发展为公民享受这些权利所需要的社会保障、社会救济和医疗卫生事业。国家和社会保障残疾军人的生活，抚恤烈士家属，优待军人家属。国家和社会帮助安排盲、聋、哑和其他有残疾的公民的劳动、生活和教育。"这里所指的行政给付行为，就是指行政主体依法定职权和程序，向贫困、年老、疾病、丧失劳动能力的人，或者向遭遇特定困难的人，提供一定物质帮助的行政行为。

从行政给付的概念中可以看出，行政给付具有以下几点特征：

（1）行政给付是一种不带普遍性的授益性行政行为。行政主体向特定相对人给予金钱或者实物的行为，是给特定相对人以特定权益的行为。即行政给付行为是赋予特定相对人的一项权利，而非所有社会成员的权利，而且这项权利是相对的、变化的，不具有普遍主义的特质。

（2）行政给付是单方行政行为。国家的功能之一，是既要保护穷人免予贫困，又要致力于与限制全体社会成员参与社会、政治和经济活动的结构性不平等作斗争。行政给付行为即行政主体所进行的单方行政行为，它通过给予特定相对人以组织帮助而达到社会生活的平均状态。具体的实施过程通过特定相对人提出申请而启动，因行政主体的审查批准而生效。在自然灾害的救济等紧急状态下，行政主体通常主动实施救助，则无须相对人申请或同意。

（3）行政是依法作出的行政行为。无论是依申请的行政给付，还是依职权的行政给付，都必须是行政主体依法作出的救助。行政给付行为包括国民保险缴费制度和收入替代补贴制度。如工伤保障、医疗保障等强制缴费制度；抚恤金、社会福利金、城市最低生活保障金等不同类型的补贴制度。行政法领域主要研究行政主体给予补贴的制度。行政给付行为与国家福利政策紧密相关，受政策性因素、政治性因素影响比较大。因此，行政给付行为的规则不仅以法律为准，还受到政策及管制影响，通常变动性较大。

二、行政给付的制度

1. 行政保障制度

行政保障制度是指行政机关在公民因年老、疾病或丧失劳动能力等情况，或者其他特殊情况下，依照有关法规规定，赋予其实质利益的制度。这是我国目前数量最大，也是比较成熟的制度。但是，我国目前没有统一的保障法，各类制度渊源分散于《中华人民共和国残疾人保障法》《中华人民共和国妇女权益保障法》《中华人民共和国老年人权益保障法》《国务院关于安置老弱病残干部的暂行办法》《国务院关于工人退休、退职的暂行办法》《国务院关于老干部离职休养的暂行规定》《城市居民最低生活保障条例》等法律法规之中。

行政保障制度是当前行政给付制度中较为发达的部分。

2. 行政救助制度

行政救助制度包括灾害救济制度、社会救济及福利事业规定两大类临时性、应急性的行政给付制度。

（1）灾害救济制度。它包括洪涝灾害救济、防震减灾救济、地质灾害救济、森林火灾救济等突发事件救济制度。如《中华人民共和国防洪法》规定："发生洪涝灾害后，有关人民政府应当组织有关部门、单位做好灾区的生活供给、卫生防疫、救灾物资供应、治安管理、学校复课、恢复生产和重建家园等救灾工作，以及所管辖地区的各项水毁工程设施修复工作。水毁防洪工程设施的修复，应当优先列入有关部门的年度建设计划。”其中在生活供给、卫生防疫、救济物资供应、恢复生产和重建家园方面有关人民政府及其相关部门按规定承担大量行政给付职责。

（2）社会救济制度。这类制度主要包括对城市生活无着落的流浪乞讨人员救济和农村特困户救济。如根据《城市生活无着的流浪乞讨人员救助管理办法》的有关规定，县级以上城市人民政府应当根据需要设立流浪乞讨人员救助站；救助站对流浪乞讨人员的救助是一项临时性社会救助措施，它应当提供符合食品卫生要求的食物，提供符合基本条件的住处，对在站内突发急病的，及时送医院救治，帮助与其亲属或者所在单位联系，对没有交通费返回其住所地或者所在单位的，提供乘车凭证。农村特困户救济，包括对“五保户”的生活保障。

3. 行政补助制度

行政补助制度由行政补贴制度、行政助长制度两大类制度组成。前者包括对不可移动文物保护的补贴、扑救森林火灾人员医疗与抚恤、粮食生产补贴、增加农民收入的补贴、促进就业补贴构成。如《中华人民共和国文物保护法》规定，非国有不可移动文物有损毁危险，所有人不具备修缮能力的，当地人民政府应当给予帮助。其中的财物性帮助属于行政给付。后者包括国家助学贷款、义务教育经费。如《中华人民共和国义务教育法》规定，义务教育经费全面纳入财政保障范围，由国务院和地方各级人民政府依照本法规定予以保障。

4. 行政奖励制度

精神奖励不属于行政给付，物质奖励属于行政给付。我国的行政奖励制度可分为做出贡献类奖励制度与举报有功类奖励制度。前者包括防震减灾奖励、公安机关人民警察奖励、国家公务员奖励、国家科学技术奖励、优秀教师奖励、教学成果奖励、科技进步奖励、文物保护奖励等；后者包括反假人民币奖励与税务违法案件举报奖励等。这方面的奖励依据包括：《中华人民共和国人口与计划生育法》《中华人民共和国科学技术进步法》

《中华人民共和国文物保护法》《公安机关人民警察奖励条令》《公务员奖励规定》《国家科学技术奖励条例》《中国人民银行反假人民币奖励办法》《破坏性地震应急条例》，等等。

三、行政给付的种类

行政给付的种类繁多，形式复杂多样，而且由于我国有关行政给付的法律、法规比较分散，名称、含义也不一致，使得行政给付的形式很难确定。我国目前的行政给付大多属于民政行政机关主管的范围。根据我国有关行政给付的法律法规，我国行政给付的种类主要包括以下几种：

1. 抚恤金

抚恤金是对特定死者的家属、伤残人员给予的物质帮助形式，含有慰问的性质。抚恤金的发放对象主要是烈士和因公殉职、负伤、病故、残废的军人、警察或其家属，其主要种类包括革命军人牺牲病故抚恤金、革命残疾军人抚恤金、护理费、治疗费等。

2. 生活补助费

由民政机关依法对社会上生活困难的人给予一定的物质帮助。生活补助费的发放对象主要是烈军属、复员退伍军人，以及因工伤事故致残的公民，其主要种类包括复员退伍军人与烈军属定期定量生活补助费、临时补助费，因工致残补助费等。

3. 安置补助费

即在工作、生活、居住上给予安排，通常指对复员、转业退伍军人的安排，还包括对无家可归者的安排，本质上属于一种行政给付。安置的种类有发放安置补助费与提供一定的住所等。安置补助费的发放对象主要是复员、转业退伍军人，如复员军人建房补助费。

4. 救济金

在较大范围内对遭受灾害以及其他特殊情况下的公民进行的物质帮助形式。救济的种类包括发放救济金与发放救济物资等，其对象主要是因为某种情况而使生活陷入困境的公民。如农村的五保户、贫困户，城镇的贫困户，发生自然灾难的地区的灾民等。

5. 优待款

给予行政相对人以某种优惠的物质帮助形式。优待的对象是生活上处于某种困境的公民或者法律法规规定应该予以优待的特定社会成员。如贫困学生、独生子女等。对于上述优待公民，行政主体可以根据相关的法律法规减免其学费，或者提供其他的优待措施。

6. 社会福利

社会福利的对象既包括一般的公民，又包括某些特殊身份的社会成员，其基本方式是举办社会福利事业或者发放社会福利金。社会福利事业一般由政府采取资金扶助及政策优惠的方式，扶植某些社会福利机构的发展。如社会福利院、儿童福利院、敬老院，以及安置机构、社会残疾人团体、福利生产单位与科研机构等。

从广义上讲，现代国家的行政给付还包括政府资助发展的社会保障事业。如对于失业人员的失业救济金、保险金，老人的养老保险金，社会一般成员的医疗保险、安全保险、财产保险等。这些行政给付往往采取社会化、企业化的方式经营运作，并能够多方面地吸收各种资金参与活动，在市场经济的发展过程中体现了广泛的适用性。

第四节　行政确认

一、行政确认的概念与特征

1. 行政确认的概念

行政确认是国家行政管理的重要手段，是使其他行政主体得以作出其他具体行政行为的前提。一般认为，行政确认是指行政主体依法对某一特定的法律地位、法律关系和法律事实的真实性、合法性给予确定、认定或证明的具体行政行为。这一概念包括以下几层含义：

（1）行政确认的主体是特定的行政机关以及法律法规授权的组织。它是由特定的行政机关在其职权范围内，依照法定程序和方式进行的确认。

（2）行政确认的内容是对某一特定的法律地位、法律关系和法律事实的真实性、合法性给予确定、认定或证明。行政确认的基本目的和任务，并不是为行政相对人设定权利义务内容或行为主体资格，而仅仅是对已存在的具有法律意义的、依法需要确认的事项的真实性、合法性等依法所作的评价和证明。

（3）行政确认的性质是一种外部的具体行政行为。因为它是就特定的法律地位、法律关系和法律事实，并针对特定的行政相对人作出的，如教育主管部门证明某人具有某种学历。

2. 行政确认的特征

与其他行政处理行为相比，行政确认具有以下几项特征：

（1）行政确认是一种证明性行政行为。所谓证明性，是指这种行政处理只起一种证明作用、结论作用，它不能对相对人新的权利义务进行赋予、剥夺或限制，如公证机关的公证行为。只是对已有的当事人之间的权利义务关系加以证明，不可能对当事人间的权利义务关系进行改变、消灭或创制。

（2）行政确认是一种要式行政行为。由于行政确认是对特定法律事实或法律关系的宣告和甄别，从行政安定性角度考虑，一般要求行政主体作出确认行为时，必须采用书面形式并按一定格式作出。

（3）行政确认具有效力先定性。这是与一般公民做证或一般技术人员的纯技术性鉴定相比较而言的特点。一般公民作证或一般技术人员的纯技术鉴定必须经过有权机关的审查认可才具有法律效力，而行政确认所获得的结果具有法定确定力和强制力，除非有相反的证据能够推翻，否则有关当事人必须服从。它也是其他行政行为的合法构成要件。

行政确认经常是其他行政处理行为的前奏或中间阶段，有时它又与其他行政处理行为交叠在一起，当然它通常是以独立完整的形式出现的行政行为。我们在认识行政确认时应特别注意这种行政行为的前提性、中间性和自身完整性。

行政确认与行政许可是容易混淆的两种行政处理类型，有时行政确认是行政许可中的一个步骤，如卫生行政部门在颁发食品卫生许可证前，对申请者符合卫生条件的确认就是一种行政许可中的行政确认。有时行政许可和行政确认是同一行为的两个方面，如颁发驾驶执照既是对公民驾驶能力的确认，也是允许申请人驾驶车辆的许可。

在认识行政确认行为时，我们还应注意区分行政确认与不构成行政行为的单纯事实通知的行为。

二、行政确认的主要形式

行政确认的主要形式具体有以下几种：

（1）确定。即对个人、组织法律地位与权利义务的确定。如劳动部门对个人或组织的劳动关系的确定；或通过企业、公司登记对企业、公司经营主体资格的确定。

（2）认可。又称认证，是行政主体对个人、组织已有法律地位和权利义务，以及确认事项是否符合法律要求的承认和肯定。如国家质量技术监督部门对认证机构在开展食品质量管理、节能标志、无公害农产品标志时是否符合法定要求的条件的承认和肯定。

（3）证明。即行政主体向其他人明确肯定被证明对象的法律地位、权利义务或某种情况。如婚姻登记机关对遗失结婚证的相对人出具的婚姻关系证明书。

（4）登记。即行政主体应申请人申请，在政府有关登记簿册中记载相对方的某种情况或事实，并依法予以正式确认的行为。如工商机关对拍卖合同进行的登记行为。

（5）批准。即行政主体对相对方申请事项或某种法律行为，经审查后对符合法定条件者予以认可或同意的行为。

（6）鉴证。即行政主体对特定的法律事实或客体的性质、状态、质量等进行的客观评价。如医疗事故鉴定、交通责任事故鉴定、技术标准鉴定。

三、行政确认的种类

行政确认的种类多，范围广。依据不同的标准可以作出不同的分类。

1. 依申请的行政确认和依职权的行政确认

依申请的行政确认是指必须由相对方提出申请，行政主体才能进行的确认。这种确认，行政主体处于被动地位，非依申请不得主动为之。如工商企业营业登记、婚姻登记、专利局授予专利证书、商标局授予商标专用证书等。依职权的行政确认是指行政主体依据法定职权，无须相对方请求而主动实施的行政确认，又称主动的行政确认。它不必以相对方的申请为必要条件。如纳税鉴定、审计鉴定等，都是行政主体主动进行的。

2. 独立的行政确认与附属性的行政确认

独立的行政确认是指不依赖其他行政行为而独立存在的行政确认行为。这种行为不是其他行政行为成立的必要前提，也不是其他行政行为的补充，而是自己发生归属于自己的法律效果的行为。如行政处罚、行政处分、行政奖励、行政征收等行政行为。

附属性的行政确认是指其他行政行为依赖于该行为而存在，该行为的完成是其他行为成立的必要前提，是其他行政行为的补充，该行为的法律效果归属于其他行政行为。这种行政行为是为了满足另外的行政目的的需要作为前提条件出现的。如自然资源所有权、使用权发生争议以后，当事人申请主管行政机关解决，处理机关就必须在确认权属之后才能进行裁决。这时的确权就是为行政处理服务的，是行政处理的先决条件，因而它具有附属性。

3. 对身份、能力、资格、事实、法律关系和权利归属的行政确认

这项分类也是行政确认里最重要的一项分类。

对身份的行政确认，是指行政主体对相对方在法律关系中的地位的确认。例如颁发居民身份证、学历和学位证书、烈军属和优抚对象的证明，等等。

对能力或资格的确认，是指行政主体对相对方是否具有从事某种行为的能力或者资格的证明。如授予技术职称，对个体导游、驾驶人员、饮食服务、建筑师、会计师等的能力、条件、资格的认可。

对事实的行政确认，是指行政主体对某项事实的性质、状态、真伪、等级、数量、质量、规格等的确认。如对违反行政法律规范的具体违法行

为性质的认定，对各种商品质量的检验认证、货物原产地的证明，等等，都是对事实的行政确认。

对法律关系的行政确认，是指行政主体对某种权利义务关系是否存在或者是否合法有效的确认。如对经济合同的鉴证就是对法律关系的行政确认。

对权利归属的行政确认，是指行政主体对相对方享有某项民事权利的确认，也可称为行政确权。行政确权涉及的领域主要有：

（1）不动产所有权的行政确权。主要指行政机关对集体所有制单位的土地、草原、水流等国有自然资源的所有权和个人的房屋、机器、设备、林木等的所有权依法核发所有权证书的行为。

（2）不动产使用权的行政确权。主要指行政机关对公民、法人的土地、草原、矿产资源、山林等国有自然资源的使用权依法颁发使用证的行为。

（3）经营权的行政确权。主要指行政机关对公民、组织取得工商业、建筑业等方面的生产经营权依法进行营业登记并核发营业执照的行为，等等。

（4）工业产权的行政确权。主要指专利管理机关和商标管理机关对公民组织的专利权、商标专用权依法颁发专利证书、商标专用证书的行为，等等。

第五节 行政征收

一、行政征收的概念与特征

1. 行政征收的概念

国外行政法上称为“征收”的行为主要有三类：一是税收征收或捐税征收；二是公用征收或公益征收；三是准征收。我国传统的行政法往往将行政征收局限于传统的税收征收上，当然也加上了所谓的行政收费。对于公用征收和准征收则是往往放在行政补偿中进行研究和探讨的。因为，公用征收是指行政主体根据社会公共利益的需要，按照法律规定的程序并在给予补偿的情况下以强制方式取得相对人财产所有权的一种行为；准征收，则是指国家在公用征收之外因对行政相对人的财产权限制或管制超过必要的限度以至具有征收的性质和效果时，该行为即构成所谓的“准征收”，即具有征收性质的限制或管制。在这三种情形中，第一种情形中的征收与第二类、第三类征收有着本质的不同。因为第一类征收是以增加公共财政收入为目的，在税收征收法律关系中，纳税人本身负有行政法上的缴纳义务；而第二类、第三类征收中，它们都以公共利益为目的，都应以对行政相对人的补偿为条件。

行政征收是指行政主体为了取得国家的财政收入及宏观调控经济活动的需要，根据国家法律法规规定，依法向负有法定义务的行政相对方强制地、无偿地征集一定数额金钱或实物的具体行政行为。

2. 行政征收的特征

（1）法定性。行政征收直接指向行政相对方的财产权益，这就决定了其对行政相对方的财产权益始终都具有侵害性。因此，为了确保行政相对方的合法权益不受违法行政征收行为的侵害，必须确立行政征收法定的原则。将行政征收的整个过程纳入法律调整的范围，使具体的行政征收行为受相对稳定的法律的支配，使行政征收项目、行政征收金额、行政征收机关、行政征收相对方、行政征收程序都具有法律上的明确依据，这是现代行政的必然要求。

（2）强制性。行政征收机关实施行政征收行为，实质上是履行国家赋予的征收权，这种权力具有强制他人服从的效力。因此，实施行政征收行为，无须征得行政相对方的同意，甚至有时可以在违背行政相对方意志的情况下进行。行政相对方必须服从行政征收命令，否则将承担一定的法律后果。

（3）无偿性。国家为了完成其职能，维护其统治，必须耗用一定的物质资财，而作为管理机构的国家行政机关，本身并不直接从事生产，因而只有凭借国家行政权力，通过行政征收来满足所需物质资财。行政相对方的财产一经国家征收，其所有权就转移为国家所有，成为国家财产的一部分，由国家负责分配和使用，以保证国家财政开支的需要。这里的行政征收只能是无偿的，是以行政相对人负有法定缴纳义务为前提的，它是财产的单向流转，无须向被征收主体偿付报酬。

二、行政征收的内容与形式

我们一般将行政征收的内容与形式分为行政征税和行政收费两大类。

1. 行政征税

行政税收是指税务行政机关依照税法，强制无偿地为国家取得财政收入的行为。根据征税客体的性质，税收可分为流转税、收益税、财政税、资源税和行为税；以税收的管理权限为标准，税收可分为中央税、地方税、中央地方共享税。征税行为只能由法定的机关作出，即税务机关和海关，税收一经征收入库就为国家所有，由国家支配。

根据《中华人民共和国税收征收管理法》的规定，税收征收制度大致包括以下几个方面：

（1）税务登记。纳税单位和个人在开业、歇业前，以及经营期间发生较大变动时，向当地税务机关办理法定书面登记的制度。

（2）纳税鉴定。税务机关为了明确纳税人的纳税义务和纳税范围，依照税法的规定，对纳税人的有关纳税事项作出的书面鉴别与认定。

（3）纳税申报。纳税人在发生纳税义务后，按照税务机关规定的内容和期限向税务机关提交的书面申报，它是税务机关核定应征税额、办理征收业务的主要依据。

（4）税款征收。税务机关依照法定的方式将纳税人的应纳税额征收入库的行为。

（5）税务检查与处罚。

上述几方面属于广义上的税收征收行为。按照《中华人民共和国税收征收管理法》的规定，税款的征收方式还包括查账征收、查定征收、查验征收、定期定额征收以及代扣代缴等方式。在实际征收中，具体采用哪种征收制度，由税务机关根据法律法规的规定以及纳税人的具体生产经营情况而定。

2. 行政收费

行政收费是指行政主体为相对人提供特定的服务，或授予国有资源使用权而依法向其收取费用的行为。这里的“费用”既包括各种“费”，又包括各种行政集资、摊派和基金项目，还包括了劳务。无论征收哪种费用，都应当由特定事务行政主体依法进行，不得自立名目，擅自制定征收标准。各种社会公益性收费要做到专款专用、列收列支、收支平衡；以提供专门公益服务为前提的收费，应当将收取的费用用于特定的公益事业，不得挪用。

行政收费的原因和具体内容：

（1）为特定的人提供服务而向获得服务者收费，如认证费、考试费、制作证件的工本费等。

（2）为公益事业筹集经费，如住房公积金、社会保障金等。

（3）因相对人使用特定的公共设施而收费，如马路、机场、码头等的建设费等。

（4）因行政机关实施管理而收费，如市场管理费、商标注册费等。

（5）为了使损害公共利益的人补偿其损害而收费，如排污费、社会抚养费等。

（6）具有税收性质的收费，如教育费附加、车辆购置税等。

（7）为了农村地方性公益事业而向农民征收的劳务，如修缮校舍、修建公路和防汛设施、植树造林等。

三、行政征收的基本原则

1. 征收法定原则

行政征收是强大的行政机关凭借公权力对行政相对人合法财产的取得，很容易引起权力的滥用而侵害行政相对人的合法权益，所以必须确定征收法定的原则，这也是行政法基本原则之合法原则的具体体现。这就要求我们对实施行政征收的主体、对象、数额、范围和程序必须有法律上的明确依据，没有法律上的依据而擅自决定征收的行为，都是侵害行政相对人的合法权益，都为法治社会所不容。

确定行政征收的法定性，一方面可以充分满足保护行政相对人财产权的需要，防止行政征收主体以公共利益之名滥用征收权力而损害被征收人的利益。另一方面，在行政征收中要严格强调依据法定的权限和程序进行，有利于政府机关依法行政，弥补因公共利益的概念过于抽象而产生的缺陷。

2. 公开、公平、公正原则

行政征收是对行政相对人财产权的重大限制，有关机关应当公开行政征收状况，接受权力机关和社会公众、组织的监督，接受缴纳主体的监督。行政征收的过程应当公开、透明，如涉及补偿的，征收的补偿标准也应当公开、公正，这是保障行政相对人和利害关系人必要的知情权的体现。行政主体也应当坚持公正的原则，保证征收的设定合理，实施的适当，尊重缴纳主体的合法利益，为了实现征收的公平而不得有所偏袒。

3. 保护相对人合法财产权原则

财产权是人类谋求生存、建立和拥有家园的权利，是生命权利的延伸，是人类自由与尊严的保障，它与生命权、自由权一起构成三项基本的人权。《中华人民共和国宪法》第十三条规定“公民合法的私有财产不受侵犯”，这是现代民主法治社会的必然要求。财产权是绝对的权利，但是并非可以完全不受限制，因为任何权利都是有边界的，财产权同时意味着遵从国家公共利益的需要和尊重他人财产权的义务。国家为了公共利益的需要，创设了行政征收权。在行政征收中，征收主体必须尊重行政相对人的合法财产权，依法进行征收，对政府及统治者的意志加以限制，设立完善的救济制度，保护行政相对人的合法权益。

第六节　行政处罚

一、行政处罚的概念与特征

行政处罚，是指特定行政主体对违反行政法律规范的公民、法人或者其他组织所实施的行政法律制裁的行为。

行政处罚包含的具体特征有：

（1）行政处罚主体是根据法律规定或者授权而享有行政处罚权的行政

机关或者组织。特定行政主体是否享有行政处罚权，享有何种行政处罚权且在多大范围内享有行政处罚权，都是基于行政法律规范的规定。行政主体必须严格依据法定权限行使行政处罚权，超越法定权限的处罚无效。

（2）行政处罚的对象是违反行政法律规范，并与行政机关没有组织隶属关系的行政相对人。行政处罚发生在一般权力关系中；在以组织隶属为特征的特别权力关系中，不适用行政处罚。这也是行政处罚与行政处分的区别所在。

（3）行政处罚是以公民、法人或者其他组织违反行政法律规范为前提的制裁性具体行政行为。行政处罚的制裁性使其与行政强制行为有诸多相似处。行政强制措施是为了预防与制止社会危害事件与违法行为的发生，针对特定公民、法人或者其他组织的人身、行为及财产进行的临时约束或处置的限权性强制行为。行政强制措施是一种非处分性、临时性行为，与行政处罚的处分性、最终性有着本质的不同。行政强制执行是因相对人逾期不履行已经生效的具体行政行为，而由行政机关或者行为机关申请人民法院依法强制履行义务的行为。由行政机关实施的行政强制执行和行政处罚行为都是针对相对人的处分性、最终性行为，但是区别也是十分明显的，两种行为方式、行为目的不同。

（4）行政处罚的目的就是有效的管理，达到维护公共利益和社会秩序，保护公民、法人或者其他组织合法权益的效果，因此具有惩戒和教育的双重特征。

二、行政处罚的原则

（一）处罚法定原则

处罚法定原则具体包括以下内容：

（1）处罚设定权法定。每一层级法律文件的处罚设定权由《中华人民共和国行政处罚法》明确规定，设定行政处罚必须符合《中华人民共和国行政处罚法》关于处罚设定权的规定。如涉及人身自由的行政处罚只能由法律设定，其他任何法律文件都无权设定。

（2）实施主体法定。行政处罚由哪一行政机关来实施，由法律、法规、规章规定，限制人身自由的行政处罚权只能由公安机关行使。法律法规授权的具有管理公共事务职能的组织可以在法定授权范围内实施行政处罚。

（3）被处罚行为种类法定。何种行为应当受到行政处罚由法律、法规、规章明确规定。对于行政相对人，法无明文规定不受罚，行政机关不得作出行政处罚。没有法定依据作出的行政处罚无效。

（4）处罚权限法定。处罚的种类、处罚的幅度由法律明确规定，处罚机关必须在法定权限内行使处罚权。处罚机关在法定权限内行使自由裁量权应当符合法定目的，正当行使。

（5）处罚程序法定。实施行政处罚，必须按照法定程序进行。行政处罚违反法定程序的，行政处罚无效。

（二）处罚公正、公开原则

1. 处罚公正原则

处罚公正原则的基本要求是行政处罚的设定和实施必须以事实为依据，与违法行为的事实、性质、情节以及社会危害程度相当。具体的规则包括：

（1）立法机关设定行政处罚时，制裁的轻重程度应当与违法行为的性质、情节和社会危害程度相当。

（2）工作人员与行政违法案件存在利害关系时，应当回避。

（3）行政机关在作出行政处罚时，应当平等对待行政相对人，不得因性别、民族、宗教、社会地位等非法定因素区别对待。

（4）行政处罚自由裁量权的行使应当符合法律目的，采取的措施和手段应当必要、适当。

2. 处罚公开原则

公开包括处罚依据、处罚过程和处罚结果的公开。

（1）处罚依据公开是指作为行政处罚依据的法律规定必须依照法定程序公布，未经公布的，不得作为行政处罚的依据。

（2）处罚过程公开是指在作出处罚决定之前，处罚机关应当告知被处罚人作出处罚决定的事实、依据、理由。

(3) 处罚决定向被处罚人公开，说明行政处罚的理由。处罚决定应当送达被处罚人，处罚机关应当在行政处罚决定中说明决定认定的事实、证据、适用的法律。

(三) 处罚与教育相结合的原则

《中华人民共和国行政处罚法》规定："实施行政处罚，纠正违法行为，应当坚持处罚与教育相结合，教育公民、法人或者其他组织自觉守法。"规定明确了行政机关在制裁违法人的同时，还应当对其进行教育，教育公民、法人或者其他组织自觉守法。处罚与教育相结合意味着处罚与教育二者不可偏废，不是以教育代替处罚，也不能仅处罚了事。

(四) 保障当事人权利原则

保障人权是行政处罚立法和适用都必须严格遵循的一条基本原则。不能因为当事人有违反行政管理秩序的嫌疑就漠视对其权利的保护，也不能为了维护行政管理秩序就忽视对当事人权利的保护。

《中华人民共和国行政处罚法》第六条规定了公民、法人或者其他组织在行政处罚中享有的基本权利：陈述权、申辩权、申请行政复议权利、提起行政诉讼权利、获得国家赔偿权利。陈述权、申辩权是相对人在行政处罚过程中享有的为自己辩解的权利，属于事前程序权利；后三项权利是相对人享有的针对行政处罚决定提起救济的权利，属于事后救济权利。这几项权利实现对行政处罚权事前、事后的全程规范。

三、行政处罚与相关法律概念的区别

1. 行政处罚与行政处分的区别

行政处分是指国家行政机关对其系统内部违法失职的公务员实施的一种惩戒措施。行政处罚与行政处分虽然都是国家行政机关作出的制裁行为，但有较大区别：

第一，作出决定的主体范围不同。行政处罚是由享有行政处罚权的行政主体作出的，这些行政主体具有对外管理职能，其行政处罚权已为法律法规明确规定。而行政处分是由受处分的公务员所在机关，或上级机关，或行政监察机关作出的。也就是说，一般的行政机关都享有对其工作人员的行政处分权。

第二，所制裁的对象不同。行政处罚制裁的对象是违反行政法规范的公民、法人或其他组织；而行政处分的对象仅限于行政机关系统内部的公务员。

第三，采取的形式不同。行政处罚的形式、种类很多，有警告、罚款、行政拘留、吊销许可证或执照、责令停产停业、没收财物等；而行政处分的形式只有警告、记过、记大过、降级、撤职和开除六种形式。

第四，行为的性质不同。行政处罚属于外部行政行为，以行政管辖关系为基础；而行政处分属于内部行政行为，以行政隶属关系为前提。

第五，所依据的法律法规不同。行政处罚所依据的是有关行政管理的法律规范，而行政处分则由有关行政机关工作人员或公务员的法律规范调整。

第六，救济途径不同。对行政处罚不服的，除法律法规另有规定外，行政相对人可申请复议或提起行政诉讼，通过复议与行政诉讼获得救济；而对行政处分不服的，被处分的公务员只能向作出处分决定的机关的上一级机关或行政部门申诉。

2. 行政处罚与刑罚的区别

行政处罚与刑罚都具有强制力的制裁方式，但两者有显著区别：

第一，两种行为的权力归属不同。行政处罚权属于行政权的一部分；而刑罚的权力属于司法权的范畴。

第二，实施处罚的主体不同。行政处罚是由有外部管理权限的行政机关或法律法规授权的组织实施；而刑罚的实施主体是享有司法权的人民法院。

第三，实施处罚的对象不同。行政处罚的对象是违反行政法律规范的公民、法人或其他组织，当公民、法人或其他组织既违反行政法律规范又违反了刑事法律规范的情况下，有可能对其实施两种处罚；而刑罚只能对违反刑事法律规范的犯罪分子实施，而不能对只违反行政法律规范而未犯罪的人实施。

第四，作出处罚决定的程序不同。行政处罚是按照《中华人民共和国行政处罚法》所规定的行政程序作出的；而刑罚必须根据《中华人民共和国刑事诉讼法》所规定的程序作出。

第五，处罚的种类不同。行政处罚的种类很多，既有《中华人民共和国行政处罚法》的统一规定，又有各单行法律法规的分散规定。而刑罚的种类统一由《中华人民共和国刑法》规定，有两类十种，即五种主刑、五种附加刑。主刑有管制、拘役、有期徒刑、无期徒刑和死刑；附加刑有罚金、剥夺政治权利、没收财产、驱逐出境（适用于外国人）以及剥夺奖章、勋章和荣誉称号（适用于军人）。

3. 行政处罚与行政强制执行的区别

行政强制执行是指国家行政主体为了保证行政管理活动的正常进行，对不履行行政处理决定或行政法上的义务的行政相对人依法采取各种手段，以迫使其履行义务或执行行政处理决定的行为。两者的区别主要有：

第一，性质不同。行政处罚是对违法行为的事后制裁；而行政强制执行不是制裁，本质上属执行行为。

第二，目的不同。行政处罚的目的是惩戒与预防行政违法行为；而行政强制执行的目的是为促使被强制人履行法定义务。

第三，实施机关不尽相同。行政处罚只能由行政机关或法定组织实施；行政强制执行除由行政机关实施外，主要由人民法院依行政机关的申请而实施。

第七节　行政强制行为

行政强制是行政强制行为的简称，主要包括行政强制措施与行政强制执行。

一、行政强制措施

（一）行政强制措施的概念与特征

行政强制措施，系指国家行政机关在行政管理过程中，为了维护和实施行政管理秩序，依法对当事人的人身自由或者财物实施暂时性限制或控制的行政行为。

行政强制措施作为一种行政行为除具有行政行为的一般特征之外，还具有以下独特的法律特征：

（1）行政强制措施是一种“限权性”行为。这一特征首先表明：它是一种负担行政行为而不是授益行政行为。就当事人而言，它将承担一种不利后果；其次表明：它是一种限权性行政行为而不是处分性行政行为。它表现为对当事人权利的限制而不是剥夺。扣押一块走私手表与没收一块走私手表的最大区别是，前者只是对走私手表使用权的限制，后者则是对走私手表所有权的一种剥夺；而前者正属于行政强制措施，后者属于行政处罚。在行政强制措施中，无论表现为行政机关对公民人身自由的限制，抑或表现为行政机关对法人财产的查封，都表现为行政机关对当事人人身自由权或财产权的一种限制。

（2）行政强制措施是一种“暂时性”行为。暂时性也称临时性，相对于永恒性而言。行政强制措施是行政机关在行政管理过程中为维护和实施行政管理秩序而采取的暂时性手段，其本身不是管理的最终目标。采取行政强制措施并未达到也不可能达到管理上的最终目的，它是为另一种处理结果的实现服务的。如对当事人财产的扣押，本身不是目的，因而不可能是永恒的（迟早会解除扣押），它是为防止财产的转移而使事后的处理结果无法实施而采取的预防性、保障性措施。行政强制措施作为一种暂时性行为也同时可理解为一种中间性行为。显然与作为最终性行为的行政处罚、行政裁决和行政强制执行等行为有别。

（3）行政强制措施是一种“可复原性”行为。在实施行政强制措施前，被强制人的人身自由权与财产权处于“原状态”，强制机关对其实施强制措施后，被强制人的人身自由权与财产权就处于“被限制状态”，强制措施被撤销或强制措施到期后，被强制人的人身自由权与财产权又会回复到被限制前的状态即“原状态”。这就表明行政强制措施具有“可复原性”，行政处罚和行政执行等一般不具有“可复原性”。行政强制措施的“可复原性”显然与“暂时性”有关，但还是属于两个不同的特征，因为前者是个时间要素，后者是个状态要素。

(4) 行政强制措施是一种“从属性”行为。所谓从属性行为，系指为另一种行政行为服务的补助性行为，具有预防性、保障性之特点。限制人身自由是为了防止该人继续危害社会，对财产的查封是为了防止该财产的转移，从而防止事后的处理决定得不到执行。

(5) 行政强制措施是一种“物理性”行为。在行政行为的分类上还存在一对相对陌生的范畴，那就是意思行为与实力行为（物理性行为）。大量的行政行为与民法上的民事行为一样，是一种意思行为，如行政命令、行政许可、行政确认、行政裁决等，都是一种意思的表示。它们与其说是一种“行为”，不如说是一种“决定”。例如，作出行政处罚其实就是作出行政处罚决定。此外，也有一些行政行为，它虽然也包含一定的意思，但主要表现为一种强制性的动作，具有物理形态，因而被称为物理行为或实力行为。作为行政强制措施种类的对人身强制约束，对财物的查封、扣押、冻结，以及作为行政强制执行的强制拆除等，正好属于此类。这种行为在行政法的发展史上往往从事实行为转化而来。所以“物理性”也是行政强制措施区别于其他行政行为的一个法律特征。

(6) 行政强制措施是一种“合一性”行为。在大陆法系行政法学理论上，尤其是德奥等国家，早有“基础行为与执行行为合分说”，我国台湾地区则有“基础处分”与“执行处分”之说。按此理论，不论是行政强制措施，还是行政强制执行，都是对“基础行为”的一种执行；行政强制措施无非是“基础行为”与“执行行为”在程序上法人合一，行政强制执行最典型地表现为“基础行为”与“执行行为”的分离。从这一理论上说，行政强制措施显然是表现为“基础行为”与“执行行为”合一的行为。

(二) 行政强制措施的类型和设定

1. 行政强制措施的类型

第一，对公民人身自由的暂时性限制。具体包括：(1) 强制带离现场、盘问。根据《中华人民共和国人民警察法》第八条的规定，公安机关的人民警察对严重危害社会治安秩序或者威胁公共安全的人员，可以强行带离现场、依法予以拘留或采取法律规定的其他措施。《中华人民共和国治安管理处罚法》第八十三条规定，对违反治安管理行为人，公安机关传唤后应当及时询问查证，询问查证的时间不得超过 8 小时，情况复杂的，依照本法规定可能适用行政拘留处罚的，询问查证的时间不得超过 24 小时。(2) 约束、扣留。约束是指行政主体对具有某种可能危害社会、他人或本人安全的行为或情形的个人的人身自由进行短时间限制，以保障社会和其他个人安全的行政强制措施。《中华人民共和国治安管理处罚法》第十五条规定："醉酒的人违反治安管理的，应当给予处罚。醉酒的人在醉酒的状态中，对本人有危险或者对他人的人身、财产或者公共安全有威胁的，应当对其采取保护性措施约束至酒醒。"《中华人民共和国道路交通安全法》第九十一条第一款规定："饮酒后驾驶机动车的，处暂扣 6 个月机动车驾驶证，并处 1000 元以上 2000 元以下罚款。因饮酒后驾驶机动车被处罚，再次饮酒后驾驶机动车的，处 10 日以下拘留，并处 1000 元以上 2000 元以下罚款，吊销机动车驾驶证。"扣留是行政主体为及时制止或查明某种违法行为而依法扣留嫌疑人、有关物品或证件。《中华人民共和国海关法》第六条规定："对走私犯罪嫌疑人，扣留时间不超过 24 小时，在特殊情况下可以延长至 48 小时。"

第二，对场所、设施或者财物的查封。查封是指行政主体强制封存行政相对人的场所、设施或者财物。对相应的场所、设施或者财物加贴封条。

第三，对财物的扣押。扣押是指行政主体强制扣押行政相对人的财产，限制其继续对之进行占有和处分。《中华人民共和国海关法》第六条规定，对违反本法或者其他有关法律、行政法规的进出境运输工具、货物、物品有牵连的，可以扣押。

第四，对存款、汇款、有价证券等的冻结。冻结是指行政主体在对行政相对人作出行政处罚决定前，为防止行政相对人转移资金，以保证今后处罚的执行，通知有关单位冻结行政相对人的某种款项。

第五，强行进入住宅。

第六，法律规定的其他行政强制措施。

2. 行政强制措施的设定

行政强制措施的设定是由法律设定，还是可由行政机关以法规、规章设定和地方人大以地方性法规设定，观点并不统一。

第一种观点认为，行政强制措施应由法律设定。因为行政强制可能是比行政处罚更加严厉的手段。行政强制措施容易伤害公民的权利。所以，行政强制措施应由全国人大制定的法律详细、审慎地设定。

第二种观点认为，由于目前我国法律尚不完备，完全由法律设定行政强制措施，不能满足实际工作中行政机关履行法定职责的需要，会给行政机关执法带来一定的困难；因此，对行政强制措施的设定，既要符合法治的要求，也要考虑我国的实际情况。可以参考现行行政处罚的设定模式，采取以法律设定为主，以法规设定为辅的方式，在条件成熟时，逐步过渡到全部由法律加以设定。

《中华人民共和国行政强制法》规定，行政强制措施应由法律设定。尚未制定法律，且属于国务院行政管理职权事项的，行政法规可以对涉嫌违法的场所、设施和财物的设定查封，或者对涉嫌违法的财物的设定扣押的行政强制措施，以及除对公民人身自由的暂时性限制、强行进入住宅以外的其他行政强制措施。

不制定法律、行政法规，且属于地方性事务的，地方性法规可以设定对涉嫌违法的场所、设施和财物的查封或者涉嫌非法财物的扣押的行政强制措施。

法律已经设定行政强制的，行政法规、地方性法规不得对法律规定的行政强制措施的对象、条件以及方式的范围作出扩大规定。已经制定了法律，但法律中没有设定行政强制的，行政法规、地方性法规不得增设行政强制。

二、行政强制执行

（一）行政强制执行的概念与特征

行政强制执行，是指行政机关或者由行政机关申请人民法院，对不履行发生法律效力的行政决定的公民、法人或者其他组织，采取法定的强制方式，迫使其履行义务或达到与履行义务相同状态的行为。

目前我国的行政强制执行法律制度，实行行政机关自行强制执行和法院依申请强制执行的双轨体制。具体而言，就是在法律法规赋予行政机关自行强制执行权的情况下，具体行政行为的强制执行由行政机关自行实施；在法律法规没有赋予行政机关自行强制执行权的情况下，由法院根据行政机关的申请实施。《中华人民共和国行政诉讼法》第九十七条规定："公民、法人或者其他组织对行政行为在法定期限内不提起诉讼又不履行的，行政机关可以申请人民法院强制执行，或者依法执行。"人民法院实施行政强制执行，是人民法院依行政机关的申请所作的法人执法行为，实质上是行政权中执行权能的体现，是行政机关强制执行权的延伸和继续。人民法院只有根据行政机关的申请，并按照法律的明确规定和一定程序，才能实施行政强制执行。

结合上述所言，行政强制执行具有以下几项特征：

（1）行政强制执行以相对人不履行具体行政行为所确定的义务为前提。行政强制执行，只有在相对人构成了不履行义务的条件下，法律明确规定可以行政强制执行时才能采取。无此前提，不能适用行政强制执行。

（2）行政强制执行的主体是行政机关或人民法院。由谁适用行政强制执行的法人问题，必须依据法律规定。目前，我国法律制度中是以申请法院强制执行为原则，以行政机关自行强制执行为例外。行政机关成为行政强制执行主体必须有法律法规的明确授权，否则，由人民法院根据行政机关的申请实施。

（3）行政强制执行的依据是为相对人确定义务的具体行政行为。行政强制执行作为确保具体行政行为内容实现的保障行为或制度，其依据只能是已经成立并产生法律效力的具体行政行为。行政强制执行以确定义务的行政处理决定（具体行政行为）的存在为前提，行政强制执行是对行政处理决定的执行。

（4）行政强制执行的目的在于以强制的方式迫使行政相对人履行义务，或达到与履行义务相同的状态，即实现具体行政行为所确定的义务内容。

无论由人民法院负责，还是由行政机关负责，行政强制执行的目的都是实现法定义务的履行。行政强制执行是在先前作出的具体行政行为确定的义务未得到实现情况下实施的行为，是先前作出的具体行政行为的后续行为。该行为的宗旨和目的就是为了实现前一行为确定的义务。

（二）行政强制执行的种类

1. 直接强制执行和间接强制执行

以强制执行的措施是否直接实现行政决定的内容为标准，可以将行政强制执行分为直接强制执行和间接强制执行两种。这是对行政强制执行最重要的分类。

（1）直接强制执行是指执行机关对被执行人的人身、财产直接实施强制措施，迫使被执行人履行义务或者达到与履行义务相同的状态。如《中华人民共和国税收征收管理法》规定的通知开户银行从纳税人的存款中扣缴税款。

虽然直接强制执行有助于快速实现行政管理的目标，但由于其以被执行人的人身权和财产权为执行对象，如果适用不当，极易侵犯相对人的权利。因此，法律一般对直接强制执行的适用条件和程序有非常严格的规定。一般认为，只有在无法采用代执行、执行罚的情况下，或虽采用了代执行或者执行罚仍然难以达到执行目的时，才能适用直接强制执行。

（2）间接强制执行是指通过间接强制手段促使相对人履行义务，或者达到与履行义务相同的状态。间接强制执行包括代执行和执行罚两种方式。

间接强制执行的强制力度弱于直接强制执行，对当事人权利的影响程度低于直接强制执行，因此，发生强制执行时应当先适用间接强制执行。

2. 行政机关强制执行和申请人民法院强制执行

以强制执行的主体为标准，可以将行政强制执行分为行政机关强制执行和申请人民法院强制执行。二者各自遵循不同的强制执行程序。

（1）行政机关强制执行。《中华人民共和国行政强制法》授权行政机关强制执行权。

（2）申请人民法院强制执行。法律法规没有授予行政机关强制执行权的，由行政机关申请人民法院强制执行。《最高人民法院关于执行程序若干问题的解释》对行政机关申请人民法院强制执行的程序作出具体规定。

3. 金钱给付义务的强制执行和行为义务的强制执行

（1）金钱给付义务的强制执行。行政决定确定了相对人的金钱给付义务，相对人逾期不支付的，执行机关强制其给付。如当事人逾期不缴纳罚款，纳税人逾期不缴纳税款等，都发生金钱给付义务的强制执行。金钱给付义务的强制执行通常采用执行罚，即以对当事人按日加处罚款的方式，促使当事人给付金钱。

（2）行为义务的强制执行。行政决定责令相对人为一定行为，或者禁止相对人为一定行为，相对人没有履行作为和不作为义务的，由执行机关强制其履行。不履行作为义务的情形如行政机关依法作出排除妨碍、恢复原状等义务的行政决定，当事人逾期不履行的，行政机关可以委托没有利害关系的其他组织代为履行。不履行不作为义务的情形如行政机关依照法律、行政法规的规定，对违法行为或者违法组织作出取缔的行政决定的，应当予以公告，责令其终止活动。违法行为人拒不终止活动的，依法强制执行。

（三）行政强制执行的程序

通常，行政强制执行的程序是：

（1）告诫。行政强制执行是以相对人已违反了法定行政性义务，而且不愿意履行义务为前提，才由行政机关采取强制行为。强制执行必然会对相对人的权益有所影响，所以在强制执行前，行政机关还是应该通过书面警告的方式，作最后一次督促，最低限度使相对人明了行为的后果。

（2）给予相对人陈述和申辩的机会。

（3）听取相对人陈述和申辩意见。

（4）作出决定并送达行政决定书。

当行政机关强制执行时，申请人民法院代为执行。该行为被称为非诉行政案件执行。其具体程序包括：

（1）行政机关的申请。在当事人不履行行政决定已经经过行政复议与行政诉讼申请期满后，即行政决定已经取得了确定力后，由行政机关申请法院执行。

（2）法院的审查和裁决。法院对于行政机关的申请，原则上以书面审理为原则。法院的审查不只是形式审查，而是在必要时，应依职权决定或是经过当事人的要求，对行政决定的事实、理由及其他证据进行调查，进行申请的实质审查。如果行政机关的申请符合规定，人民法院应当作出执行裁定。如果经审查认为有下列两种情形：一是行政机关作出的决定明显事实不清、没有法定依据或者违反法定程序的；二是执行将违背社会公共利益的，可以裁定不予执行。

法院作出行政执行的裁定，应该在3日内公告并送达当事人，限定当事人履行的时限。逾期不执行的，法院可以强制执行。法院的公告是法院进行强制执行的先行程序，除非情况紧急或为保障公共安全，才可以由行政机关申请紧急执行。

（3）执行。行政强制执行实行裁执分离制度。由行政机关裁决是否应当执行强制，而由法院具体实施强制。

（四）行政强制执行的方式

行政强制执行的方式依据执法人是否可以请人代替法定义务人履行其义务为标准，分为间接强制和直接强制。

1. 间接强制

间接强制是作出决定的行政机关为促使行政相对人履行义务或者达到与履行义务相同的状态所采取的手段。间接强制又分为两种：代履行和执行罚。

（1）代履行。

代履行，又叫代执行，是指义务人不履行法律法规等规定，或者行政行为所确定的可替代作为义务，由行政强制执行机关或第三人代为履行，并向义务人征收必要费用的行政强制执行方法。如拆除非法设置或张贴的广告等。

代履行必须同时具备四个要件：第一，存在行政相对人逾期不履行行政法上义务的事实，且此种不履行因故意或过失引起；第二，该行政法上的义务是他人可以代为履行的作为义务；第三，代履行的义务必须是代履行后能达到与行政相对人亲自履行义务同一目的的义务；第四，由义务人承担必要的费用。

（2）执行罚。

执行罚，是指对拒不履行义务的行政相对人反复地科以金钱给付义务，如加收一定比例的滞纳金、加处罚款等。执行罚的比例随着不履行义务的时间增加而增加，所以有的国家称为“怠金”。执行罚和罚款的区别在于，执行罚是行政强制的手段，罚款是行政处罚。在我国，涉及金钱给付义务的强制一般都规定了执行罚。

执行罚不是行政处罚。执行罚具有行政处罚的外形与功能，两者都是使违法人承担新的义务；在执行罚不能迫使义务人履行义务时，最终仍需与行政处罚一样，采取直接强制执行手段。但它与行政处罚显然不同：第一，性质不同。行政处罚和执行罚虽然都是针对不履行法定义务的当事人，但行政处罚本质上属于制裁性法律责任，仅限于设定新的义务；执行罚属于强制性法律责任，是以设定新的义务的办法来促使当事人履行法定义务。第二，目的不同。行政处罚的目的在于制裁，通过制裁使当事人以后不再违法，着眼点在于过去的违法行为；执行罚的目的在于促使义务人履行义务或实现与履行义务相同的状态，其着眼点在于将来义务内容的实现。第三，原则不同。制裁性法律责任一般都以“一事不再罚”为原则，一次违法行为惩罚一次；强制性法律责任最终目的在于义务的履行，因而执行罚可以多次适用，直至义务人履行义务为止。

2. 直接强制

直接强制是在无法采取间接强制或者采取了间接强制仍不能达到执行目的时，行政强制执行机关直接对行政相对人的人身或者财产采取强制手段，以达到与行政相对人履行义务相同的状态。

直接强制是迫使法定义务人履行义务或实现与履行义务相同的状态之最有效的方法，也是行政行为中最严厉的手段。它既利于直接有效地实现行政目的，又易于造成对公民合法权益的损害或冲击，因此，采取直接强制执行必须十分慎重，对实施直接强制的条件作必要的、严格的规定：第一，行政机关实施直接强制执行的权力必须由法律明确授权。凡是法律没有明确授权的，就必须申请人民法院强制执行。第二，采取直接强制执行手段，必须是在穷尽其他间接强制执行手段之后。第三，必须对直接强制执行的条件和程序作严格、明确的规定。我国单行法中规定了许多直接强制执行的措施，但大都没有关于条件和程序的规定，这一状况有待改进。第四，直接强制执行中必须严格贯彻比例原则，以实现义务人应承担的义务为限，不能扩大，不能给义务人的人身或财产造成超过其应承担义务的范围。

直接强制执行大致可按其内容分为对人身的强制、行为的强制和对财物的强制。如强制检疫、强制治疗、遣送出境、强制遣回原地、强制传唤、强制履行、扣缴、抵缴、强制收购、限价出售、强制许可、强制退还、强制拆除、加收滞纳金、强制拍卖、扣除工资、扣押财物作抵、强制拆除等。

三、行政强制的作用

1. 行政强制是实施法律的重要手段

强制性是法律的基本属性。这是因为，法律的价值是通过其在社会生活中的实施来实现的，而规则自身不会自动实施，它需要国家强制力作为后盾。在任何社会里，总有一部分公民或者组织为了个人或者小团体的利益不遵守法律或者故意逃避法定义务。特别是在行政管理过程中，维护社会秩序和保障公民自由、维护公共利益和保障个人权利之间的冲突经常发生，运用强制手段解决冲突就成为政府实现管理目标的重要手段。

2. 行政强制是依法行使行政权的有力保障

同民事行为以双方当事人的意思自治完全不同，行政强制具有单方性。虽然现代社会中行政相对人能够参与行政程序，表达自己的意见，但是依法确定行政相对人的权利义务最终取决于行政机关的意志而不是行政相对人的意志，并要求行政相对人必须服从和配合；在其不服从、不配合的情况下，依法强制就成为行政机关行使职权的保障。

3. 行政强制是维护公共秩序的有力手段

行政管理秩序是一个社会最表面化的秩序，直接反映社会的文明程度和管理水平。从市容环境到城市规划，从市场秩序到质量监督，行政强制面对社会和经济活动中多元行为主体。特别是在社会主义市场经济秩序逐步建立过程中，商品市场和生产要素都难免存在秩序混乱的状况，所以行政相对人行为不守规范会直接导致行政强制不可避免。

4. 行政强制是促进全社会遵守法律的有效方法

对违法或者不履行法定义务的公民、法人或者其他组织施以强制，迫使其履行法定义务，树立“有法必依，执法必严，违法必究”的社会氛围，对提高全社会的守法观念具有重要作用。目前，我国部分公民的自觉守法意识不强，特别是在个人或小群体利益同社会利益发生冲突的时候，为了一己私利牺牲法律秩序的情况时有发生。在这种情况下，行政强制成为维护法律权威的有效方法。

第八节　行政裁决

一、行政裁决的概念与特征

行政裁决是指行政主体依照法律授权，对平等主体之间发生的，与行政管理活动密切相关的，特定的民事纠纷进行审查并作出裁决的具体行政行为。

行政裁决主要有以下几项特征：

第一，行政裁决的主体（即裁决者）是法律授权的特定的行政机关。其特定性表现在：①行政裁决权的主体是对与民事纠纷有关的行政事项具有管理职权的行政机关；②这样的行政机关也只有经法律明确授权后，才拥有对该类民事纠纷的行政裁决权。如《中华人民共和国专利法》《中华人民共和国商标法》《中华人民共和国土地管理法》《中华人民共和国食品卫生法》《中华人民共和国药品管理法》《中华人民共和国治安管理处罚法》等都规定了对权属争议或侵权争议，授权有关行政机关可以通过裁决予以解决。但是这些法律大多没有规定专门的行政裁决机构。但从理论上讲，这些单行法律中有关行政裁决的规定，构成了具有我国特色的行政裁决制度。

第二，行政裁决的对象是特定的民事纠纷。行政裁决的对象具有特定性，行政机关不能对所有的民事纠纷都进行行政裁决，而只能裁决那些法律规定的与行政管理事项有关的民事纠纷。传统上，民事纠纷是由法院裁决的，行政机关一般只行使行政权，通常情况下不能裁决属于司法权范畴的民事争议案件。但为适用客观现实的需要，在特定情况下，为实现行政管理的目标，法律特别规定个别种类的民事案件争议授权行政主体先予裁决并保留法院对之进行司法审查的权力。

第三，行政裁决程序的启动往往以当事人的申请而开始。争议双方当事人在争议发生后，可以依据有关法律法规的规定，在法定期间内向法定裁决机构申请裁决。申请裁决通常要递交申请书，并载明法定事项。

第四，行政裁决是行政主体行使行政裁判权的活动，具有法律权威性。在现代社会里，行政裁判权已成为国家行政权的一个重要组成部分，因此，行政裁判权的行使也是国家行政权的一种行使方式，行政裁决活动具有行政权行使的特征。无论民事纠纷的双方当事人是否接受或同意，都不影响行政裁决的进行和成立，也不影响行政裁决应有的法律效力。

第五，行政裁决是一种特殊的具体行政行为。所谓特殊，一是因为行政裁判权是法律授予的，行政机关只能依法律的授权而实施，而非依宪法或组织法规定的职权主动实施；二是因为行政机关是居间裁决的公断人而非以管理者的身份出现；三是因为行政裁决依照的是一种准司法程序，不同于一般具体行政行为程序，它要求行政主体客观公正地审查证据、调查事实，然后依法作出公正的裁决。

尽管行政裁决具有以上特征，但它仍是一种具体行政行为。但是这里应当区分行政裁决是不包括单纯以调解方式处理而其调解处理协议并不发生强制性法律效力的行为。我国的有关法律法规和司法解释也已明确规定，对行政裁决不服，可依法申请行政复议或提起行政诉讼；而对行政调解等不服的，不能提起行政复议或行政诉讼，只能向人民法院提起民事诉讼。

二、行政裁决的相关区别

1. 行政裁决与行政确认

行政裁决与行政确认都是行政决定的一种行为形态，都是独立的行政行为。但行政裁决系指行政主体依照法律授权，以中间人的身份，对特定的民事纠纷进行审理和公断的行政行为；行政确认则是行政主体对既存的法律事实和法律关系进行审查、认定并确立其法律效力的行政行为。具体区别在于：

（1）行政裁决属于纠纷解决制度，是行政主体对于已经发生的纠纷的一种公断；而行政确认是一种认定制度，是行政主体对行政相对人的主体资格及有关法律事实或法律关系的一种认定。

（2）行政裁决是对民事关系的处理；行政确认则是对于行政关系的处理。

（3）行政裁决中行政主体是作为第三方中间人的身份出现的，它发生在三方关系之中；而行政确认书发生在行政主体与行政相对人的双方关系之中，行政主体是以管理方身份而不是以第三方中间人的身份出现。

（4）行政裁决是一种准司法制度，所以需要经过严格的准司法程序；行政确认不属于准司法制度，因而其程序并不像司法程序那么严格。

从某种意义上讲，行政裁决，至少部分行政裁决，是以行政确认为前提的，此时的划分方法是：如果行政确认进入行政裁决程序作为行政裁决的前置行为而存在，那么，行政确认被行政裁决所吸收，总体按行政裁决行为对待；如果行政确认发生在行政裁决程序以外，那么，行政确认与行政裁决就分别作为两个独立的行政行为而存在。

2. 行政裁决与行政确权

从字面上考察，“确权”范围和含义会非常广泛，可以指有权机关通过一定法律程序认定财产权的行为，各类诉讼裁决、仲裁决定、行政确认等都是确权的有效途径。但是，行政法上的行政确权，从它的提出和形成过程都可发现，它始终与自然资源和不动产权利有关。最初，由于不少法律都规定了“确认”自然资源的“所有权”“使用权”，从而被简称为“确权”。2005年最高人民法院行政审判庭《关于行政机关颁发自然资源所有权或者使用权证的行为是否属于确认行政行为问题的答复》，将当事人对自然资源的权属发生争议后，行政机关对争议的自然资源的所有权或者使用权所作的确权决定，称作“确权”。最高人民法院《关于审理涉及农村集体土地行政案件若干问题的规定》第六条第一款是这样使用“确权”一词的：“土地权利人认为乡级以上人民政府作出的土地确权决定侵犯其依法享有的农村集体土地所有权或者使用权，经复议后向人民法院提起诉讼的，人民法院应当依法受理。”我国不少部门将“确权”与不动产“登记”联用。

由上所述可以推断，我国行政法意义上的行政确权，特指行政机关在法律授权的前提下，通过一定的法律程序，确认自然资源和其他不动产的所有权、使用权归属的行政行为。行政确权具有下列法律特征：

（1）以行政机关为主体。行政确权是由行政机关作出的确权决定，而不是由司法机关通过司法裁判所实施的确权，由此与司法确权相区别。

（2）以法律授权为前提。并非所有的行政机关都具有行政确权的职能，它须以法律的直接授权为前提，法规和规章等均不得作为行政机关行政确权的授权法。

（3）旨在解决自然资源和其他不动产的所有权、使用权之归属问题。这里不包括人身权，也不包括所有的财产权，只限于自然资源和其他不动产的所有权和使用权。之所以将行政确认权限定于自然资源和其他不动产，是因为无论就国家还是个人而言，自然资源和其他不动产都是财产权中最为重要的部分。

（4）通过严格的法律程序。基于行政确权的特别任务，它须通过严格的法律程序作出。行政确权一般通过两种程序实现：在当事人对权属无争议时，通过直接的产权登记加以确权；当事人对权属有争议时，通过行政裁决来确权。发证不过是经过登记审查或者行政裁决确权后的一种后续行为。

在行政行为的分类上，行政确认与行政裁决是行政确权的两种途径和形式，行政裁决与行政确认中都有行政确权的内容。这就是行政确权与行政确认、行政裁决之间的关系。

3. 行政裁决与行政裁判

行政裁判是指人民法院通过行政诉讼程序，对行政案件进行审理后，依法作出裁定或判决的司法行为。从字面上看，行政裁决与行政裁判只有一字之差，其实区别甚远，主要表现在：

（1）主体不同。行政裁决的主体是行政机关，而行政裁判的主体是人民法院。

（2）对象不同。行政裁决的对象是民事纠纷，而行政裁判的对象是行政纠纷。

（3）性质不同。行政裁决是行政主体的一种行政行为，而行政裁判是人民法院的一种司法行为。

三、我国行政裁决制度的完善

综观世界范围内行政裁决制度的发展历程，可以发现，作为现代国家一项重要的政府职能，行政裁决的兴起是行政权不断扩张的结果，也是社会发展和国家管理之必需。行政解决民事纠纷不仅具有合法性来源，同时也是社会发展的需要。由于现代行政日趋专门化，行政裁决的专业性契合了社会现实的需要。此外，行政裁决制度可以有效地缓解法院诉讼的压力，充分发挥行政权的主动性特征，有利于民事纠纷得到彻底和迅速的解决。鉴于行政裁决制度的现实合理性和我国行政裁决制度的缺陷，我们需要进一步完善行政裁决制度。

（1）统一行政裁决的名称和范围。行政裁决在立法中使用的混乱情况给立法、执法、司法和法制观念带来了许多负面效应。因而，应当将行政裁决的内涵和外延明确界定下来，避免理论上的认识混乱。同时，应当改变目前滥设行政裁决的状况，严格限制行政裁决的实施，对行政裁决规定统一的范围和尺度。

（2）强化行政裁决机构的独立性。我国行政裁决机构的设置极不规范，除商标、专利争议有专门的裁决机构外，大多数行政裁决机关没有设置独立的行政裁决机构。随着市场经济的不断发展，与行政管理相关的民事、经济纠纷的不断增加，建立独立的行政裁决机构，有利于促进当事人之间的民事、经济纠纷的有效解决。

(3) 构建完善、统一的行政裁决程序。为进一步规范行政裁决制度，可以结合诉讼法和行政裁决具体部门工作规程的相关规定，确立统一的行政裁决程序，构建相对独立的行政裁决证据规则和裁决方式。

第九节　行政奖励

一、行政奖励的概念与原则

行政奖励是指行政主体依照法定条件和程序，对为国家和社会做出重大贡献的单位和个人给予物质或精神鼓励的具体行政行为。其目的是表彰先进，鞭策后进，充分调动和激发人们的积极性与创造性。

根据我国现行有关行政奖励的法律规范的规定，行政奖励一般应遵循下列原则：

(1) 依法奖励的原则。行政奖励是一种法定行为。任何行政奖励都应当坚持法定的标准、条件和程序，实事求是地进行。所以不能由行政主体中的个别人员任意框定，而应采取公开、民主的方式选择最为优秀的人物进行表彰、激励。只有这样，才能达到表彰先进，激励和推动后进的目的。对于违反这一原则者，要按照情节轻重分别予以批评、撤销奖励、给予行政处分等制裁。

(2) 物质奖励与精神奖励相结合的原则。物质奖励是指为受奖者颁发一定数额的奖品或奖金，满足其物质利益需要的各种奖励形式的总称。精神奖励是指受奖人给予的非物质奖励，如颁发奖章、授予荣誉称号等。二者既可分别独立实施，也可合并实施。理论和实践证明，人的需要是多方面、多层次的。人不仅有物质需求，还有精神需求。精神需求是人们高层次的需要。当物质利益满足后，人们往往会追求高层次的精神需求。对于某些受奖对象来讲，精神奖励的作用甚至大于物质奖励。应该说，物质奖励与精神奖励各具特色，但若能将两者有机地结合起来，就可以更加充分地发挥行政奖励的整体效应。

（3）公正、平等原则。每个人在行政奖励中的法律地位是平等的，拥有相同的奖励条件，拥有同等的受奖机会和权利，授权机关不得以自己的好恶偏袒某受奖集体或个人。公正、平等原则的具体要求是：机会均等、论功行奖、程序民主公开。

（4）奖励与行为相适应原则。行政奖励的内容与形式要与受奖者的行为贡献相一致，奖励的等级与贡献大小相适应，做到论功行奖、合理适度。

二、行政奖励的内容与形式

1. 行政奖励的内容

行政奖励的内容就是指行政主体给予行政相对人的，在其行为报酬之外的特定权益。在我国行政奖励实践中，行政奖励通常包括物质权益、精神权益、特殊待遇与职务权益等几种内容。从目前我国有关法律的规定看，行政奖励的种类很多，有内部行政奖励和外部行政奖励；赋予权利的行政奖励和赋予能力的行政奖励；荣誉性行政奖励、财务性行政奖励和职位性行政奖励。行政奖励的具体内容也较多，但概括起来看，主要包括以下三个方面：

（1）物质方面的行政奖励。表现为给受奖者一定数量的奖金或奖品等。

（2）精神方面的行政奖励。精神方面的行政奖励也即荣誉性行政奖励，表现为给受奖者通令嘉奖、记功、记大功、授予先进生产者、劳动模范、战斗英雄等荣誉称号。

（3）特殊待遇。在我国，某些为国家社会做出卓越贡献的公民，通常在通信、交通等方面享受一定的特殊待遇，这实际上也是行政奖励的一种形式。

（4）职务权益。职务权益主要表现为工资的提升、职位的晋升等。

2. 行政奖励的形式

在我国，行政奖励具有多种形式，其中几种主要形式包括：

（1）发给奖金或奖品；

（2）通报表扬；

（3）通令嘉奖；

（4）记功；

（5）授予荣誉称号；

（6）晋级；

（7）晋职。

各种不同形式的奖励可以单独适用，也可以同时适用，并可同时发给奖状、奖章、证书等以资证明。

三、行政奖励的程序

行政奖励是法定奖励，实施行政奖励除了符合法定条件和标准外，还必须遵守法定程序。目前我国尚无统一的行政程序法，也无统一的行政奖励立法，有关行政奖励的程序很不统一。虽然行政奖励因其对象复杂，种类、形式繁多，各种不同行政奖励的程序具有自身特殊性，从对行政奖励活动实践的考察，可将行政奖励程序大致分为以下四个环节：

1. 行政奖励的提起

提起行政奖励的方法一般有以下几种：

（1）受奖者自己申请或申报；

（2）群众讨论评选；

（3）有关单位或个人建议或推荐；

（4）授奖机关或审查机关的发现。

2. 行政奖励的审批

审批是行政奖励的关键部分，审批权限一般与奖励权限相一致。审查内容一般包括：所报情况是否属实，奖励对象是否恰当，奖励条件是否符合，然后确定奖励的形式和等级。对审查后不予批准授予行政奖励的，应向申报人、推荐人说明理由。

3. 公布、评议

批准后的行政奖励在授予之前，应当公布，并规定一定的评议期限，对评议期满无异议或异议不能成立的，方能正式授予奖励。

4. 行政奖励的授予

行政奖励一般由批准该项奖励的机关或单位授予，对于所授的奖励应在适当的会议或报刊上发布，对于个人的奖励还应当书面通知到本人，并载入个人档案。

第十节　行政合同

一、行政合同的概念

行政合同，又称为行政契约，是指行政主体为了行使行政职能，实现特定的行政管理目标，而与公民、法人或其他组织，经过协商，相互意思表示一致所达成的协议。如《中华人民共和国水土保持法》第二十六条规定："荒山、荒沟、荒丘、荒滩可以由农村集体经济组织、农民个人或者联户承包水土流失的治理。对荒山、荒沟、荒丘、荒滩水土流失的治理实行承包的，应当按照谁承包治理谁受益的原则，签订水土保持承包治理合同。承包治理所种植的林木及其果实，归承包者所有，因承包治理而新增加的土地，由承包者使用。国家保护承包治理合同当事人的合法权益。在承包治理合同有效期内，承包人死亡时，继承人可以依照承包治理合同的约定继续承包。"水土流失治理承包合同是典型的行政合同。

从实质上看，行政合同所追求的目的是实现行政目的，这是确认行政合同调整范围的根本依据，也是区分行政合同和民事合同的基本标准。

从形式上看，行政合同是行政主体和其他行政主体或行政相对人之间达成的合意，是一种公法合同。行政合同的实质是在行政法领域形成的具有行政法律效力的双方合意，这种合意当然也可以在行政主体之间存在，这一点为西方国家行政法理论与实践所肯定。另外，在法律有特别规定时，非行政主体间也可能缔结行政合同，这时，对合同性质的衡量标准是采取实质标准而非形式标准。比如，根据有关国内重要生产资料国家订货管理的规定，供需双方必须根据国家订货计划签订订货合同，这里的供需双方可能都是以企业形式出现的，但并不妨碍该合同性质为行政合同。这是因为这种合同是在公共管理的基础上为实现特定行政目的而缔结的，且缔结合同的权限直接来源于法律，合同的内容适用特别的法律规范。

二、行政合同的特点

（1）行政合同的一方当事人必须是行政主体。这里需要注意三个问题。第一，在行政机关身份多元化的现代社会，行政许可、行政强制、行政处罚等行为都有“行政”二字，本质上指的是与“行政主体”“公共利益”有关。所以只有那些行政机关以“行政主体”的身份参加的合同才是行政合同。第二，我们认为可将行政主体界定为在行政法上具有独立行政利益，享有权力、承担义务，并担负其行为责任的组织体或该类组织体的代理主体，并按照行政主体是否具有独立的利益，可把行政主体分为利益行政主体和代理行政主体。在实践中存在的行政合同中，其行政主体基本上是代理行政主体。第三，当另一方当事人是行政相对人时，行政相对人既包括普通的公民、法人或者其他组织，也包括代理行政主体中虽然享有国家职权，在某些情况下可以成为对外实施行政管理权主体，但在行政合同法律关系中却成为被管理对象的行政机关和其他组织。

（2）行政主体签订合同的目的是执行公务。公务即公共利益的需要，其内涵不是一成不变的，如在高度集中的计划经济条件下，农民的农业生产活动也可以被称为公务，而市场经济条件下无论如何也不能再称其为公务了。“执行公务具有广泛的含义。有的合同是直接执行公务，有的合同是帮助执行公务，不能认为，一切和执行公务有关的合同就是行政合同。”行政合同中的执行公务仅指因直接执行公务而产生的合同。

（3）行政合同建立在双方意思表示一致的基础之上。在行政主体和行政相对人签订的行政合同中，行政主体签订合同的目的是公共利益，而行政相对人签订合同的目的在绝大多数的情况下，是为了自身的经济利益而非公共利益。正如追求各自利益的民事主体双方可以达成合意一样，追求私人利益的行政相对人同样可以达成意思表示一致。这里的“意思表示一致”包括两个方面，一是自由选择对方的一致，二是对合同条款认识的一致。合同条款分为两种：合同明示条款和合同隐含条款。对于行政隐含条款如何达成一致，不同的国家的处理方式不同，有的国家规定只执行合同的明示条款，而有的国家规定无须合同明确规定，行政机关当然享有行政优益权。

(4) 行政合同适用某些不同于民事合同的特殊规则。在行政主体和行政相对人签订的行政合同中，为了保证公共利益的实现，行政机关在行政合同的执行过程中享有某些特权，如监督指挥权、单方变更权、单方解除权、制裁权等。当然，为了防止行政主体特权的滥用和保障行政相对人的合法权益，行政相对人也得到了特权行为的补偿权。

三、行政合同的作用

行政合同是一种富有弹性和灵活性的管理形式，它既不像行政命令行为那样僵硬，也不像民事合同行为那样自由随便。行政合同虽有双方当事人的自由协商，但又以保留行政机关必要的行政优先权为其条件。行政合同是对行政命令、行政处罚、行政强制等管理手段的重要补充形式。因此，行政合同的作用主要表现在以下两方面：

(1) 行政机关方面来说，订立行政合同既可以更好地行使行政职能，保证国家行政目标的实现，又可以因合同双方权利义务关系的明确性而避免相互扯皮、推诿，杜绝不负责任的官僚主义作风。

行政合同不同于一般的民事合同，行政机关作为实施国家行政权的机关，在行政合同的订立或履行过程中起主导作用，它可以将国家要到达的行政目标通过行政合同的形式依法予以落实。在行政合同履行过程中，行政机关可以根据实际情况的变化单方修改、中止甚至撤销已经订立的行政合同，以保障行政目标的实现，而作为合同相对方的当事人则没有此项权利。但行政机关在行使这种特权时必须十分慎重，以尽量避免损害合同对方当事人的利益。

订立行政合同能使行政机关与行政相对人的权利义务关系相对确定和

明晰。合同内容对于双方均是一种限制和制约。虽然行政机关在行政合同的签订和履行中享有行政优先权，但它也不能无视合同的规定而任意行为。即使由于种种原因需要改变或中止合同，它也要给相对人以相应的补偿。这样，既保证了国家行政目标的实现，也便于恰当合理地处理双方的责、权、利关系，以避免相互扯皮、相互推诿和不负责任的现象出现。

（2）从相对人来说，订立行政合同既可以使他们更好地发挥积极性和创造性，又可以使合同争议发生后控告有门，解决有据。

在行政管理领域内正确运用行政合同这一法律形式，既可以保证行政权的正确运用，也可以充分发挥行政相对方的积极性和创造性。尤其在文化、科研、教育、资源开发等方面，用简单、强硬的行政命令手段往往难以奏效，因而在这些行政管理部门采用行政合同的管理方式就显得更为必要。

此外，订立行政合同可以使当事人双方一旦发生争议时控诉有门，解决有据。因为，通过签订行政合同，使二者的地位明确，各自的权利义务得以明晰，如果在履行合同中发生争议，当事人可以据此向法院提起诉讼，寻求法律保护或救济。

四、行政合同的历史发展

传统意义上的合同主要运用于民事领域，如《中华人民共和国合同法》中规定的“合同”就是指民事领域中的合同。将合同从民事领域引入行政法范畴，在保留传统核心要素的基础上也移植了新的价值。这一转变是从西方开始的。

1. 大陆法系行政合同的发展

在大陆法系国家，法律有公法与私法之分；与公私法划分相适应的是法院体系的划分。传统意义上的合同属于司法范畴，因合同而产生的争议由普通法院管辖；行政法属于公法范畴，因行政行为产生的争议由行政法院管辖。因此，在大陆法系国家，合同由司法领域发展到公法领域必须突破法律结构和法律观念的束缚。

在大陆法系国家，基本都存在对行政合同由否定转向肯定的过程，而且其转向的原因也是基本相同的。下面以德国为例进行介绍。

在德国，就逻辑上是否存在“行政合同”这一概念的争议持续了很久。在政府职能仅为守边安民的“夜警国家”里，不仅政府机构数量少，而且政府行使职权的方式也非常单一，即单方性、行政性的传统管理方式。行政法律关系中，也以“命令—服从”关系为根本特征。另外，此阶段的行政法基本原则为严格意义上的“依法行政原则”，强调行政主体的行政行为必须有法律的明确规定，“无法律即无行政”；而传统合同理论的根本理念是自由，强调“无法律禁止即自由”。在这种情况下，行政合同这种强调双方性、协商性和选择性的管理方式显然与传统行政法理念格格不入。正是基于传统行政法理念，被尊为“行政法之父”的德国行政法学者奥托·迈耶（Otto Mayer）坚决“反对国家与公民签订的公法合同，认为在公法领域国家与公民签订合同是不可能的，因为合同是以法律主体对等为前提，而公法却因国家的优越地位而得确定”。正是在这个意义上，“行政”与“合同”根本不能合成一词，即“行政合同”本身就是一个逻辑上自相矛盾的概念。在德国，虽然一直有学者主张存在行政合同，但反对行政合同的成立在很长一段时间里一直是主流观点。

1945 年之后的德国行政法学界中，行政合同存在论开始成为主流观点，“几乎所有公开发表的有关一般行政法的教科书都附带性地认为行政合同是一种可行的行政活动方式。”1958 年出版的三本著作使行政合同最终赢得了行政法学界的认可。这三本著作是伊姆鲍登（Imboden）的《行政法合同》、扎尔茨韦德尔（Salzwedel）的《公法合同的适法性界限》和斯泰恩（Stern）的《论公法合同的理论基础》。

相对于理论的滞后现象，实践中却在很长时间里一直在运用行政合同这一崭新的政府管理方式。为了满足现实需要，在没有得到理论界肯定之前，行政主体已经在使用行政合同了。司法界关于行政合同的一个重要判决，是联邦行政法院在 1966 年关于建设费用的判决。在该判决中，联邦行政法院抛弃了以奥托·迈耶为代表的主流传统观点，而采纳了福斯多夫（Forsthoff）的主张：“多样性的现代行政活动，在完成国家职能方面不再停留在限于单方面的制定规范和以行政行为方式执行规范，因此不应当继续拒绝协议性的法律行为。”行政合同的运用不仅“动摇了传统的行政方式”，而且具有重要价值：“原则上承认公法合同作为行政方式的合法性，将在极高的程度上根本改变在现代法治国家里国家居高临下的优越地位，改变公民以前仅仅被作为行政客体的法律地位。”

1976 年的德国《联邦行政程序法》设专章专门规定了行政合同，此法的颁布使行政合同最终得到法律的肯定。此后，学界关注的焦点由行政合同的存废问题转向与之相关的法律的解释和适用问题。

2. 英美法系行政合同的发展

在大陆法系国家，合同概念从民事领域引入行政领域需要突破传统合同观念的束缚。与大陆法系国家不同，英美法系国家出现行政合同是件顺其自然的事情，“在理论上对上述问题基本没有疑义，也根本不会提出这样的问题”。

首先，英美法系国家没有公法与私法的划分，所有行为适用相同的法律原则。合同从民事领域引入行政领域只是适用范围的扩展，并不存在法律结构和法律观念的障碍。合同在产生之初并没有限定签订主体必须是民事主体，行政主体为了公共利益的需要，在其权限范围内与行政相对人签订合同，是完全符合合同本初意义的。甚至“普通法或制定法上原本就允许政府拥有缔结契约的权限，比如，英国历来就认为国王缔结契约的权利与私人一样直接源于普通法，被视为固有的，不需要立法授权的权利”。有行政主体参加的合同与没有行政主体参加的合同，在合同的缔结、履行、变更、解除等方面并没有多大的差别。

其次，法律救济的途径也是相同的。与公私法划分相对应的是法院体系的结构。在英美法系国家，因合同而产生的争议，无论签订者是否包括行政主体，都由普通法院管辖。法院在处理行政主体为一方当事人的合同争议时，与处理平等民事主体之间的合同争议所适用的规则基本相同。

英美法系国家虽然不存在“行政合同”理论，但也从形式角度对合同进行划分，以政府为一方当事人的合同统称为“政府合同”（government contract）或者“采购合同”（procurement contract）。英美法系国家虽然理论上不存在“行政合同”，但实际操作中还是存在“行政合同”的影子的，例如，在法律救济方面，也并不是对所有的政府合同进行司法审查。在英美法系国家，是否对政府合同进行司法审查，除了“政府为一方当事人”这一形式特点外，还必须考虑合同是否具有关系公共利益的公法因素。

无论行政合同的出现是一个自然的过程还是一个思想观念突破的过程，现代国家一般都肯定行政合同成为政府治理的一种重要手段。这一转变其实是在深层次的经济发展背景下完成的。

资本主义经济在发展的初期是传统自由经济，此阶段的理论基础是“经济人”假设，首次对“经济人”思想进行了系统论述的是经济学鼻祖亚当·斯密，他在其奠基之作《国民财富的性质和原因的研究》（简称《国富论》）中指出“经济人”的本性是“利己性”，从事经济活动的动机是为了自己。“我们每天所需的食物和饮料，不是出自屠户、酿酒家的恩惠，而是出自他们自利的打算。我们不说唤起他们利他心的话，而说唤起他们利己心的话。”他还提出著名的“看不见的手”的理论，即在市场经济中，有“一只看不见的手”在指导着社会个体通过追求自身的最大利益来最终实现社会利益。“他受一只看不见的手的指导，去尽力达到一个并非他本意想要达到的目的。也并不因为非出于本意，就对社会有害。他追求自己的利益。”经济学的理论决定着政府的职能和机构设置，在此理论框架下，政府的身份是管理者，“最好的政府就是最小的政府”，政府的职能仅限于守边安民，政府机构仅限于军队、警察局等。此阶段中的行政主体与行政相对人关系的权力性特征明显，与此相对应，行政主体行使权力的方式也强调单方性、命令性和强制性。

19 世纪末 20 世纪初，西方主要资本主义国家的经济由自由竞争阶段发展到垄断阶段。在此阶段，公民的需求逐渐增多，社会矛盾也日益显现，特别是经济危机的屡次发生，使整个社会处于混乱状态，这些都需要政府进行处理。政府也由奉行不干预主义的政策转变为奉行积极干预的政策，20 世纪 30 年代美国“罗斯福新政”和“凯恩斯主义”的盛行正是这一转变的典型反映。虽然 20 世纪 70 年代经济滞胀出现后经济学开始主张新自由主义并且出现了席卷全球的私有化浪潮，但此时政府的身份已转变为管理者和服务者，政府职能转变为社会管理的公共服务，却是不争的事实。社会管理职能的实现仍然可以沿用传统行政手段实现，但大量出现的公共服务职能一方面使政府无暇顾及，另一方面政府亲力亲为也是不经济的，因此非权力行为开始出现，行政合同逐渐得到实践的认可。另外，随着行政事务复杂性趋势的加剧，行政合同的形式也越来越多。例如，各地政府面临的重大行政事务具有同一性或关联性，其处理解决需要多个政府的通力合作，政府之间可以就该项行政事务达成合作协定，即行政协定。

3. 我国行政合同的发展

虽然行政合同在我国也得到了承认，但其发展路径与西方主要国家行政合同的发展路径截然相反。

我国行政合同的发展始于改革开放。改革开放的本质内涵就是经济体制的改革，而经济体制改革又决定着政府职能的转变。可以说，我国经济体制改革是一个政府由“全能型政府”向“有限型政府”转变的过程，通过确立市场经济制度以及政企分开、政事分开、政社分开等措施，由高度集中的无所不包的计划经济最终转变为“宏观调控、市场监管、社会管理、公共服务”的政府职能。政府职能的转变又决定着政府管理方式的转变，行政合同的运用正适应了这个转变的需要。

我国的改革开放起源于农村的家庭联产承包责任制。在改革之前，农民没有自己的决定权，农业生产就是在执行上级的行政命令，是一种“命令—服从”的模式。经济体制改革的核心就是要赋予公民在经济方面的自主权。根据我国的土地所有制，农村土地属于集体所有，为了实现农民经济方面的自主权，首先通过行政合同性质的农村土地承包合同把土地使用权出租给农民。在“交够国家的，留够集体的，剩下的都是自己的”政策的鼓励下，农民的积极性被调动起来。为了适应进一步改革开放的需要，1985 年 1 月 1 日中共中央、国务院《关于进一步活跃农村经济的十项政策》规定“粮食、棉花取消统购，改为合同定购”。农村土地承包合同、粮食定购合同等行政合同的运用，使农业领域实现了高度集中下计划经济向市场经济的转变。

我国整个改革开放的过程实际上就是一个把“承包制”从农村拓展到

城市的过程。为了提高企业的自主性，政府对国有企业的管理从直接行政命令方式转变为间接监督管理方式。为了实现 1987 年党的十三大提出的“无论实行哪种经营责任制，都要用法律手段，以契约形式确定国家与企业、企业所有者与企业经营者之间的职责、权力、关系”，1988 年国务院陆续发布了《全民所有制工业企业承包经营责任制暂行条例》和《全民所有制小型工业租赁经营暂行条例》，以规范国有企业的承包租赁合同。此后，行政合同的适用范围逐渐扩展到国有土地使用权出让、公共工程承包、政府采购、BOT 项目特许经营、科学研究以及行政协定、行政委托等领域。其中，1990 年国务院颁布的《中华人民共和国城镇国有土地使用权出让和转让暂行条例》明确规定了行政主体在合同中的制裁权、解除权等行政合同所特有的规则，其规定是当时“最为符合或接近行政合同的”。行政协定和行政委托等行政主体之间的行政合同是在现代社会行政事务复杂化的情况下，政府合作处理公共事务中出现的行政合同的新形式。

4. 行政合同的积极价值

行政合同的出现和广泛运用，是多因素共同作用的结果，既包括社会发展带来的政府职能扩张、行政合同自身的优点，又包括民主观念等思想观念的影响。同样，行政合同的运用也产生了诸多积极的价值。

（1）提高了行政相对人的主体地位。传统政府治理模式中，行政主体与行政相对人之间是“命令—服从”关系，两者之间的法律地位是不平等的。行政主体作为社会管理者居于主导者地位，拥有指挥、命令的绝对权力；而行政相对人则处于被动地位，毫无选择的自由，只有服从的义务。行政合同这种现代政府治理方式，是建立在双方地位平等的基础之上的，必须尊重行政相对人意愿，与行政相对人协商一致后才能执行，行政相对人拥有是否缔结合同的选择权。当然，正如行政诉讼中行政主体和行政相对人在法律面前地位平等并不意味着双方拥有对等的权利义务一样，行政合同中的行政主体和行政相对人法律地位平等也不意味着两者的权利义务完全对等。为了保证公共利益的顺利实现，行政合同赋予了行政主体某些特权，如监督指挥权、单方变更权、单方解除权、制裁权等。当然，为了防止行政主体特权的滥用和保障行政相对人的合法权益，行政相对人享有因特权行为而遭受损失之后得到补偿的权利。

（2）体现了民主的精神。在现代国家，民主是政治制度建构的基础，是指人们通过选举组成代议机关决定国家的重大问题，没有人民的同意，任何国家权力的行使都是不合法的。民主的内涵不是一成不变的，随着社会的发展，民主的作用范围已经不仅限于立法和政治事务的决策过程，而且扩展到了行政领域。在行政内部，行政决策的过程要民主；在行政外部，行政主体对社会事务的管理也要民主。讲求行政主体与行政相对人平等协商的行政合同正好体现了行政中的外部民主。传统政府治理方式中，不管是否符合行政相对人的自身利益，行政相对人必须执行。行政合同中的行政主体没有命令权，只有征得行政相对人的同意才能执行。这就一方面为行政相对人的利益表达提供了渠道，另一方面使行政主体作出决策时更多地考虑行政相对人的利益，以求得双方合意的最终达成。可以说，“行政合同的签订过程就是一种民主的过程，被管理者的利益和要求在行政合同中得到了充分的体现”。

（3）有利于行政职能的顺利实现。与强调行政命令强制执行的传统行政管理手段不同，行政合同建立在行政主体与行政相对人之间意思表示一致的基础之上。行政合同的签订过程就是一个讨论协商的过程，行政相对人的意见可以得到比较充分的表达，而为了能够达成协议，行政主体也会认真考虑行政相对人的意见。行政合同使社会各个方面的利益得到了兼顾，改变了行政相对人的抵触心态，调动了行政相对人的积极性、主动性和创造性，有利于行政职能得到顺利实现。另外，随着社会的发展，环境治理、传染病防治、跨区域资源的开发和利用等行政职能的实现已经不是单个行政主体力所能及的，因此相关行政主体之间通力合作，运用行政合同的方式把各方的权利义务规定下来，有利于共同行政事务的顺利实现。

（4）拓展了行政法学研究的范畴。传统行政法学仅仅以行政处罚、行政强制、行政许可等权力性行政行为为研究对象。随着公共服务成为政府职能的组成部分和现代行政事务的复杂化，传统行政行为已经不能满足现实的需要，行政合同、行政指导等非权力性行为开始出现并得到广泛运用。随之，行政法学的研究视野也从权力性行政行为拓展到了非权力性行政行为。与此相适应的是，行政法学理论也由“公共权力说”转向“公共事务说”。

第十一节　行政指导

一、行政指导的概念

所谓行政指导，是指行政主体在其职责、任务或其所管辖的事务范围内，为适应复杂多变的经济和社会生活的需要，基于国家的法律、法规和政策，在行政相对人的同意或协助下，适时灵活地采取非强制手段，以有效地实现一定的行政目的，不直接产生法律效果的行为。

对于这一概念可以从以下几个方面来理解：

第一，行政主体实施行政指导是根据其职责和承担的具体任务的要求进行的，只要属于其管辖范围内的事项，行政主体均可对之实施行政指导。

第二，实施行政指导的宗旨是适应现代市场经济下日益复杂多变的社会、经济生活对行政管理的需要。

第三，行政指导的依据是国家的法律、法规和政策。尽管一些行政指导行为有具体的法律法规依据，但多数行政指导行为则是基于法律原则以及行政组织法上的职能规定作出的，有的则是直接根据国家政策而适时、灵活地作出。

第四，行政指导行为不具有强制力，行政相对人可自主决定接受或配合与否，因而不直接产生行政法律后果。

行政指导概念的这些要件使它明显区别于行政立法、行政命令、行政处罚、行政强制、行政裁决等行政法律行为。

二、行政指导的特征

行政指导具有以下特征：

第一，行政指导是行政主体的社会管理行为。只有具有行政主体资格的行政机关和法律法规授权的组织才能实施行政指导行为。

第二，行政指导适用的范围极其广泛，其方法多种多样。行政机关可以根据法定的职责任务及管辖事务的范围灵活采取指导、劝告、建议、示范、告诫等方式，对社会经济生活作出及时灵活的反应。

第三，行政指导属于“积极行政”的范畴。传统行政主要是“消极行政”，政府基本上扮演“守夜人”的角色，对社会生活很少主动干预。在现代社会，由于社会经济生活日趋复杂化和多样化，政府为了平衡公益与私益，兼顾公开与效率，注重降低社会成本和增进社会福利，消极行政已不能满足客观需要。这就要求行政机关实现一定行政目的，特别是从社会发展角度出发，实施积极的行动，包括采取行政指导方式，以补充单纯法律强制手段的不足。

第四，行政指导是符合现代法治原则的一种具有行政活动性质的行为。尽管许多行政指导行为并无具体的法律依据，不具有法律强制力，但行政指导行为是在不违背法律原则的前提下，为实现一定的行政目的而作出的。行政指导符合积极的法治原则，是对传统上依法行政原则的一种必要补充。

第五，行政指导是一种柔性的不具有法律强制力的行为。与具有强制力的行政命令、行政处罚、行政强制等行为不同，行政指导主要以指导、劝告、建议、鼓励等柔性的、非强制性的方式进行，并辅以利益诱导机制，向特定行政相对人施加作用和影响，以促使其为一定行为或不为一定行为(作为或不作为)，从而达到一定的行政目的。至于行政相对人是否接受行政指导，则听凭其自主抉择。

第六，行政指导是不直接产生法律后果的行为。尽管行政指导的作用对象是行政相对人，但因行政指导大都非基于具体法律规范而作出，不直接导致行政相对人的权利或义务的增减，因此不属于严格的行政行为的范畴。但是行政指导一经作出，对于行政主体则具有约束力，不经一定程序，不得“反悔”。行政指导违反法律，给行政相对人造成损害的还应当承担法律责任，这也是依法行政的要求。

同时，行政指导也不同于行政合同。行政合同虽然不具有单方性，但它可以直接产生法律效果，从而属于广义的行政行为。

三、行政指导的分类

行政指导的可以从不同的角度分类，主要的分类有：

第一，以有无法律根据为标准分为有具体法律依据的行政指导和无具体法律依据的行政指导。有具体法律依据的行政指导是指法律、法规、规章明文规定的行政指导，无具体法律依据的行政指导是指没有法律明文规定的行政指导。有具体法律依据的行政指导的例子在我国并不少见，如《中华人民共和国全民所有制工业企业法》第五十六条规定，政府要指导企业制定发展规划；《全民所有制工业企业转换经营机制条例》第四十三条规定，政府要利用经济杠杆引导企业行为，运用产业政策引导企业组织结构调整；《地震监测设施和地震观测环境保护条例》第四条规定，县级以上人民政府管理地震工作的部门，对地震监测设施及其观测环境保护工作，负责监督、检查、指导和协调，等等。无具体法律依据的行政指导在实践中则更为普遍。例如，行政机关通过召开会议、发布座谈纪要、公布某种信息情报，或者对行政相对人直接提出某种建议、劝告，引导行政相对人的行为符合行政机关的某种行政意图等。

第二，行政指导以其指导层次或指导对象为标准，分为宏观行政指导（或称普遍的行政指导）和个别行政指导。宏观行政指导是指行政机关对不特定的行业和相对人进行的行政指导。如1989年3月15日发布的《国务院关于当前产业政策要点的决定》、1994年4月发布的《90年代国家产业政策纲要》，就属于对我国整个国民经济产业结构进行调整的宏观指导。所谓个别的行政指导是指针对特定的行业、地区和相对人进行的行政指导，如某行政机关针对某企业经营不善或不良行为，在尚未达到违法或违法情节极为轻微的情况下提出劝告、希望或警告等，则属于个别指导。

第三，行政指导以其作用的性质为标准，分为促进性指导和限制性指导。促进性指导是指行政机关通过采取鼓励性措施等方式，促进行政相对人积极作为而进行的指导。限制性指导是指行政机关以限制行政相对人的行为为目的而进行的指导。例如，《指导外商投资方向规定》明确了外商投资的项目种类，尤其具体规定了鼓励类、允许类、限制类和禁止类的范围。

第四，行政指导以行业或部门管理领域为标准还可以分为教育、科技、商业、对外贸易等若干类别。如国家教委 1991 年发布的《教育督导暂行规定》、1993 年发布的《关于进一步改革和发展成人高等教育的意见》《关于加快改革和积极发展普通高等教育的意见》等均属于教育行政指导。

第五，行政指导以其功能为标准，分为管制性（或抑制性）行政指导、调整性（或调停性）行政指导、促进性（或辅助性）行政指导。管制性行政指导是指对于妨害秩序或公益的行为加以预防或抑制，如抑制物价暴涨和违章建筑等。调整性行政指导是指相对人相互之间发生争执，自行协商不成时行政主体出面调停以达成妥协，如城市公共汽车公司之间发生利害冲突，协商不成以致影响公共交通时所采取的行政指导。促进性行政指导，是指行政主体为了促使行政相对人的行为合法化而给予的行政指导，如为了推进中小企业的合理化、现代化，以实现社会平衡协调发展所实施的各种指导。例如，农业经营指导、职业指导等。

四、行政指导的意义

第一，行政指导是对现行法律不完备现状的及时补充。随着社会生活特别是现代科技的迅速发展，行政管理越来越及于整个经济与社会生活领域。但是，立法活动因其周期、费用和知识等局限，不可能完全满足行政管理对立法的需求，难以十分周全地“依法行政”，设定面面俱到的法律依据和具体对策。因此，在出现社会迫切需要行政管理而法律又无法及时调整的情况下，主管相应公共事务的行政机关即应当及时、灵活地采用行政指导等措施实施管理，此种管理可以认为是对传统的“依法行政”的有效补充。

第二，行政指导是对某些僵硬法律手段的有效替代。对于某些行政事项，虽有作出行政处理、采取强制行政行为的具体法律依据，但由于该具体事项的特殊性，呆板地采取强制性措施可能会产生某些负效应。在这种情况下，采取行政指导这种柔性措施往往会取得较好的综合效果。

第三，行政指导体现了现代行政管理民主化的发展趋势。传统的行政管理具有明显的纵向管理即“命令—服从”关系特征，尽管具有“依法行政”的外壳，但本质上是一种与管制经济相适应的命令行政。随着第二次世界大战后特别是近二三十年来个实行市场经济制度后出现的经济民主化倾向，相应地产生了行政管理民主化的趋势。与强制性法律手段相比，行政指导显然更具民主性，因为行政机关的行为是在行政相对人自愿同意和协助之下进行的。行政机关采用行政指导手段，更符合行政相对人的意愿，从而更有利于减少相对人对行政管理的阻力，也更有利于行政管理任务的完成。

五、行政指导的作用

行政指导作为一种行政管理方式，广泛应用于社会管理特别是经济管理领域。虽然它不直接涉及行政相对人的权利义务，不具有直接的强制性和法律效力，但它却具有对社会生活的积极引导和调解功能，能够适应现代行政管理职能由直接控制向间接控制转变的趋势，有利于调动和激发行政相对人的积极性和创造性。所以，行政指导在现代行政管理中的运用越来越广泛，已经成为政府施政的重要手段。当前，在建立、发展市场经济体制的过程中，行政指导在我国行政管理中具有重要作用。这些作用概括起来主要有：

第一，对强制性法律手段的补充作用。由于我国现阶段经济和社会生活的迅速发展，难免会出现“法律空白”的现象。为补充法律手段之不足，行政机关有必要及时灵活地采取行政指导措施调整有关事项。就是在某些已有具体法律规定的场合，如采用法律强制手段尚不必要或可能效果较差的情况下，可以采取行政指导措施来替代法律手段进行调整，以更为有效地实现行政目标。

第二，对经济发展的引导和促进作用。由于行政机关在掌握知识、信息、政策等方面的优越性，其实施行政指导能有效地引导行政相对人进行有关行为的正确选择，从而有利于促进社会经济与科技的健康发展。特别在目前我国向市场经济体制的转轨过程中，行政指导更具有一种导向和促进作用，能够合理引导、影响行政相对人的行为选择，保障社会主义市场经济顺利发展。

第三，对社会生活的协调和疏导作用。社会生活的多元主体之间的利益矛盾和冲突是难免的，为避免这种利益矛盾和冲突对正常社会经济秩序的干扰和破坏，需要通过各种途径和手段对其进行协调，而行政指导正是一种灵活有效的协调手段。由于行政指导的非强制性和自主抉择性，使其在缓解和平衡各种利益主体间的矛盾与冲突中具有突出作用。尤其是对于社会经济组织之间的冲突，更需要通过行政指导进行协调。此外，对于某些受阻碍的社会关系，也需要行政指导及时地予以疏通和调停。

第四，对损害社会利益行为的预防和抑制作用。在现实生活中，某些社会组织和个人往往存在为增加自身利益而不惜损害社会利益的倾向。对此需要通过某种外在影响力加以适当抑制。在损害社会利益的行为尚处于萌芽状态时，宜采用行政指导这种非强制性的积极行政方式进行调整。实践证明，行政指导对于可能发生的妨害社会经济秩序和社会公益的行为，可以起到防患于未然的作用；对于刚萌芽的妨害行为，则可以起到防微杜渐的抑制作用。

六、我国的行政指导的法律规定与行政实践

1. 有关行政指导的法律、法规、规章规定

在宪法层次上，《中华人民共和国宪法》第八条第三款规定：国家“鼓励、指导和帮助集体经济的发展”。第十一条第三款规定：“国家鼓励支持和引导非公有制经济的发展，并对非公有制经济依法实行监督和管理。”第二十六条第二款规定：“国家组织和鼓励植树造林，保护树木。”此外，现行宪法中还有多处以引导、提倡、帮助、鼓励、奖励等提法，对各层次含义的行政指导作出了规定。

在法律层次上，相应的规范更多、更全面，如《中华人民共和国注册会计法》第五条规定：“国务院财政部门和省、自治区、直辖市人民政府财

政部门，依法对注册会计师、会计事务所和注册会计师协会进行监督、指导。”《中华人民共和国农业法》第三十七条第二款规定：“国家鼓励和引导农民从事多种形式的农产品流通活动。”该法还采用鼓励、支持等提法，对农业行政作了多处规定。《中华人民共和国劳动法》更是多处采用提倡、表彰、奖励、支持、鼓励等提法，对行政指导作了规定。《中华人民共和国人口与计划生育法》（2001 年通过，2002 年 9 月 1 日施行，2015 年 12 月 27 日修正）第三十三条规定：“计划生育技术服务机构和从事计划生育技术服务的医疗、保健机构应当在各自的职责范围内，针对育龄人群开展人口与计划生育基础知识宣传教育，对已婚育龄妇女开展孕情检查、随访服务工作，承担计划生育、生殖保健的咨询、指导和技术服务。”第三十四条规定：“计划生育技术服务人员应当指导实行计划生育的公民选择安全、有效、适宜的避孕措施。对已生育子女的夫妻，提倡选择长效避孕措施。”

在行政法规层次上，相应规范则更为具体，如《中华人民共和国中外合资经营企业法实施条例》（1983 年版）第六条第二款规定：“企业主管部门对合营企业负指导、帮助和监督的责任。”《失业保险条例》第十七条第二款规定：“县级以上地方各级人民政府劳动行政主管部门负责本行政区域内企业职工待业保险的管理工作”，“指导待业保险机构做好待业保险基金的筹集、管理和发放以及待业职工的组织、管理等工作”。《城市民族工作条例》第二十二条规定：“城市人民政府应当在少数民族中加强计划生育的宣传、教育和指导工作。”

在部委规章的层次上，对行政指导则以完整的规范性文件予以规定，经国务院批准公布的《外商投资产业指导目录》是指导审批外商投资项目的依据。除此以外，在地方性法规、自治条例和单行条例及地方政府规章等各层次规范性文件中也有不少关于行政指导的规定。

2. 我国行政指导的特点

从以上各层次规范性文件看，我国行政指导大致有以下特点：

（1）自实行改革开放，特别是确立发展市场经济的方针以来，国家开始重视了对行政指导的立法规定。不过这些规定的绝对数量还不多，在整个法律规范中仅占很小的比例。

（2）这些规定主要涉及经济管理部门、科技管理部门和某些社会管理部门的管理领域。

（3）这些规定往往较为原则、简单，在理解上的伸缩性校大。至今尚未正式使用“行政指导”这个提法，在使用“引导”“指导”等提法时，有时泛指一种国家职能（指导主体不仅是行政机关）。

（4）立法对行政指导的程序鲜有涉及。这反映出我国多年来立法领域仍然存在重实体法、轻程序法的弊端。

课后习题

一、选择题

1. 行政给付的制度不包括（　　）。

A. 保障制度　　B. 救助制度

C. 补助制度　　D. 惩罚制度

2. 行政确认的主要形式有（　　）。

A. 确定　　B. 认可

C. 证明　　D. 登记

3. 行政公开的原则不包括（　　）。

A. 法定原则　　B. 公开原则

C. 处分原则　　D. 公正原则

二、简述题

1. 简述行政命令的特征。
2. 简述行政许可的作用。
3. 简述行政给付的制度。
4. 简述行政确认的种类。
5. 简述行政奖励的形式。
6. 简述行政处罚的原则。

第十二章　行政程序法

本章概要

行政程序法是当代行政法的主体内容之一，在行政法学的整体架构中占有极为重要的地位。本章重点研究行政程序的基本理论，包括行政程序的概念、分类以及行政程序法的历史发展。

第一节　行政程序法概述

一、行政程序

（一）行政程序的概念

行政程序是行政主体实施行政行为时所应当遵循的方式、步骤、时限和顺序。

行为的方式、步骤构成了行政行为的空间表现形式；行为的时限、顺序构成了行政行为的时间表现形式。行政程序本质上是行政行为空间和时间表现形式的有机结合，反映了行政权的运行过程。要全面、准确地把握行政程序的内涵，需要从以下两个方面理解：

1. 行政程序是行政主体行使行政权力时所应遵循的程序

人们工作有工作的程序，生活有生活的程序，这些程序是保证人们正常工作和生活的基本条件。权力的行使也一样。一个国家的权力主要可以分为三种情形：立法权、司法权、行政权。立法机关在立法时要遵循规范和严格的立法程序。司法机关在审查案件时也要严格遵循司法程序。人们对立法和司法结果接受的一个主要原因在于立法机关和司法机关规范而严格的程序，最大限度地保证了立法结果和司法结果的客观和公正。同样，包括行政机关在内的行政主体行使行政权力也要遵循规范而严格的行政程序，这也是保证行政行为结果客观、公正的一个重要条件。

当然，将行政程序界定为行政主体行使行政权力的运行程序，并不意味着它完全由行政主体独立完成，相对人处于无所作为的状态。实际上，行政程序是行政主体和相对人在行政行为过程中一种权利义务的分配形式，行政相对人通过在行政程序中所分配到的各种权利，一方面监督行政权力的实施；另一方面可以更好地维护自己的合法权益。因此，在现代行政法中，行政程序的建立不仅是行政主体作出行政行为决定的操作方法和步骤，同时，也是行政相对人通过程序权利的行使制约行政权力，防止行政权力被滥用的重要制度。

2. 行政程序包括行政行为的方式、步骤、时间和顺序等一系列要素

行政行为的方式表现为行政行为的方法以及行为结果的表现形式。例如，是公开的方式还是秘密的方式，是口头的方式还是书面的方式等。随着现代信息技术的发展，还有电子邮件、电子数据交换等新型的行政行为形式。

步骤是行政主体实施行政行为必须经历的阶段，如行政处罚决定的一般程序就包括立案、调查、决定、制定处罚决定书、说明理由并告知权利、当事人陈述和申辩、正式裁决和行政处罚决定书的送达等步骤。

时间是行政主体实施行政行为时所遵循期限的限制。一般规定行政主体实施某项行政行为必须在所规定的期限内完成，否则就构成违法。如《中华人民共和国行政许可法》规定，行政机关在受理相对人行政许可申请后，可以当场作出决定的应该当场作出决定，当场不能作出决定的，应当在20日内作出决定等。一般情况下，法律法规对不同的行政行为，都有不同的期限要求。

顺序是行政主体完成某项行政行为所必须经历的步骤的先后次序。如在行政处罚中，行政机关就必须先调查后决定，不能先决定后调查。在一些涉及多个行政机关审批的许可，也必须遵循行政行为顺序。如申请从事

卫生用品的生产经营，就必须先经过卫生行政主管部门审查并通过，然后报工商行政管理部门审查批准。

（二）行政程序的类型

行政程序是行政活动的程序，而行政活动的形式多样，因此，行政程序也具有多样性。从不同的标准可以对其进行不同的分类，在行政法学中一般进行如下分类：

1. 事前行政程序与事后行政程序

以作出行政行为决定、实施为分界线，可以将行政程序分为事前行政程序与事后行政程序。广义上的行政程序包括这两种程序，而狭义上的行政程序就是指事前行政程序。事前行政程序是指作出行政行为决定并加以实施的过程，例如，罚款决定的作出以及收缴的程序；事后行政程序是指在行政行为决定作出并实施后，对行政行为进行监督或救济的程序，例如，相对人对罚款决定不服提起行政诉讼的程序。在事前行政程序中，行政主体占据主导地位，运用行政职权进行行政活动，而在事后行政程序中行政主体处于被动地位，被有权机关与相对人审查行政活动的合法性。在传统行政法学中比较注重事后行政程序，而忽视事前行政程序。而在现代行政法学中事前行政程序逐渐得到重视，对事前程序的规范对于确保行政活动的合法性、保障相对人的合法权益具有重要意义。

2. 内部行政程序与外部行政程序

以行政程序所涉及的对象和范围为标准，可以将行政程序分为内部行政程序和外部行政程序。内部行政程序是指行政主体对内部事务进行管理或运作时进行活动的程序，例如，上级行政机关对下级行政机关进行检查、监督的程序；外部行政程序是指行政主体行使行政职权对相对人作出行政行为的程序，例如，行政机关针对相对人的申请作出许可决定的程序。内部行政程序对相对人的权利、义务并无直接影响，而外部行政程序涉及相对人的权利、义务，因此从法律规制的角度来看，对外部行政程序的法定化要求更高。

3. 法定行政程序与裁量行政程序

以行政程序是否存在法律的明确规定为标准，可以将行政程序分为法定行政程序和裁量行政程序。法定行政程序是指法律对行政主体进行行政活动的步骤、方式、时限和顺序等作出明确规定的程序，因此，行政主体进行行政活动时，必须遵守法定程序，否则即违法；裁量行政程序是指法律对行政主体进行行政活动的程序并没有作出明确规定，而是要求行政主体根据行政活动的具体情况裁量进行的程序。

4. 微观行政程序与宏观行政程序

根据层次不同，可以将行政程序分为微观行政程序与宏观行政程序两个不同的层次：微观行政程序是指行政机关在实施具体的行政行为时所应当遵循的方式、步骤、时限和顺序，例如，行政机关作出行政处罚时必须经过听证或听取意见等程序。而宏观行政程序是指由微观行政程序所构成的一系列行政活动的程序，例如，在上述行政机关作出行政处罚时，首先必须由行政机关制定对某些违反行政法规的行为进行制裁的法规，即行政立法；行政机关在作出处罚之前，必须进行一定的调查；在依据处罚的微观行政程序作出处罚决定后，如果相对人不履行义务，还必须强制执行；相对人对行政机关的行为不服时，还有可能提起行政复议或行政诉讼。可见，这一系列行政活动紧紧围绕着同一行政目的的实现而连续地展开，为实现同一行政目的连续进行的各行政活动之间的过程共同构成了宏观行政程序。如果不将这种宏观的程序纳入视野，就不能全面把握行政法现象。“现代行政法学的核心课题之一，在于将行政行为理解为宏观意义上的过程，并设计存在于其中各个阶段的微观过程，进而分析其特征，予以体系化。”

5. 行政许可程序、行政处罚程序等

根据行政活动形式的不同，在行政行为定型化的基础上，可以将行政程序划分为行政立法程序、行政计划程序、行政许可程序、行政处罚程序、行政裁决程序、行政指导程序、行政合同程序等。由于各种行政活动的程序各不相同，这种分类具有一定的实际意义。

（三）行政程序的价值

程序合法是行政行为的合法性要素之一，而且，《中华人民共和国行政诉讼法》第七十条也将“违反法定程序”作为法院判决撤销行政行为的根据之一。但传统行政法学将行政程序作为行政实体的辅助，认为行政程序是为行政实体服务的工具，而现代行政法学重视行政程序的独立价值。

1. 行政程序价值的独立性

对于程序的价值，在历史上存在程序工具主义与程序本位主义的争议。

程序工具主义认为程序是实体的附属或辅助，程序为实体服务、以实体内容的实现为目的，评价程序好坏的标准就在于程序实现良好结果的有效性，因此，程序是实现实体内容的工具或手段。将该理论具体化到行政法中，即行政程序是为行政实体服务的，设定行政程序是为了作出合法的行政行为，行政程序是作出合法行政行为的工具或手段。

而程序本位主义认为，程序不仅是实现实体内容的工具或手段。其目的不仅是为了实现结果的有效性，评价程序的价值标准还在于程序本身是否具有独立于结果的“内在品质”，即独立于结果有效性外的过程价值有效性。在这种意义上，程序本位主义又被称为“程序正义”理论。该理论具体化到行政法中，即设置行政程序的目的不仅是为了作出合法的行政行为，作出行政行为的过程本身也具有独立的法律价值，行政程序好坏的标准不仅在于行政行为的作出是否合法，而且在于行政程序本身是否体现了对相对人权益的尊重等“内在品质”。可见，行政程序具有独立于行政实体的意义，行政程序即使不对行政实体产生影响，其本身也具有存在的价值。例如，铁道部门在作出火车票涨价的决定之前，应当举行由相关人员参加的听证会，虽然在举行了听证会之后铁道部门仍作出了涨价决定，即听证程序并没有影响到行政行为的结果，但听证本身也具有价值：听证程序体现了行政主体对相对人权益的尊重，从而确立行政行为在程序方面的合法性。

在现代行政法中，不仅注重行政程序对作为行政过程结果的行政行为的工具性价值，而且强调行政程序本身独立的价值。

2. 行政程序的法律价值

（1）确保相对人在行政法律关系中的对等地位。

从程序本位主义来看，行政程序中相对人参与等程序的设置体现了对相对人权益的尊重。在行政法律关系中，行政主体凭借其行政职权占据主导地位，而行政程序的价值就在于对行政主体行使行政职权的过程进行一定的限制，并通过相对人的参与，平衡行政主体与相对人在行政法律关系中的权利、义务，确保相对人在行政法律关系中具有与行政主体相对等的地位，从而体现了形式上的正义。

（2）保障行政相对人的合法权益。

行政程序的设定规范了行政主体进行行政活动的过程，避免因行政主体的恣意而侵害相对人的权益，而相对人的听证权、陈述权、申诉权等程序性权利的行使可以更好地保障其权益。在行政主体违法侵害相对人的权益后，行政复议、行政诉讼等程序又为相对人提供了事后进行救济的途径。

（3）监督行政活动的合法性。

行政主体必须依法进行行政活动，所依据的法律不仅是实体行政法，而且包括程序行政法。程序合法是行政行为的合法性要素之一，通过对行政活动程序的设置，可以进一步对行政活动进行法律规制。行政过程中听证、陈述等相对人程序性权利的行使，也有利于行政主体查明事实真相，作出正确的行政决定。而行政复议、行政诉讼等事后程序又在监督行政活动的合法性中具有重要意义。

（4）提高行政效率。

行政程序的设置可以对行政活动的步骤、方式、时效和顺序等进行合理的规定，在保障相对人权益的前提下，使行政主体以紧凑的步骤、合理的顺序、适合的方式、一定的时限进行行政活动，从而提高行政活动的效率。例如，简易程序、当场执行等程序的设置就体现了行政效率的要求。

二、行政程序法的概念

行政程序法是关于行政程序法律规范的总和，即规定行政行为的方式、步骤、顺序、期限的法律规范总和。具体有以下几项内容：

1. 行政程序法主要规范的对象是行政主体的行政行为

尽管作为行政相对人要遵守行政程序法的规定，但从主要方面讲，行政程序法也要规范行政主体的行政行为。因为，行政行为只有行政主体有资格实施，行政相对人的权利义务只是受到行政行为影响时，才必须遵守行政程序法的规定，在不受行政行为影响其权利、义务时不受行政程序法规范。而行政行为自始至终都要受行政程序法规范。

2. 行政程序法是关于行政行为方式、步骤、顺序和时限的法律规范，一般并不涉及行政主体的实体权力

行政主体享有什么权力，享有多大权力是行政实体法规范的内容。因此，行政程序法并不直接改变行政相对人的权利和义务。但由于行政程序法适用的正当与否既直接影响到行政实体行为的正当，也直接影响到相对人的权利义务，所以，行政程序法与行政主体法在一个行政行为中无法决然分开，往往交织在一起，相互影响。

3. 行政程序法是关于行政程序法律规范的总和

它既包括狭义的行政立法程序规范，又包括行政执法程序规范和行政司法程序规范；既包括行政程序法典中规定的公正程序，又包括分散规定于其他法律法规中的行政程序。

在此应注意行政程序法与行政诉讼法的区别。二者的区别主要包括以下几项：

（1）适用的主体不同。行政程序法适用的主体是行政主体；行政诉讼法适用的主体是法院。

（2）规范的内容不同。行政程序法规范的客体是行政行为；行政诉讼法规范的客体是诉讼行为。

（3）表现形式不同。行政程序法的表现形式可以是法律、法规或规章，可以是法典形式也可以是非法典形式；行政诉讼法的表现形式只能是法律，主要是法典形式。

第二节　行政程序法定化的意义

行政程序可分为法定程序和自由程序。自由程序容易带来恣意，不利于对相对人合法权益的保护，因此，现代法治国家强调和追求行政程序的法定化。

一、行政程序法定化的主要载体——行政程序法

行政程序法是有关行政程序方面的法律规范的总称。由于法律规范本身通常表现为主体间的权利义务关系，所以行政程序法也可进一步定义为规定行政关系中行政主体与行政相对人在程序上的权利义务的法律规范。在我国以往的行政执法和行政诉讼实践中，行政相对人的程序性权利、义务常被看作实体性权利、义务的附属物，其结果，实体上“正确”但却违反法定程序的行政行为常常以“实事求是”为挡箭牌堂而皇之地进入合法行政行为之列。现在，这种观念已经在立法上得到了纠正，《中华人民共和国行政诉讼法》已在第七十条把“违反法定程序”作为法院判决撤销或部分撤销具体行政行为的根据之一。

行政程序法确定的行政主体和相对人的权利、义务具有不平等性和对应性。这首先表现为行政主体和相对人均享有反映自身特点的程序权利，又必须履行相互不对等的程序义务。其次，在很多情况下，行政主体与相对人程序权利、义务是对应的，即某一行政主体享有的程序权利就是相对人的程序义务，反之亦然。程序权利、义务的对应性并不能代替行政主体和相对人在程序权利义务分配上的等量性。从逻辑上说，行政主体一旦拥有行政权，即具有行使的资格，立法对此不规定程序要求并不妨碍行政权的行使。相反，相对人在行政行为中的程序权利却有赖立法的确立，否则，其实体权利的享有和行使必然受到影响和限制。所以，为保障相对人实体权利的实现和相对人程序权利的价值实现，行政程序法应确认和规定相对人程序上的权利，这意味着增加行政主体在程序上的义务。

作为程序权利义务的法定载体，行政程序法有如下特点：

第一，行政程序法是行政主体所适用的程序规范。行政程序法是规范行政主体行政行为的程序法。规范立法机关的立法程序法规、规范人民法院和人民检察院的司法程序法规（如行政诉讼法）、规范军事指挥机关的军事指挥程序法规都不是行政程序法规。

第二，行政程序法是行政主体代表国家行使行政权时所应遵守的程序

规范。行政主体非行使行政权的行为，如行政机关进行民事行为，纵有法定程序规范须遵守，这种法定程序规范也不能称为行政程序法规范。

第三，行政程序法是规定行政程序法律规范的总称。行政法既包括实体法，也包括程序法。行政程序法只是规定行政主体和行政相对人之间程序性权利义务的法律规范。另外，行政程序法有形式和实质两种含义，形式意义的行政程序法指行政程序法典；实质意义的行政程序法指各种规定行政程序法律规范的总称。

二、行政程序法定化的意义

在评价和构建行政程序制度时，我们拥有两方面的价值标准：一是看它作为一种手段能否产生好的结果，二是看它是否具有一些独立于结果的优良品质。偏重前者的观点可简单地称为程序工具主义，强调后者的称为程序本位主义。

1. 程序的工具价值

程序的工具价值又称程序的“好结果功能”。在哲学上，工具主义属于功利主义的分支。功利主义理论的鼻祖——英国哲学家边沁对程序工具主义作出了经典的阐释。边沁把程序法称为“附属性的法”（adjective law），并认为程序法附着于实体法，评价法律程序的唯一标准，就是程序法是否最大限度地实现实体法的目的。在边沁工具主义程序理论的影响下，许多学者都自觉地运用工具主义的观点来评价法律程序的价值。比如日本著名学者谷口安平也谈道，“由于程序法作为手段、工具的性质，有时被称为‘助法’或‘附带性法律’”，“程序的目的不过是实体法内容的实现”。

可见，在程序工具主义者看来，评价一种行政程序规则的好坏就是看它实现良好结果的有效性，结果好，那么那种行政程序就是善的，否则就是恶的。那么，这里的结果好坏的标准究竟是什么？或者说，实体结果的标准包括哪些方面？一般来说，程序工具主义者将“结果”归结为两项——真实与正义。服膺于这两个主要的实体价值，程序的工具主义价值主要体现在以下几个方面：

首先，是解决纠纷。防止纠纷需要规范，解决纠纷需要制度，而制度的操作依赖于程序。程序解决纠纷的作用机制是治疗“恣意”的良方。不仅如此，程序还能抑制决策过程与外部环境的关系，制造一个“隔音空间”，在这个空间里，通过排除各种偏见、不必要的社会影响和不着边际的连环关系的，来营造一个平等对话、自主判断的场所。

其次，是通过程序，可以达到实体上真实或者科学的结论。公正合理的程序能够有效改善选择的条件和效果，从而优化选择机制，其排除恣意但并不排除理性的选择。

最后，在某些场合下，虽然也存在实体结果是否正当的独立标准，但是正当结果的获得很多时候并非依靠实体本身，相反，程序却在任何时候都能导致正当的结果。最著名的例子是所谓“蛋糕等分问题”。当我们切分一块蛋糕时，客观上存在一个衡量蛋糕切分是否正义的实体标准，即蛋糕是否等分，但是任何一个切蛋糕者都不能将蛋糕完全等分。因此，正当结果的获得并非依靠实体本身，而只能求助于程序——让一人来划分蛋糕并得到最后的一份，其他人都被允许在他之前拿。他无疑将平等地划分这个蛋糕，因为这样他才能确保自己得到可能有的最大一份。不难发现，程序实现了实体上无法实现的正义。

2. 程序的本位价值

在对行政程序的评判上，程序本位主义者采用了与程序工具主义理论完全不同的视角。他们认为，评价一项行政程序的唯一价值标准是其本身是否存在一些优秀的独立品质，而不是看它在作为实现行政实体目的的手段上是否有价值。例如，当事者的参与、尊重个人隐私等对于促成行政实体结果的实现也许无任何帮助，但其本身的内在价值却是不可否认的，它体现了对当事者权利的尊重，正义在一种看得见的方式下被实现。这种行政程序的“过程价值”（process value）在一定程度上高于实现实体结果的手段价值。

程序本位主义的杰出代表是萨默斯和马修，他们分别提出了“程序价值”理论和“尊严理论”。在萨默斯看来，对法律程序的过程本身的评价可以有独立的价值标准而并不仅仅依赖于实体结果。他称法律程序所具有的形成“好结果”的能力为“好效果效能”（good result efficacy）。然而，“好结果效能”并不是法律程序所具有的唯一价值。萨默斯认为只要它本身不符合某种价值标准，人们就可以对它作出消极的评价，会说它是一种“不好”的程序。对法律程序的价值评价除了有“好结果效能”的标准以外，还存在一种独立的价值标准——“程序价值效能”（process value efficacy），即是否具备实现诸如参与性统治、程序理性以及人道等程序价值的能力。

萨默斯认为，现代社会对程序过程的强调远少于对结果的强调；无论在我们的主观世界还是我们的客观世界，程序价值都没有获得它应得到的尊重，程序价值的地位现在处于弱势。正是在这样的社会基础上，萨默斯在好结果效能和程序价值效能之间更关注后者。

萨默斯还对“程序价值”的基本内容进行了分析，其基本内容有：①参与性统治。确保公民不同程度地进行自主性的自决。民主社会里大多数公民“不仅不需要自由，而且需要一种自行决定个人命运的措施”；②程序正统性。“人们愿意通过一种他们所同意或认可的程序而不是强加给他们的程序接受统治。前一种程序把他们当作人来对待，后一种则把他们作为客体或公共的工具。”程序的正统性与参与性统治有着密切的关系；③程序和平性。萨默斯追求“和平的法律程序”，注重程序达到社会良好秩序的意义；④人道性及尊重个人的尊严；⑤个人隐私；⑥协议性。在其他方面的条件大体一致的情况下，协议性的参与比强制性的参与更具正当性；⑦程序公平性。认为程序公平性对平等价值具有保障功能；⑧程序法治，又称为“程序合法性”。其价值不在于它能够产生好的结果，而在于提供一种来自法律而不是人的程序统治。在两种产生同样结果的程序中，我们应当选择其中按照法律进行统治的一个，因为它的运作将是更加确定的并具有更大的可预见性；⑨程序理性。因为程序的理性能够保证我们更易了解程序的运作情况并理解结果产生的过程和原因，利害关系人借此有机会了解正在发生的事情对他们意味着什么；⑩及时性和终结性。及时性一方面反对拖延，另一方面也反对不合理的急速，而在行政程序中，程序的终结性显得尤为重要。

在坚持程序正义价值的独立性上，萨默斯的“程序价值”理论起到了开拓作用，马修的理论则对其进行了丰富和完善，更为重要的是，马修十分严谨地论证了程序正义价值的著名的“尊严价值理论”，它的核心内容是，评价法律程序正当性的主要标准是它使人的尊严获得维护的程度。马修把那些独立于结果的程序价值解释为尊重人的尊严，认为维护法律程序自身的公正性、人道性或者合理性，其最终目的是使那些受结果影响的人的尊严得到尊重。而在他看来，“尊严价值”大体包括“平等”“可预测性”“透明性”“理性”“参与”“隐私”等方面。

总体而言，程序工具主义论者在否认程序自身的独立内在价值的同时，也否定了作为程序参与者的主体地位，将他们视同没有人格尊严的客体。而作为批判者身份出现的程序本位主义者则将程序内在价值与人的人格尊严和道德主体地位联系在一起，确认了程序具有一种独立的、非工具性的价值。但程序本位主义理论并非十全十美，其缺陷在于它将程序与程序的结果完全混为一谈，认为公正的实体结果是公正程序的必然结果和逻辑延伸，有过分夸大所谓“程序价值”之嫌。然而，在程序工具主义论占绝对优势，有“重实体，轻程序”的法律传统积习的中国，强调行政程序本位主义实有针砭时弊之意义。

以行政程序本位主义为视角，可以发现行政程序法定化的意义至少有下列几个方面：

（1）最大限度体现形式公正，实现人格尊严。行政程序本位主义观念指导下的行政程序法治化具有超越实体法独立实现正义的价值功能。通过要求行政主体在行为过程中必须采取中立的立场，尊重个人隐私，充分听取相对方意见，并在行政相对人平等参与的情况下作出决定，从而最大限度体现形式公正，实现人格尊严。

（2）防止恣意滥用，保障理性选择。虽然依法行政的现代法治原则已经在控制行政权的滥用上起到了巨大的作用，但行政裁量权仍可能因自由空间的广阔而引起行政主体滥用其法定职权。因此，如何保障行政主体及其行政人合理行使裁量权，既是一个技术问题，又是一个民主问题。如果为了防止恣意而将裁量权减少到最低限度，甚至否定裁量权的存在，那会扼杀理性选择的价值作用，使行政主体和行政人丧失应有的积极性和能动性，从而限于机械执法，并使层出不穷的新情况陷入无法可依的混乱状态。由于有限的法律不可能规范无穷的事物和现象，所以，授予行政主体及其行政人裁量权既必要，也必需。在这种情况下，为保证裁量权的合理行使，法定程序是最好的方法，因为法定程序排斥恣意却并不排斥选择。程序在控制自由的前提下保障了自由，从而使自由从理想变成了现实形态。从更广的意义上说，法定程序也是填补抽象的羁束行政权和具体案件之间鸿沟的材料。

（3）更好地保障相对人的合法权益。早年大陆法系国家的行政法并不注意程序对公民权利保障的意义，它们往往对法治主义作形式上的理解，将对相对人因违法行政行为而遭受损害的救济全寄托于事后的行政诉讼。与此不同，英国、美国、瑞典等国的行政法观念认为，为了从实质上保障行政行为的公正和切实保护公民的合法权益免遭行政行为的侵害，仅有事后诉讼救济是绝对不够的。因此，在行政行为进行过程中设置合理的法定程序，实为作为控权法的行政法的另一个核心。的确，行政程序对保障相对人的合法权益是重要的，它虽不直接规定相对人的实体权利义务，但它是相对人实现实体权利义务的保障。合理的法定程序不仅可以为遭受行政行为侵害的相对人依法请求救济安排时间和方式，更重要的是它还能为公民直接了解、参与行政行为提供途径，从而防患于未然。

（4）监督行政主体及其行政人依法行政。法定的行政程序是行政行为合法有效的一个重要评判标准。行政行为违反法定行政程序时，该行为即使在实体上无任何瑕疵，也仍然产生违法的结果。例如，行政主体处罚相对人，如果事先不听取被处罚人的意见，不给被处罚人辩解的机会，即使相对人违法行为完全符合被处罚条件，该处罚决定仍然违法；同时，违反法定程序作出处罚行为的行政主体及其行政人则将承担违法的责任。

（5）促进行政效能的提高。与立法行为和司法行为相比较，行政行为有更高的效率要求。20世纪以来，由于社会行政事务激增，行政权膨胀趋势相当明显，行政行为的迅速、经济、简单实为当务之急，行政程序法正好符合这一要求。一方面，行政程序法能使合理、简明、富有成效的行政程序上升为法律规范，从而避免行政行为的凌乱和繁杂；另一方面，行政程序法使不同场合的不同行政主体进行同一行政行为时按同一法定程序进行，这不仅可以减少行政程序上的随意性，而且可以保障行政程序的统一性，从而避免因行政程序随意引起过多纠纷抵消行政效率的现象。

总之，正如罗尔斯所说，公正的法治秩序是正义的基本要求，而法治取决于一定形式的正当过程，正当过程又主要通过程序来体现。正当的法定程序可以防止恣意和价值混乱，保障理性的选择，促进意见疏通，排除外来干扰，从而实现实质性正义从法律条文观念向现实的转化。

三、我国行政程序法现状

由于各国法治文化传统以及国家结构的不同，行政程序立法模式各有差异。从世界范围来看，主要有统一模式和分散模式两种形式。统一模式即制定一部全国各主要行政领域均统一适用的行政程序法典，其内容通常包括行政立法、行政执法、行政司法程序。在统一法典模式下，并不排除同时制定单行程序法律文件，也不排除个别法律文件在规定行政实体法规则的同时，规定特别或更具体的行政程序。采用分散模式的国家并无统一适用各行政领域的行政程序法典，行政程序法律规范散见于各具体的法律文件和单行的行政程序法律文件之中。

我国目前尚未制定统一的行政程序法典，关于行政程序的法律规定散见于各单行法中。近年来，中国行政法学界一直在呼吁出台一部中国的行政程序法典，并形成了多种行政程序法试拟稿版本，其中影响较大的有应松年教授主持的行政立法研究小组拟订的版本，姜明安教授主持的课题组拟订的版本，以及马怀德教授主持的课题组拟订的版本等。2003 年，第十届全国人大常委会将行政程序法典列入二类立法规划中。但在 2008 年，十一届全国人大常委会又将行政程序法从立法计划中删去。

尽管我国统一的行政程序法典的制定尚需时日，但近年来的一些立法实践却可以让我们看到行政程序法典诞生的曙光，其中比较重要的有两个立法事件：其一，2003 年 8 月 27 日十届全国人民代表大会常务委员会第四次会议通过并于 2004 年 7 月 1 日实施的《中华人民共和国行政许可法》第四章以6个方面、29个条文规定了行政许可的实施程序，可以说是一部“小行政程序法”。在我国，行政许可是行政处理中数量最多的行为种类之一，而且《中华人民共和国行政许可法》对于其程序的规定，已经有不少参考了国外先进的行政程序立法例，因此，《中华人民共和国行政许可法》的出台为制定中的行政程序法起到了很好的铺垫作用。其二，2008年4月9日，湖南省人民政府第四次常务会议通过了我国首部专门规范行政程序的地方政府规章——《湖南省行政程序规定》（自2008年10月1日起施行）。该规定共10章178条，以“公民享有更多程序权利，政府承担更多程序义务”为立法思路，对行政决策程序、行政执法程序、特别行为程序（行政合同、行政指导、行政裁决等特别行为）、应急行政程序等予以全面规范。该规章的出台，是行政程序立法地方先行的一种表现，也为我国行政程序法典的立法积累了经验。之后，时任山东省省长的姜大明于2011年6月20日正式签署《山东省行政程序规定》，使山东成为继湖南之后第二个进行行政程序立法的省份。

第三节　行政程序法的基本原则

行政程序法的基本原则是指行政程序制度所要遵循的基本行为准则和基本精神。从理论和实践上看，行政程序法的基本原则有以下几项：

一、民主参与原则

民主参与原则是指行政权力的运行过程要有公民的有效参与，要为公民参与管理、参与决定自己的事情提供程序上的保障。民主参与原则的政治基础是人民主权。国家权力来自人民，人民有权以各种形式参与国家管理。如采用分权的形式来组织公共行政，使更多的人有机会直接参与管理；如参与管理过程，从而影响行政决策或行政决定的作出。后者是通过设置合理的行政程序来实现的。

民主参与原则的具体要求：

（1）公民对行政运作有知情权。了解、知情是民主参与的基础，因而需要在程序上保障公民能得到行政运作的相关信息，如法律文件，政府的重大决定，也包括政府所掌握的相对人的具体情况。但是，涉及保密的事项除外。

（2）公民有自愿、自主发表意见的权利。在行政程序上要确保公民有发表意见的机会。当然，在程序设计上要考虑采用口头的方式还是书面的方式发表意见；是直接亲自发表意见，还是间接通过代表人及代理人发表意见。发表意见的权利包括举证权、质证权和论辩权等。

（3）行政机关应听取相对人的意见，并对合理的意见予以采纳。行政程序不但要保障相对人有陈述意见的权利，而且要促使行政机关对合理意见的采纳。拒绝采纳的要说明理由。另外，严格的程序要求行政机关的决定要建立在案卷基础上。

（4）所有的行政活动要允许公众评论，包括事后的评价。

二、公正原则

公正原则是指行政程序要符合自然正义的要求，要排除各种会造成不平等和偏见的因素。程序公正是实现实体正义的手段，但又具有独立价值。公正原则与民主参与原则相辅相成，民主参与强调的是公民在行政程序中的地位，带有较强的主观色彩；而程序公正原则追求的是客观理性，强调行政程序的设置要符合客观规律。

公证原则主要有以下要求：

（1）行政权力的享有者应当地位中立。与此相应，需要确立回避规则、不得单方接触规则、职能分离规则等。

（2）行政机关的决定应在听取意见的基础上作出。无论是进行抽象行政行为，还是作出具体决定，都应听取利害关系人的意见，以防主观偏见和偏听偏信。因此，听证程序被认为是程序公开的保障。

（3）行政机关的活动要遵循自然顺序。例如，先取证、后裁决的顺序不能颠倒，否则将背离人类的认识规则，违反自然理性。

（4）行政程序的设置还要符合比例原则。对相对人影响重大的行为需要配备精细完备的程序，而简单的行为则可设定简易程序。另外，还需设置紧急情况下的紧急处置程序。

三、公开原则

公开原则是指行政机关将有关信息以及行政权力运行的依据、过程和结果向相对人和公众公开，以便相对人和公众知悉。公开原则涉及公民的知情权，是民主参与原则和公正原则的延伸，但又具有独立价值。除了实现公民的知情权之外，行政公开还可以增进公民对行政机关的理解和信赖，防止行政权的滥用。

公开原则也有许多的要求：

（1）凡是可以由相对人了解的情况都应当公开，包括普遍性的行政法律、法规、规章和规范性文件，也包括影响个人权利义务的有关信息材料。公开方式有两种：主动公开和被动公开。

（2）行政公开不得损害公民的隐私权。行政公开要以不影响公民的隐私权为前提。

（3）凡是作出不利于相对人的决定，都必须向相对人说明理由。

四、效率原则

效率原则是指行政程序的设置要经济、迅速、简便，要以较小的投入，获取最大的效益。效率原则的提出是为了适应现代行政的需要。现代公共行政复杂多变，充满竞争，机遇与挑战并存，因而要求政府高效运作。尤其是随着经济全球化的进程加速，要求政府反应迅速，及时解决所面临的各种问题。

效率原则在行政程序中的具体要求为：

（1）行政程序应建立在理性的基础上，以确保行政决策和行政决定的正确，通过减少失误和保障管理秩序畅通来提高行政效率。

（2）行政程序的设定要统一、标准和规范，以便于实施。如各种行政法律文书、案卷要有统一格式。

(3) 行政程序要简便灵活，以适应行政管理复杂多变的需要。如建立简易程序、障碍排除程序等。

(4) 在任何行政程序的设定时都要考虑到时间性，防止推延，以保障快速实现行政目标。

五、程序法定原则

程序法定原则是指行政活动的主要程序必须由法律加以规定，行政主体实施行政行为时必须遵循，不得违反法定程序。程序法定原则是行政合法性原则在行政程序领域的具体化表现。其具体内容包括：

(1) 行政机关实施行政行为或其他管理活动必须按照法律所规定的方式、步骤、顺序和时限进行，即严格遵守程序规范，不得逾越法律的规定；

(2) 在法律没有明确规定程序的情况下，行政活动须遵循程序的一般原则，以合理、公正的方式进行；

(3) 行政机关行使职权所选择适用的程序必须有利于保护人权不得侵犯公民的基本权利和自由；

(4) 违反法定行政程序或行政程序基本原则的行为，应予以撤销或确认无效；

(5) 违反行政程序规范的行政机关，应承担相应的法律责任，给行政相对人造成损害的，应负损害赔偿责任。

六、相对人参与原则

相对人参与原则是指行政机关在进行行政决策、制定规范性文件和制订行政计划时，在行政程序上保障行政相对人了解与参与权的实现。这项原则包括的具体内容为：

(1) 行政机关行使职权的活动，包括制定法规、发布命令、实施其他行政行为时，除非法律规定保密的以外，应一律公开，以便为行政相对人所了解。

（2）行政机关进行决策和作出重要行政决定要保证行政相对人的参与，为利害关系人举行听证，广泛听取各方面的意见、建议，并允许行政相对人对之提出反对意见等。

（3）行政机关在制定政策，进行行政立法或行政裁决时，要事先通知利害关系人，允许行政相对人查阅或抄录公文案卷，便于收集有关证据，维护自己的合法权益。事后要允许行政相对人向行政机关申诉，通过行政复议等途径获得救济。

第四节 行政程序法的基本制度

行政程序法的基本制度是指在行政程序的各个阶段中具有相对独立价值并对整个行政程序产生重大影响的规则体系。与基本原则相比，行政程序的基本制度具有规范性和可操作性的特点。行政程序的基本原则必须通过行政程序的基本制度体现出来。

一、表明身份制度

表明身份制度是指行政机关或其工作人员或得到授权的其他组织与个人在进行行政行为之前，要向相对一方当事人出示证明身份的证件或授权令，以证明自己已享有进行某种行政行为的职权或资格的程序制度。

这一制度不仅是为了防止假冒、诈骗，还是为了防止行政者超越职权、滥用职权。表明身份制度适用于具体行政行为，而一般不适用于抽象行政行为。因为在具体行政行为中，相对一方当事人是具体明确的，行政行为人有表明身份的明确对象。在时间顺序上，表明身份一般在行政程序之始。这一制度尤其适合应用在巡逻状态中实施的行政行为。

二、告知与说明理由制度

1. 告知制度

它是指行政机关在进行行政行为的过程中，将有关情况告诉相对一方当事人的一项基本的行政程序制度。法律上通常要规定告知的内容、时间和形式。告知主要运用于具体行政行为，对于抽象行政行为则适用信息公开制度。它是规范性文件的生效要件。

告知制度是体现公开原则的一项制度，其重要性越来越被人们所认识。尤其是告知权利，对于保障相对方当事人的合法权益有着特别重要的意义。

2. 说明理由制度

它是指行政机关对于所进行的行政行为有义务说明理由的制度。说明理由制度的具体内容是：行政主体作出涉及相对人权益的决定、裁决，特别是作出对相对人权益有不利影响的决定、裁决，必须在决定书、裁定书中说明其事实根据、法律根据或行政主体的政策考虑。除了具体行政行为以外，行政机关在制定行政法规、规章或发布其他规范性文件时，也应在有关政府公报中说明其事实和法律依据。

三、听证制度

这是指行政机关进行行政行为时听取有关当事人意见的程序制度。有人把它称为“陈述”或“申辩”。

听证的形式主要有三种：

（1）行政机关制作规范性文件或制作行政计划时，所涉及的相对一方当事人是众多而又不确定的一定范围的公众，应当召开适当规模的听证会，听取公众意见，这种听证会被称为“公听”。行政机关除有正当理由认定听证不能实现、没有必要或有损于公众利益的，不能随意取消听证程序。

（2）行政机关实施具体行政行为时，如果涉及单个或相互无争论的多个当事人时，应进行个别听证，给予当事人陈述自己意见及理由的机会。这种听证形式常被称为“陈述”。

（3）行政行为涉及的是互相争论的双方或多方当事人时，行政机关应同时或反复听取各方对立的观点和理由，并允许各方互相进行辩论，这种形式主要用于行政裁决、行政复议等行为。有人把这种形式称为“辩论”“听讯”“辩明”“申辩”等。听证的方式主要是口头的，也可以是书面的。

四、回避制度

回避制度包括三项内容：任职回避、地区回避和公务回避。行政程序回避制度中的回避主要指公务回避。

它是指行政机关在执行公务时，如与行政行为有利害关系的公务员不得参与该行政行为的处理的制度。比如，行政人员同行政案件的当事人有近亲属关系；行政人员本身或其近亲属同行政行为的结果有直接的利害关系等；行政人员在处理这类行政案件时应当自行回避；当事人也可以申请行政机关令该行政人回避；在没有当事人请求的情况下，行政机关如发现应当回避的情况时，也可以直接令其工作人员回避。行政程序法上的回避制度同公务员法上的职务回避制度一起构成了行政法上的回避制度。

回避制度的主要价值在于防止偏私、保障公正，既保障实体的结果公正，又保障程序形式的公正。

五、审裁分离制度

审裁分离制度是指行政机关将行政行为中审理事实和作出裁决两个阶段分开，由不同的行政人员来完成的制度。这一制度适用的行政行为范围一般不会很宽，因为它会花费较多的时间和人力。它主要适用于那些裁决会对相对一方当事人影响比较重大的行政行为，如某些行政处罚。有的国家对违反交通规则的公民并不是由交通当场进行处罚，而是由现场的交通警进行初步的调查取证后，交由另一机构作出处罚裁决和收缴罚款。这是一种审裁分离制度。这种制度能够防止行政人员先入为主、固执己见，较好地体现了行政公正原则。

六、不单方面接触制度

不单方面接触制度要求行政主体在处理某一涉及两个或两个以上有利益冲突的当事人的行政事务或裁决他们之间的纠纷时，不能在一方当事人不在场的情况下单独与另一方当事人接触，听其陈述，接受和采纳其证据。

不单方接触主要适用于行政裁决行为。我国涉及行政程序的法律文件中尚未明确规定不单方接触制度，只是在司法程序中有这种要求。

不单方接触制度具有近似于职能分离制度的价值。职能分离制度是通过行政机关内部分权而对其权力行使进行制约；不单方接触则是通过分隔行政机关与外部当事人的不合理联系而对其权力行使进行制约。该制度的目的在于：防止行政机关及其工作人员与一方当事人进行私下交易而导致行政腐败；防止行政机关及其工作人员在一方当事人不实或情绪化陈述及虚假陈述、片面性证据的影响下而形成偏见，导致对其他当事人的不利，损害其合法权益；维护行政机关在各方当事人心目中的公正形象。

七、行政评价制度

所谓行政评价制度是指行政主体（包括行政机关和法律、法规授权的组织和机构）根据法律法规的规定，采用一定的方式和手段，对行政相对人的相关条件、状况或行为结果作出评估、分析，以便为后续行政决定的作出提供技术参考或参照依据的制度。它往往以评价报告书、认定书、签订书的形式出现。这种制度被越来越多地用于现代社会的行政管理之中。这也是为了满足社会发展行政管理的专业性与技术性要求而提出的。行政评价制度或机制将越来越多地被行政主体所采用。因为它可以增加行政管理的科学性、先进性，也有利于提高行政管理的公正性和效率性。事实上，无论是作为抽象行政行为的行政决策与行政立法（如成本效益分析机制），还是具体行政行为中的行政确认、行政许可（行政审批），乃至行政处罚、行政奖励等，都可能涉及行政评价机制的运用问题。所以行政评价制度（机制）是现代行政过程中的一种重要方式和手段，特别值得重视和研究。我们认为行政评价的主要特点有：

第一，主体的特定性。一般由行政机关或法律法规授权的专门机构中具有专业资质的人员进行。也就是说这种主体中既有行政机关，也有大量具有专门资质的人员组成的专业机构。这些机构有的目前是与主管行政机关有一定联系的事业单位，如卫生防疫站、环境监测站等，有的则是相对独立的机构，如注册会计师事务所（如负责出具验资报告和审计报告），将来随着国家机构的进一步改革，职能的分离与调整，这种形式的中介机构或第三部门等将会越来越多。总之目前许多行政机关中的监测、检测机构、认证机构、鉴证机构均属于此种主体。

第二，事项的特定性。往往有法律法规明确规定的事项范围，且具有相当的技术性和专业性。这些事项范围往往涉及专业技术标准和相关评价参数，这些事项涉及公共卫生与健康、公共安全、对公共环境和特殊职业机构或人员的资质评定等。也就是说，涉及的对象可能是行为（如交通事故责任认定、医疗事故责任认定等），也可能是物（如是否属于腐烂变质产品、是否属于假冒伪劣产品等），还有可能是人（自然人或法人）的资格与能力（关于机构或人员资质、资格的评定）等。

第三，评价结论形式的特定性。往往以评价报告书、检测报告书、认定书、鉴定证明书等书面形式出现。

第四，行政评价的效力。行政评价的结论与报告往往起证明作用，其行为具有相对独立性。它可以是行政过程中的一个重要环节。行政评价报告资料可以为行政主体作出行政决定提供重要参考和依据。

第五，行政评价的阶段性。行政评价行为可以是相对独立的行为，也可以是一些行政行为的前置条件和前置程序。比如说，行政评价可以是行政审批、行政许可的前置程序，它也可以成为行政确认和行政裁决的重要依据，还可以是行政主体行政监督检查过程中一个极为重要的环节与步骤。

总之，行政评价制度或机制是行政过程中的重要制度和机制。它在现代行政管理中发挥极其重要的作用。行政评价的资料和结论可以为行政主体作出相应的行政决定提供科学的参照标准和判断依据。环境影响评价体系就是典型的行政评价制度。

八、时效制度

时效制度是指行政行为的全过程或其各个阶段受到法定时间限制的程序制度。时效制度是行政过程效率原则和保障公民权益原则的体现。为了保证行政活动的高效率和有效保障当事人的合法权益，行政过程的各个环节都应当有时间上的限制。如超过法定期限，就会产生相应的法律后果。时效制度主要是针对行政机关而规定的，因为它可以有效地遏制行政机关中的官僚主义作风和办事拖拉的不良现象，可以更快地以明确、具体的期限约束行政权力的行使，防止行政权力的滥用。例如，行政相对人对依法提出某种许可申请后，行政机关不作为而申请行政复议或提起行政诉讼。时效制度也适用于行政相对人，如行政相对人不在法定期限内申请复议或提起行政诉讼，就丧失了获得相应救济的权利。

各国行政程序无论奉行何种目标模式，时效均是不可缺少的重要内容。我国现行法律法规中有关时效制度的规定尚有不少缺陷，如过分侧重行政主体的便利，缺少严格、合理的时效规定，更为重要的是缺少对违反时效的法律后果及其法律责任的规定，容易使时效制度流于形式，形同虚设。未来我国行政程序法，应当注意对行政过程中行政主体与行政相对人双方的行为均作出时间上的限制，这样既有利于行政过程的顺利展开，也有利于保护行政相对人的合法权益。

课后习题

一、选择题

1.（多选）行政程序法的基本原则包括（　　）。

A. 民主参与原则　　B. 公正原则

C. 公开原则　　D. 效率原则

2.（多选）行政程序法的基本制度包括（　　）。

A. 表明身份　　B. 告知与说明理由

C. 听证制度　　D. 回避制度

二、简述题

1. 简述行政程序法的概念。

2. 简述行政程序法的时效制度。

第十三章　行政违法与行政责任

本章概要

行政法律责任是行政法律关系主体违反行政法律规范所应承担的法律后果，在行政法制体系中占有重要的地位；而行政违法则是构成行政法律责任的前提。本章对行政违法的概念、特征以及分类进行了简单的阐述。

第一节　行政违法

一、行政违法的概念与特征

1. 行政违法的概念

行政违法，有广义与狭义之分，狭义的行政违法仅指行政主体的违法，广义的行政违法还包括行政相对人违法。行政违法是指行政主体违反行政法律规范但尚未构成犯罪而依法须承担行政责任的行为。

受20世纪50年代苏联有关行政违法观念的影响，我国传统行政法理论认为，行政违法仅指行政相对人违反行政法律规范并适用相应处罚措施的行为，行政机关及其公务人员不能成为行政违法的主体。

随着改革开放后行政法制建设的发展和行政法学研究的进一步深入，人们认识到该观点缺乏科学性，于是开始探索新的行政违法的概念。有人认为，由于公民、法人或其他组织违法后受到的制裁与行政机关及其公务员违法所受到的制裁不同，因而公民、法人或其他组织违法不宜包括在行政违法概念的范围之内。因此，根据中国的语言习惯，行政违法是指行政主体（包括行政机关及其公务员、法律法规授权的组织及其从业人员）违反行政法律规范所规定的义务的行为。

现代法治行政的原理，不仅要求行政主体依法行政，而且规定了行政相对人在行政法律关系中的各种义务，要求行政相对人必须严格按法律法规或者行政行为的规定，切实实现行政行为的内容。因此，只有行政主体依法行政，行政相对人遵循行政法律规范，切实履行其各自应履行的义务，才能确保行政行为的真正实现，保障国家行政管理活动的有序运作。诚然，行政主体违法与行政相对人违法之间存在一定的差异，但是，无论是行政主体还是行政相对人，其对行政法律规范所规定的义务之违反，都构成行政违法。只有明确了这一点，才有利于分别追究其行政责任。所以，关于行政违法的问题，理应从行政主体违法和行政相对人违法两个方面展开探讨。

2. 行政违法的法律特征

行政违法是指行政主体违反行政法律规范但尚未构成犯罪而依法须承担行政责任的行为，它是一种独立于民事违法、刑事违法的行政违纪行为。行政违法的特征主要表现为：

（1）行政违法的主体应当处于行政法律关系中，如其不具备行政法律关系主体资格，其行为就不属于行政违法。如行政机关只有以行政主体身份出现时，其行为才有可能是行政违法；如果以民事主体身份出现，其行为就可能是民事违法，而不可能是行政违法。

（2）行政违法是违反行政法律规范，侵害受法律保护的行政关系的行为。行政违法的这一特征，不仅使其与违纪行为相区别，而且使其与其他违法行为相区别。首先，行政违法是违反法律规范，而不是违反纪律的行为。因此，违反党纪、团纪和社会团体章程的行为不属行政违法。其次，行政违法违反的是行政法律规范，而不是民事等其他法律规范，从而使行政违法与民事等其他违法行为相区别。

（3）行政违法是尚未构成犯罪的违法行为。行政违法与犯罪（刑事违法）的区别：它们由不同的法律规范调整，依法被追究不同法律责任（行政责任和刑事责任）。但它们也存在量上的联系：行政违法比犯罪危害程度小；某种行政违法若后果严重、危害程度大，就上升为犯罪。例如，行政工作人员的失职行为一般属于行政违法，但如果该失职行为后果严重，便会构成渎职罪。而行政违法仅限于尚未构成犯罪的违法行为，该行为一旦上升为犯罪，就不再是行政法学研究的对象了。本特征使行政违法与刑事违法相区别。

（4）行政违法的法律后果是承担行政责任。“违法必究”，违反法律必须承担法律责任，这是社会主义法治的基本要求之一。任何行政违法主体必须为其行政违法行为承担法律责任。不过，由行政违法引起的法律责任既不是民事责任，也不是刑事责任，而是行政责任。在我国的法制系统中，违法行为与法律责任是对应统一关系。

二、行政违法的分类

理论研究者从各种不同的角度对行政违法进行分类，主要的分类有：

1. 以行为的方式和状态为标准，把行政违法分为作为行政违法和不作为行政违法

作为行政违法是指行政主体及其行政人不履行行政法律规范规定的不作为义务，如滥用职权。不作为行政违法是指行政主体及其行政人不履行行政法律规范规定的作为义务，如行政失职。不作为行政违法所造成的社会危害并不亚于作为行政违法。但在现实中，普通公民尤其是行政执法者，对不作为行政违法的轻视远远超过作为行政违法。区别两者的意义在于：①有助于改变人们在立法、执法上对两种违法行为厚此薄彼的态度；②有助于规范相对人的诉由和人民法院的判决形式。相对人针对行政不作为违法，主要是提起撤销之诉，人民法院主要是判决被告履行法定义务，而针对作为违法，相对人主要是提起撤销之诉、变更之诉或者无效之诉，人民法院也应当相应地作出撤销判决、变更判决或者确认无效判决。

2. 以行政行为的范围及与相对人的关系为标准，可以把行政违法分为内部行政违法与外部行政违法

内部行政违法是行政主体及其行政人进行的内部行政行为违反行政法

律规范，是行政主体及其行政人对行政机关内部行政事务所作的一种违法管理，它在政府机关内部的行政隶属关系中产生，如行政文书的制定、处理、保管违反法定的程序等。外部行政违法是行政主体及其行政人进行的外部行政行为违反行政法律规范，是行政主体及其行政人对社会行政事务的一种违法管理，它在行政主体与相对人的行政管辖关系中产生。

在现代的法律制度和法学理论中，外部行政违法接受行政复议和行政诉讼的审查，而内部行政违法只接受内部行政监督程序的审查。

3. 以行政主体的组合状态为标准，可以把行政违法划分为单一行政违法与共同行政违法

在实践当中，有的行政行为由一个行政主体独立作出，这是单一行政行为；而有的行政行为由两个以上的行政主体共同作出，作为共同行政行为。单一行政行为违法，是单一行政违法；共同行政行为违法，是共同行政违法。

单一行政违法与共同行政违法的分类，有助于我们确定行政诉讼中的被告和责任的承担者，单一的行政违法，在行政诉讼中出现单一被告，责任主体同样是独立责任主体；共同行政违法，在行政诉讼中便出现共同被告，而且构成共同责任主体。

4. 以违法性程度为标准，行政违法行为可以分为轻微违法、一般违法和重大违法

这主要从行政违法的后果考量。后果表现为这种违法对法律的对抗性程度、对公共利益和相对人权利的损害程度。轻微的行政违法，是指对法律的对抗性和对公共利益和相对人权利的损害性较弱的违法；反之，对法律的对抗性和对公共利益和相对人权利的损害性较强的，属于重大的行政违法；其他就是一般的行政违法。

轻微违法、一般违法和重大违法都应当被确认违法。但是，针对轻微违法，仅是确认违法并可给予治愈机会；针对一般违法，可以适用撤销；针对重大违法，可被确认无效。

三、行政违法的确认

（一）行政违法的确认机关

根据我国有关法律的规定，确认行政违法的国家有权机关包括以下三类：

1. 国家权力机关

根据我国《宪法》《立法法》和《监督法》的规定，各级人民代表大会常委会对同级人民政府的违法抽象行政行为可依法予以撤销。

全国人大常委会有权撤销国务院制定的同宪法、法律相抵触的行政法规、决定和命令；地方人大常委会有权撤销本级人民政府制定的不适当的规章，撤销本级人民政府的不适当的决定和命令。

2. 国家行政机关

根据具体内容又可以分为三种：

（1）原行政机关。作出行政行为的原行政机关对自己的违法行为，既可以主动撤销，也可因相对人的申请而撤销。

（2）上级行政机关。上级行政机关通过主动行使监督权或通过行政复议依法撤销下级行政机关的违法行政行为。根据《中华人民共和国宪法》《中华人民共和国立法法》和《中华人民共和国地方各级人民代表大会和地方各级人民政府组织法》的规定，国务院有权改变或者撤销不适当的部门规章和地方政府规章，改变或者撤销地方各级国家行政机关的不适当的决定和命令；省、自治区、直辖市的人民政府有权改变或者撤销下一级人民政府制定的不适当的规章；县级以上的地方各级人民政府有权改变或者撤销下一级人民政府制定的不适当的规章；县级以上的地方各级人民政府有权改变或者撤销所属各工作部门和下级人民政府的不适当的决定。

（3）监察机关。各级国家行政监察机关依据《中华人民共和国行政监察法》有权撤销受其监督的行政机关的违法行政行为。

3. 人民法院

人民法院通过对行政案件的审理，有权依法撤销违法的具体行政行为或确认该行为违法。

（二）行政违法的确认方式

1. 宣告无效

这主要适用于行政行为明显或严重违法的情形，无效的行政行为从一开始就没有法律效力。行政相对人可随时向有权机关请求，由有权机关依法宣告该行政行为无效。

2. 撤销

撤销是确认违法行政行为的最主要方式。一方面，撤销是国家权力机关确认抽象行政行为违法的主要方式；另一方面，撤销也是行政确认和司法确认的主要方式。根据有关法律的规定，具体行政行为有下列情形之一的予以撤销：①主要证据不足或主要事实不清；②适用依据错误的；③违反法定程序的；④超越行政职权的；⑤滥用行政职权的。

3. 确认违法

这主要适用于撤销已没有任何意义的行政行为，通过确认其违法的方式为违法者承担法律责任以及受害人寻求行政赔偿奠定基础。

4. 更正

这主要适用于经过事后补正对行政行为的内容没有明显影响的一些违法行为。

四、行政违法的构成要件

行政违法的要件，是指行政法律规范所规定的、构成行政违法所必须具备的条件。研究行政违法的构成要件，对于正确认定行政违法行为，正确确认和追究行政责任，具有重要的理论意义和实践意义。

1. 行政行为必须具有行政法律关系主体资格

具备行政法律关系主体资格，是行政违法的重要构成要件之一。只有行政法律关系主体的行为才有可能构成行政违法，不具备行政法律关系主体资格者的行为不可能构成行政违法。显然，行为人具有行政法律关系主体资格，是行政违法的前提，是构成行政违法的首要条件。

2. 行政法律关系主体具有相关的法定义务

行政法律关系的内容主要体现在各主体的权利（权力）、义务（职责）的规定。行政违法是对法定的作为义务和不作为义务的违反。因此，具有相关的法定义务，是构成行政违法的重要条件之一。

行政主体依法享有行政管理的权力，同时负有必须履行职责的义务。然而，不同的行政主体的具体义务并不相同。特定的法律规范所规定的义务，一般要求特定的行政主体及其公务员来履行。某一行政主体及其公务员所负有的义务，并不一定适用于其他行政主体及其公务员。例如，《中华人民共和国治安管理处罚法》规定的办理治安案件的职责要求，是针对公安机关及人民警察的；《中华人民共和国食品安全法》将食品安全综合协调职责赋予国务院卫生行政部门；等等。职责义务的特定性，也是依法行政原理的内在要求。同样，对于作为行政法律关系另一方主体的行政相对人来说也是如此，只有其违反了相关规范为其设定的特定的义务（法定义务）时，才构成行政违法。例如，纳税是公民光荣的义务，但并非每一个公民都负有纳税的义务，更不是每个公民或者组织都负有同样标准的纳税义务。纳税义务是法定的。所以，要确定行政法律关系主体的某种行为是否构成行政违法，首先必须确认其是否有相关的法定义务。

3. 行政法律关系主体具有不履行法定义务的行为

行政法律关系主体享有行政法上的权利（权力），同时负有行政法上的义务（职责）。仅有法定的义务，行政违法还只是一种可能性，只有当行政法律关系主体没有履行或者未依法履行相关的义务时，才能构成行政违法。没有不履行法定义务的行为，就不存在行政违法的问题，不可能构成行政违法。并且，这种行为是违反行政法律规范的，不履行法定义务的作为或者不作为，它侵害了法律规范所保护的行政关系，对社会具有一定的危害性。

4. 行政违法是一种客观存在（行政违法的主观要件）

根据法学原理，行为人在主观上有过错，是构成违法的要件之一。所谓主观过错，是指行为人实施行为时的一种心理状态，包括故意和过失两种形态。故意，是指能够预见其行为的损害后果而希望其发生；过失，是指对其行为的结果应该预见而由于疏忽大意未能预见，或者虽然预见了但由于轻信这种行为所造成的损害后果可以避免而未采取相应的措施，从而导致损害后果的发生。

五、行政违法的法律效果

1. 对行为本身的影响

无论是行政主体的行政行为，还是行政相对人行政法上的行为，要实现预期的法律效力，其前提就是行为合法。行政违法不为法律所承认，不具有法律效力。虽然行政行为具有约束力、公定力，违法行政行为暂时被推定为合法，能产生一定事实上的效力，但是，一旦有权机关确认违法，其所创立的一切法律关系溯及该行为作出时，皆将失去法律效力。行政相对人行政上的行为也一样，虽然在一定时期内可能产生一定的效力，但是一旦经有权机关确认违法，则难以实现其预期的目的。

2. 对行为人责任的影响

既然行政违法是违反行政法律规范的行为，是对法律规范所保护的行政关系的一种直接侵害，那么，行政违法的主体，无论是行政主体还是行政相对人，都必须对其行政违法承担行政责任，接受国家法律的制裁，有关机关有权依法追究行政违法者的责任。

3. 对法律救济的影响

针对行政违法，有关机关必须予以法律救济，以确保国家行政管理的有序运行。这里的法律救济包括三方面的内容：①确认其违法；②撤销其行为；③给予相应的惩罚。不过，对于行政主体的行政违法和行政相对人的行政违法，其法律救济是不同的。

对于行政主体的行政违法的法律救济，包括权力机关救济、行政救济和司法救济三种形式。权力机关救济，是指国家权力机关确认有关行政主体的行政行为违法并予以撤销。例如，根据《中华人民共和国宪法》第六十七条和第一百零四条，国家权力机关有权撤销行政机关不适当的决定和命令。行政救济，即行政机关救济，包括原机关救济和上级机关救济两种情形。任何行政机关发现自己业已作出的行政行为违法，除法律有明文限制规定外，一般都有权撤销或者宣布无效。任何行政机关都有权依照其法定权限撤销下一级行政机关的违法行政行为。司法救济，是指司法机关对行政主体所作的具体行政行为的合法性进行司法审查，在审理行政案件中，发现行政主体的行为违法，司法机关有权作出撤销判决。

对行政相对人行政违法的法律救济，现有法律内容中只限于确认违法、采取行政强制措施或者予以相应的惩罚，不存在撤销的问题。对行政相对人违法的救济包括行政救济和司法救济两种情形。前者指行政机关救济，如公安机关裁定处罚违法治安管理行为人，其前提是对行为人行为违法予以确认；后者指人民法院救济，如人民法院作出维持行政机关有关处罚相对人决定的判决实质上是对相对人行政违法的一种间接确认。

第二节　行政责任

一、行政责任的概念

责任，是一个内涵和外延均非常广泛的概念，在政治学、管理学、行政学和法学等学科领域得以经常而广泛地使用。一般来说，责任是指在一定条件下行为主体所应尽的义务或者因违反义务而应承担的一定的否定性后果。

随着国家法制建设的进展，国家行政管理逐步纳入法制轨道，行政法上的责任追究，必须严格依法进行，不容有任何恣意妄为。这已成为世界各国依法行政原理的基本内容之一。在现代国家行政法中，所谓的责任，只能是法律责任，而不是道义责任、政治责任或者其他性质的责任。因此，这里的“行政责任”一词，可与“行政法律责任”一词通用。

行政责任的概念有广义和狭义之分。广义的行政责任，是指行政法律关系主体按照行政法律规范的要求在具体的行政法律关系中所应承担的义务，它包括两方面的内容：一是指行政法律关系主体必须依法作为或者不作为；二是指行政法律关系主体由于没有履行或者没有正确履行其应履行的义务而引起的否定性法律后果。狭义的行政责任，是指行政法律关系主体因违反行政法律规范所规定的义务而引起的，依法必须承担的法律责任，即行政违法以及部分行政不当所引起的否定性法律后果。

二、行政责任的特征

1. 行政责任的主体是行政法律关系主体

行政责任主体包括行政主体和行政相对人。行政主体享有行政职权，负有实施行政管理的义务，即作出行政行为并保证其最终实现，是行政主体的行政职责；而行政相对人在享有接受行政主体所提供的服务之权利的同时，还负有诚实地按照行政行为所规定的内容具体履行的义务。因此，行政责任不仅包括与行政职权和行政职责紧密联系的行政主体的法律责任，而且包括行政相对人的法律责任。

在行政法律关系中，尽管行政主体与行政相对人的法律责任的实现方式和范围是不同的，但都不能脱离行政法律规范的调整。行政主体的行为，仅靠政治监督和社会舆论监督以及其他法律途径等约束是不够的，还必须依赖于并且主要依赖于严格而完备的行政法律规范的制约；而行政相对人的行为，仅靠社会道德规范以及一般法制观念等约束也是不够的，还必须靠健全而公正的行政法律规范的具体制约。对于行政主体而言，不依法作出行政行为，不依法实施行政行为，都要承担法律责任；对于行政相对人来说，不能诚实地履行行政法律规范和行政行为所规定的义务，无论是全部不履行、部分不履行，还是不正确履行，都要受到法律的追究。

2. 行政责任是行政法律关系主体违反行政法律规范所引起的法律后果

行政法律关系主体应当履行法定职责和义务。行政责任是行政法律主体不履行法定职责和义务，违反行政法律规范所引起的法律后果，而不是违反刑事法律规范或者民事法律规范以及其他规范所引起的法律后果。它以行政法律职责和义务为基础，没有行政法律职责和义务，也就没有行政责任。

3. 行政责任是行政法上的法律责任

行政责任作为一种法律责任，具有强制性，由有权的国家机关来追究。

行政责任是以行政法律规范所规定的职责和义务为基础，行政法律规范所规定的责任和义务的方式及内容，是追究行政责任的依据。追究行政责任是对行政违法或者行政不当的救济，与犯罪行为及民事违法行为等的法律后果有着不同的责任承担方式。行政责任与其他法律责任不能相互替代。完善行政责任制度，是加强行政法制建设的重要组成部分。

三、行政责任的构成要件

一般来说，行政责任的构成要件包括四个方面：

（1）行政违法。行政主体通过行政相对人实施的行政行为已构成行政违法，或者行政人的行为构成违法或违纪。

（2）行政责任的承担必须具有法律依据。责任法定是法治的基本要求之一。因此，行政责任的承担条件、承担主体和承担方式等都必须由法律作出明确规定。

（3）行政主体和行政相对人具有法定的责任能力。责任能力是指行为主体能够正确认识自己的行为性质、意义、作用和后果，并能依据这种认识自觉地选择和控制自己的行为，从而对自己所实施的法律禁止的危害社会行为承担法律责任的能力。对于行政主体来说，其行政责任能力与该行政主体的成立一并产生，并随该行政主体的被撤销而消灭；对行政相对人来说，其责任能力与其年龄、智力等具有密切关系。

（4）行为人主观上有过错。法律归责以道义性和正当性为基础，即法律责任是以行为人存在主观过错为前提的立法设计。因此，只有在行政主体、行政相对人对行政违法行为的发生存在主观过错时，才需要承担行政责任。

四、行政责任的免除

行政责任的免除，是指虽然符合行政责任的构成条件，但根据某些法定条件或理由，追究机关决定不追究作出该行为者的行政责任。

法定免除责任的情形包括：

第一，行为人行政违法行为的情节特别轻微的。一般来说，行政违法行为"情节特别轻微"的情况包括：行政违法行为的后果轻微；行政违法行为处于预备阶段或中断状态；行为人的行为是基于严重的认识错误。

第二，时效届满。有诉讼权的行为人在法律规定的时限内未行使诉讼权，则不得再对同一行政违法行为提出诉讼。时效届满是免除行为人行政法律责任的强制性规定，一旦法定的诉讼时效届满，那么行为人就不承担行政法律责任。

第三，为了保护或获取更大的合法权益而实施的行政违法行为。有一些行为虽在行为主体、主观方面、客观方面都符合行政违法行为的构成要件，也在事实上对一定的社会关系形成了侵害并造成了一定的后果，因其行政违法行为的实施是为了获得更大的合法利益，因而，就有必要免除行为人承担行政法律责任的后果。其理论依据是"法益权衡"的法学理论。"法益权衡"理论的中心内容是指对不同的受法律保护的利益加以斟酌取舍，以在两个不可避免的损害中谋求较小的损害，或在两个不可兼得的利益中取得较大的利益。行政违法行为因行为人实施的行为侵犯了行政法所保护的社会关系，因而在行政法律的评价中处于被否定的地位。为保护获取更大合法权益而实施的行政违法行为，我们称为免除行政违法性行为。

根据我国行政立法和行政实践，正当防卫行为、紧急避险行为、进行有利于社会公共利益的行为、执行有益于社会职业职能行为等都可以免除行为人的行政法律责任。

课后习题

一、选择题

1. 行政违法的特征不包括（　　）。

A. 行政违法的主体是行政主体

B. 违反行政法律规范

C. 尚未构成犯罪的违法行为

D. 行政违法的法律后果是不承担刑事责任

2. （多选）行政责任的构成要件（　　）。

A. 行政违法　　B. 具有法律依据

C. 具有主观过错　　D. 没有责任能力

二、简述题

1. 简述行政违法的分类。

2. 简述行政责任的特征。

3. 简述行政责任的免除情形。

第十四章　各类行政法主体的法律责任

本章概要

行政法律责任在现实中也具体表现为各类不同的行政法主体的行政法律责任。本章主要介绍各类行政法主体的法律责任特点与承担法律责任的方式两个方面。

第一节　行政主体的法律责任

一、行政主体的法律责任的特点

一般认为，行政主体是指享有国家行政权，能以自己名义行使行政权，并能独立承担因此而产生的相应法律责任的组织。它包括国家行政机关和通过法律法规的授权获得行政主体资格的组织。行政法律责任的承担方式，是违反行政法律规范所规定义务而引起的法律后果的具体表现形式。

从责任形式看，行政主体的行政法律责任形式要受到某些限制。由于行政主体是代表国家参与行政法律关系的，因此，适用于自然人和一般法人的许多责任形式，并不适用于行政主体。

从引起责任的原因看，行政主体的行政法律责任是由实施行政管理行为引起的。行政主体以一般民事法律关系主体身份从事一般民事行为，仅引起民事法律责任的追究，而不会引起行政法律责任的追究。

从责任内容看，行政主体的行政法律责任以补救性为主。现代行政管理的观念认为，管理就是服务，行政主体是为公众服务的。但是，在具体的行政法律关系中，行政主体处于主动的、优越的地位；而行政相对人则处于被动的、弱势的地位。而且，行政主体所拥有的行政权，涉及社会生活的方方面面。因此，行政主体在行政管理过程中的违法或者不当行为，极易侵害行政相对人的自由、权利和利益。如果对行政相对人遭受的损害不给予补救，行政相对人的权益就难以得到切实保障。诚然，行政主体的行政行为是由公务员以国家名义实施的，但若仅仅追究公务员的惩戒性违法责任，行政相对人的实际损害则得不到救济，而由公务员个人完全承担补救责任，不仅不合理也不太可能，而且不利于相对人的权益救济。因此，补救性的责任一般由行政主体来承担。

二、行政主体承担行政法律责任的具体方式

1. 通报批评

这是行政主体承担的一种惩戒性违法行政法律责任，主要是通过名誉上的惩罚，对作出违法或者不当行政行为的行政机关及其他行政主体起一种警诫的作用。通报批评通常由权力机关、上级行政机关或者行政监察机关以书面形式作出，通过报刊、文件等予以公布。

2. 赔礼道歉、承认错误

当行政主体在行政管理过程中由于管理上的违法或者不当，损害相对人的合法权益时，理应向相对人赔礼道歉、承认错误。赔礼道歉、承认错误，虽然对受损害者的物质损害没有补救，但能使受害者在精神上得到抚慰，平息激愤的情绪，推行行政机关事务民主作风，维护行政法治的尊严。承担这种责任一般由行政机关的领导和直接责任人员出面，可以采取口头形式，也可以采取书面形式。这是行政主体所承担的一种轻微的补救性行政法律责任。

3. 恢复名誉、消除影响

当行政主体的违法或者不当行政行为造成相对人名誉上的损害、产生不良影响时，一般采取这种精神上的补救性行政法律责任。责任的履行方

法有：①在大会上公布正确的决定；②在报刊上更正处理决定并向有关单位寄送更正决定等。方法的选择，取决于相对人名誉的受损害程度和影响范围。

4. 返还利益

当行政主体剥夺相对人的权益属于违法行政时，其行政法律责任的承担表现为返还权益。权益既包括财产权益，又包括政治权益。

5. 恢复原状

当行政主体的违法或者不当行为给相对人的财产带来改变其原有状态的损害时，一般由行政机关承担恢复原状的补救性行政法律责任。

6. 停止违法行为

这是行为上的惩戒性行政法律责任。对于持续性的违法行政行为，如果行政相对人提出控诉时侵害仍在继续，行政法律责任的追究机关有权责令停止违法行政行为。

7. 履行职务

这是针对行政主体不履行或拖延履行职务而确立的一种行政法律责任方式。针对行政主体失职这种责任形式，既可以由相对人提出申请，又可以由人民法院的判决或者上级行政机关的决定予以确立。

8. 撤销违法事务行政行为

当行政主体所作出的行政行为具有如下情形之一时，行政主体应承担撤销违法行为的行政法律责任：

（1）主要证据不足的；

（2）适用法律、法规错误的；

（3）违反法定程序的；

（4）超越职权、滥用职权的。

撤销违法的行政行为既包括撤销完成的行为，又包括撤销正在进行的行为。

9. 纠正不当事务行政行为

纠正不当行政行为是对行政主体裁量权进行控制的行政法律责任方式。行政机关对滥用自由裁量权的不当行政行为要负行政法律责任，纠正不当的行政行为的具体方法是变更不当行政行为。

10. 行政赔偿

行政赔偿是一种财产补救性的行政法律责任。行政主体的违法行政行为造成相对人人身、财产上的损害，应依法承担行政赔偿责任。

第二节　公务员的行政法律责任

一、公务员的行政法律责任的特点

公务员的行政法律责任，是指公务员对其违法行政行为承担的法律后果。根据《中华人民共和国公务员法》的规定，我国的公务员包括行政系统的公务员、党群系统的公务员、权力机关系统的公务员、政治协商会议系统的公务员、审判机关系统的公务员、检察机关系统的公务员、法律和法规授权的具有公共事务管理职能的事业单位系统的公务员等。这里主要探讨行政系统的公务员的法律责任。

公务员的行政法律责任有如下特点：

第一，引起行政法律责任的行为是公务员违法行使的职务行为。

第二，通常作为履行行政职务的公务员不直接对行政相对人承担行政法律责任。而是由国家先期、直接承担行政法律责任之后，再向有违法责任的公务员进行责任的追究。

第三，公务员的行政法律责任主要是惩戒性的。

二、公务员承担行政法律责任的具体形式

1. 接受批评教育

这是公务员所承担的惩戒性行政法律责任。批评教育的形式主要包括通报批评和狭义的批评教育两种。通报批评，是指由有权机关在会议上或者文件上公布，针对具有重大违法违纪行为的公务员予以批评的决定；狭义的批评教育，是指有权机关针对具有情节轻微的违法违纪行为的公务员直接予以批评，教育其改正错误，避免再犯。通报批评的目的在于教育有

责任的公务员本人的同时，也对其他公务员起到了警戒的作用；而狭义的批评教育目的在于教育有责任的公务员本人。《中华人民共和国公务员法》规定，公务员“违纪行为情节轻微，经批评教育后改正的，可以免予处分”。可见狭义的批评教育，既可以是独立的程序，又可能构成予以处分的前置程序。

2. 承担赔偿损失责任（被追偿）

承担赔偿损失责任，是兼有惩罚性和补救性的责任承担方式。公务员的赔偿责任的特点，在于公务员并不直接向受害的行政相对人赔偿，而是先由行政机关承担赔偿责任，再根据追偿权向有故意或者重大过失的公务员追偿已赔偿款项的部分或者全部。

3. 接受行政处分

《中华人民共和国公务员法》规定：“公务员因违法违纪应当承担纪律责任的，依法给予处分。”该条所规定的处分，在此处就是行政处分。行政处分是公务员承担违法行政法律责任的主要形式，是国家行政机关依照行政隶属关系，对违法失职的公务员给予的惩戒措施。

第三节 行政相对人的法律责任

一、行政相对人法律责任的概念

行政相对人的法律责任，是指行政相对人违反行政法规范而应承担的法律责任。行政相对人的法律责任，是一种个体责任。这种责任主要是作为行政相对人的公民、法人或其他组织的个体向国家承担的一种法律责任，因为其违法行为主要侵害了国家和社会的公共利益、破坏了国家的行政管理秩序。

二、行政相对人法律责任承担的主要形式

行政相对人承担行政法律责任的形式主要有：

（1）承认错误、赔礼道歉。行政相对人的行政违法行为被确认后，有

关行政机关可以责令其向利害关系人承认错误，并表示歉意，向有关机关作出不再重犯的保证。

（2）接受行政处罚制裁。行政处罚是一种惩戒性的行政法律责任追究形式，学术上分为声誉罚、财产罚、行为罚和人身自由罚。根据《中华人民共和国行政处罚法》《中华人民共和国行政许可法》《中华人民共和国道路交通安全法》等法律法规的规定，法定的行政处罚包括警告、罚款、没收违法所得、没收非法财物、责令停产停业、暂扣或者吊销许可证、暂扣或者吊销执照、行政拘留，以及在法定的期间内禁止从事某种行为或者活动等。此外，被通报批评也是行政相对人承担违法行政法律责任的一种形式。

（3）履行法定的义务。行政相对人因怠慢履行法定义务而构成行政违法行为时，行政机关可以责令其依法履行该项义务。如果在法定的期限内仍不履行，则将接受行政强制措施。

（4）恢复原状、返还原物。行政相对人的行政违法行为，如占有他人或者公共财物、改变特定对象原有状态，则有关行政机关可责令其返还财物，恢复特定对象的原有状态。

（5）赔偿损失。行政相对人的行政违法行为给国家、集体或者他人的利益造成损害的，应当依法承担赔偿责任。

需要指出的是，当外国人及外国组织在我国境内活动时，仍属于我国政府行政管理的相对人，如违反了我国的行政管理义务，也要承担行政法律责任。我国行政法对本国公民、法人和其他组织设定的行政法律责任承担方式，基本适用于外国公民和组织，如警告、罚款、拘留、赔偿。此外，外国人承担行政法律责任的特殊方式还有限期离境、驱逐出境、禁止入境等。

课后习题

一、选择题

1. 行政主体承担行政法律责任的具体方式包括（　　）。

A. 通报批评　　B. 赔礼道歉

C. 恢复原状　　D. 履行职务

2. （多选）公务员承担行政责任的具体形式包括（　　）。

A. 接受批评教育　　B. 承担赔偿责任

C. 接受行政处分　　D. 返还利益

二、简述题

1. 简述行政主体的法律责任。

2. 简述公务员行政法律责任的特点。

第十五章 行政救济

本章概要

随着行政权力的扩张和对行政权力的规范不力，行政违法与行政不当客观存在，行政争议便不可避免。基于没有救济就没有权利的法治理念，本章主要阐述了行政救济的含义与基础、行政救济的途径等方面。

第一节 行政救济概述

一、行政救济的含义

“救济”一词，我们在日常生活中经常用到。在社会生活中，经常会发生某种灾祸，如水灾、火灾、地震等。当发生这些灾祸，政府或社会要对因此受到损害的民众提供救济粮、发放救济款等。因此，在社会的一般意义上，人们通常把救济理解为“困难补助”“灾害救助”。这种意义上的救济，是事实上的一种物质帮助，并非一种法律制度。

法律上的救济，取其基本含义，本质上是权利受到侵害，寻求“公力救济”，社会通过纠纷解决机制裁决社会生活中的纠纷，从而使权益受到损害者获得法律补救。因此，法律救济总是和处理纠纷相联系。在社会生活中，纠纷表现为某种社会关系上的利益矛盾和冲突，往往是由于某种侵权损害行为所导致。法律上的救济就是通过裁决纠纷，纠正、制止或矫正业已发生并造成损害的侵权行为，使受到损害者的权利得到恢复，利益得到补偿。

在社会生活中，人们在互相交往中难免会损害他人权益。随着交往活动的增多，权益损害成为日益普遍的社会现象，法律上的救济也就逐渐成为一种制度。甚至，在法学上存在这样一个公理：有权利必有救济；无救济，权利即非权利。这一公理已为社会生活无数经验所证明，以致我们应当树立这样一种权利观：一个人是否享有权利，享有多少权利，并不取决于法律是否规定，而主要取决于当权利受到侵犯后，是否能够得到救济。法律上规定的权利再多，若权利受到侵犯时，没有相应的救济途径，那么，权利也就不是权利。相反，法律上对权利如果没有规定但是有实实在在的制度提供保障，当利益受到侵犯时，能够得到相应的救济，这时我们才能说我们享有了权利。因此，有权利必有救济；无救济，权利即非权利。从某种意义上说，法学是权利之学，但法学更应该是救济之学。它当然应当研究人们享有哪些权利，由此就有了所谓“天赋人权”的基本权利以及经济、社会、政治权利等之分；但法学更应该研究当权利受到侵犯时如何提供补救。权利可能是纸面上的，而其最终能否成为我们生活中享有的权利，则取决于是否有相应的救济存在。

行政法上的救济，即行政救济，与其他的法律救济有着相同的性质，它是指公民的权利和利益受到行政机关侵害时或可能受到侵害时的防卫手段和申诉途径，也是通过解决行政领域发生的争议或纠纷，纠正、制止或矫正行政侵权行为，使受到损害的公民权利得到恢复，利益得到补救的法律制度。因此，行政救济就是针对行政权力运用所产生的消极后果而在法律上的补救。

如同法学存在的公理一样，行政法上也存在这样一个公理，即有权力必有救济，无救济，行政权力就会变成一种专横武断的权力。行政法产生于近代宪政制度背景之下，是宪法之下存在的一个法律部门，甚至有人称其为“动态的宪法”，它对于国家行政权力和公民权利的平衡起着重要作用，而这种作用主要表现在行政救济上。行政法发展的历史是行政权力不断扩大的历史，但这个历史总是伴随着对扩大中的行政权力的相应制约。因为从历史考察，行政法的中心问题，不仅要回答行政机关怎样进行管理，而且要回答如何管理“管理者”。行政权力本质上是一种可以强制他人服从的力量，对于这样一种力量如果缺少必要的制约，公民的权利就失去了保障；如果行政权力的行使毫无制约，也就会演变为一种专横武断的权力。综观行政法的历史，可以说，它对行政活动来说，是权力制约之法；而对公民来说，是权利救济之法。

二、行政救济的基础

行政救济制度和行政救济学说的产生绝非偶然，它是民主政治和法律发展的结果。宪法制度确立的民主制度和法治原则，为行政救济制度提供了存在的理由和基础。民主与法治作为行政救济的基础，主要表现在两个方面：

1. 政府守法

法治原则就其最初起源来说，是为国家权力设防的学说。法治意味着一切政府权力须受具体法律的限定，任何国家行政机关及其工作人员，在他们代表国家或以国家名义行事时，都必须指出其权力活动的法律根据，否则，即构成侵权。若引起法律责任，受损害者可因此获得救济请求权，并有就经济损失取得请求赔偿的权利。

政府守法的主要内容包括三个方面：

（1）行政合法。行政机关没有任意采取行动的权力，它只能在法律授权的范围内采取行动。法律规定每一个行政机关权力的范围，规定行使权力的目的和手段，行政机关必须遵守，权限以外的行为是无效行为。

（2）行政合理。行政机关的自由裁量权必须公平地行使，符合法律的原则，自由裁量并非绝对自由，其行使仍然是有条件的，如出于正当的目的，考虑相关的因素等。行政权力的运用不但要合法，而且公正合理。否则，由此造成的损害，行政机关必须承担相应责任。

（3）行政责任。行政机关对自己行使权力的活动，必须相应承担责任，特别是对损害后果的责任。行政责任本身就意味着对违法或不当行政的矫正，是对造成的损害的补救。

2. 公民权利保护

根据法治原则，行政法不仅是管理法，更主要的是权利救济法。宪法规定了公民的人身权、财产权等基本权利。但在行政管理活动中，公民的个人权利往往是受行政权力支配的，对此种支配，公民首先有服从的义务。因此，对于此种支配关系，现代行政法的着眼点，是保障公民的合法权益不受行政机关违法行政行为的侵犯。宪法确立的公民基本权利，要求行政法与其保持一致，行政法的基本目标是在公民遭受不法行政行为侵害时，为他提供充分的救济。因此，以宪法为基础的行政法，必然是权利救济法。

第二节　行政救济的途径

行政救济的途径是指当相对人的合法权益受到违法行政行为侵犯时，进行救济的方式。从不同的角度分析，对行政救济的途径可以进行不同类型的分类，根据行政救济性质的不同，可以将行政救济的途径分为权力机关的救济、行政机关的内部救济、司法机关的救济三种方式。

一、权力机关的救济

国家权力机关对行政过程中的相对人进行救济的方式包括两种：第一，在行政活动之前制定相关的法律，规范行政职权的行使，从而确保相对人的合法权益；第二，在相对人的合法权益受到违法的行政行为侵犯后，权力机关通过对行政活动的监督，达到救济相对人合法权益的目的。对于这种监督的方式，全国人大常委会于2006年制定了《中华人民共和国各级人民代表大会常务委员会监督法》，该法具体规定了听取和审议人民政府、人民法院和人民检察院的专项工作报告；审查和批准决算，听取和审议国民经济和社会发展计划、预算的执行情况报告，听取和审议审计工作报告；法律法规实施情况的检查；规范性文件的备案审查；询问和质询；特定的问题调查；撤职案的审议和决定等监督方式，对监督行政机关依法行使职权具有重要意义。

当然，权力机关对行政机关的监督仅仅是在结果上间接地救济相对人的合法权益，而相对人并不能直接要求权力机关对自己的合法权益进行救济。从这种意义上来说，权力机关对行政机关的监督并非严格意义上的行政救济。但《中华人民共和国宪法》第四十一条规定，中华人民共和国公民“对于任何国家机关和国家工作人员的违法失职行为，有向有关国家机关提出申诉、控告或者检举的权利”，也即对行政机关违法发布的决定、命令，相对人可以向权力机关提出申诉、控告或者检举，建议权力机关对行政机关的违法行为进行监督，权力机关接受相对人的建议后，经审查认为行政机关发布的决定、命令超越法定权限，同法律法规的规定相抵触或有其他不适当的情形时予以撤销，此时，对于相对人来说就是对其权利或利益的救济。在这种意义上，立法监督也是行政救济的一种方式。

二、行政机关的内部救济

行政机关的内部救济是指相对人在受到行政机关违法行为侵害时请求特定行政机关给予救济的方式。由于侵犯相对人的权益的主体与相对人的权益进行补救的主体都属于行政系统，所以行政机关的救济具有内部救济的性质。行政机关救济的方式比较多，包括行政复议、行政监察、审计监督、信访等方式。其中，行政监察与审计监督是行政机关内部进行监督的主要方式。但对于相对人来说，行政机关救济的主要方式是行政复议与信访。当然，相对人也可以提出行政监察或审计监督的建议。

1. 行政复议

行政复议是指相对人认为行政主体违法或不当行使职权侵犯其合法权益，依法向行政复议机关提出复议请求，复议机关依法受理申请，经审查作出复议决定的一种行政救济制度。这是行政机关内部救济最主要的方式。

2. 信访

信访是指公民、法人或者其他组织采用书信、电子邮件、传真、电话、走访等形式，向各级人民政府、县级以上人民政府工作部门反映情况，提出建议、意见或者投诉请求，依法由有关行政机关处理的活动。与行政复议以及行政诉讼等正式的行政救济制度不同，在信访中，信访人向行政机关提出意见、建议和投诉请求，通常由行政机关自己、上级部门或者专门机构负责处理，属于一种补充性的行政救济制度；与香港的申诉专员制度、日本的行政苦情制度等相类似，属于非正式的行政救济制度。为了规范我国的信访工作，国务院于2005年发布了《信访条例》，该条例对于负责信访的机构、信访的渠道、信访的程序、法律责任等作出了详细的规定。

（1）信访工作机构。

县级以上人民政府应当设立信访工作机构；县级以上人民政府工作部门及乡、镇人民政府应当按照有利工作、方便信访人的原则，确定负责信访工作的机构或者人员具体负责信访工作。县级以上人民政府信访工作机构是本级人民政府负责信访工作的行政机构，履行下列职责：第一，受理、交办、转送信访人提出的信访事项；第二，承办上级和本级人民政府交由处理的信访事项；第三，协调处理重要信访事项；第四，督促检查信访事项的处理；第五，研究、分析信访情况，开展调查研究，及时向本级人民政府提出完善政策和改进工作的建议；第六，对本级人民政府其他工作部门和下级人民政府信访工作机构的信访工作进行指导。

（2）信访的对象。

信访人对下列组织、人员的职务行为反映情况，提出建议、意见，或者不服下列组织、人员的职务行为，可以向有关行政机关提出信访事项：第一，行政机关及其工作人员；第二，法律法规授权的具有管理公共事务职能的组织及其工作人员；第三，提供公共服务的企业、事业单位及其工作人员；第四，社会团体或者其他企业、事业单位中由国家行政机关任命、派出的人员；第五，村民委员会、居民委员会及其成员。对于依法应当通过诉讼、仲裁、行政复议等法定途径解决的投诉请求，信访人应当依照有关法律、行政法规规定的程序向有关机关提出。

（3）信访的程序。

①信访的提出：信访人提出信访事项，一般应采用书信、电子邮件、传真等书面形式；信访人提出投诉请求的，还应当载明信访人的姓名（名称）、住址和请求、事实、理由。有关机关对采用口头形式提出的投诉请求，应当记录信访人的姓名（名称）、住址和请求、事实、理由。信访人采

用走访形式提出信访事项的，应当到有关机关设立或者指定的接待场所提出。多人采用走访形式提出共同的信访事项的，应当推选代表，代表人数不得超过5人。

②信访的受理：县级以上人民政府信访工作机构收到信访事项，应当予以登记，并区分情况，在15日内分别按下列方式处理：第一，对《信访条例》第十五条规定的信访事项，应当告知信访人分别向有关的人民代表大会及其常委会、人民法院、人民检察院提出。对已经或者依法应当通过诉讼、仲裁、行政复议等法定途径解决的，不予受理，但应当告知信访人依照有关法律、行政法规规定程序向有关机关提出。第二，对于依照法定职责属于本级人民政府或者其工作部门处理决定的信访事项，应当转送有权处理的行政机关，情况重大、紧急的，应当及时提出建议，报请本级人民政府决定。第三，信访事项涉及下级行政机关或者其工作人员的，按照“属地管理、分级负责，谁主管、谁负责”的原则，直接转送有权处理的行政机关，并抄送下一级人民政府信访工作机构。县级以上人民政府信访工作机构要定期向下一级人民政府信访工作机构报告转送情况，下级人民政府信访工作机构要定期向上一级人民政府信访工作机构报告转送信访事项的办理情况。第四，对于转送信访事项中的重要情况需要反馈办理结果的，可以直接交由有权处理的行政机关办理，要求其在指定办理期限内反馈结果，提交办结报告。

③信访的办理：对信访事项有权处理的行政机关办理信访事项，应当听取信访人陈述事实和理由；必要时可以要求信访人、有关组织和人员说明情况；需要进一步核实有关情况的，可以向其他组织和人员调查。对于重大、复杂、疑难的信访事项，可以举行听证，听证应当公开举行，通过质询、辩论、评议、合议等方式，查明事实，分清责任。

对信访事项有权处理的行政机关经调查、核实，应当依照有关法律、法规、规章及其他有关规定，分别作出以下处理，并书面答复信访人：第一，请求事实清楚，符合法律、法规、规章或者其他有关规定的，予以支持，并督促有关机关或者单位执行；第二，请求事由合理但缺乏法律依据的，应当对信访人做好解释工作；第三，请求缺乏事实根据或者不符合法律、法规、规章或者其他有关规定的，不予支持。

④复查与复核：信访人对行政机关作出的信访事项处理意见不服的，可以自收到书面答复之日起30日内请求原办理行政机关的上一级行政机关复查，收到复查请求的行政机关应当自收到复查请求之日起30日内提出复查意见，并予以书面答复。

信访人对复查意见不服的，可以自收到书面答复之日起30日内向复查机关的上一级行政机关请求复核，收到复核请求的行政机关应当自收到复核请求之日起30日内提出复核意见。

三、司法机关的救济

司法机关的救济是指相对人在自己合法权益受到行政机关违法行为的侵害时请求人民法院给予救济的方式，主要是指行政诉讼以及行政赔偿诉讼。司法机关的救济与行政机关的救济相比较，存在以下特点：

1. 司法救济的有限性

司法机关与行政机关存在权力上的分权或分工。从司法权本身的性质来看，作为司法机关法院的功能在于判决法律上的争诉，为此规定了与其相适应的法院的组织、诉讼程序、规则的界限。司法权原则上不得侵犯行政机关的首次判断权，司法审查不涉及自由裁量事项。司法救济的有限性在行政法上表现为行政诉讼受案范围的限制。

2. 司法救济的最终性

司法救济的最终性是指在相对人的合法权益受到行政机关违法行政行为侵害时应当为其提供司法救济的途径。在众多的行政救济途径中，司法救济具有终局性的法律效力。相对于权力机关的救济、行政机关的内部救济而言，司法机关最主要的工作就是提供救济、解决纠纷。为此，司法机关的组织、结构、程度等都按照救济的需要进行设置，特别注意司法机关的独立性、程序的公正性等。而且，相对人所具有的“申请行政救济的权利”主要是指申请司法机关进行行政救济的权利。司法救济的最终性在行政法学上体现为行政复议与行政诉讼的关系，即相对人可以自由选择提出行政复议申请还是提起行政诉讼，在对行政复议决定不服时，可以向人民法院提起行政诉讼，继续寻求救济。

课后习题

一、选择题

1.（多选）行政救济主要包括（　　）。

A. 权力机关救济　　B. 行政机关内部救济

C. 司法救济　　D. 行政机关外部救济

2.（多选）行政救济的基础包括（　　）。

A. 政府守法　　B. 公民权利保护

C. 权力维护　　D. 信访

二、简述题

1. 简述行政救济的含义。

2. 简述行政救济的途径。

3. 简述行政机关的内部救济。

第十六章　行政复议

本章概要

行政复议作为一项与行政诉讼衔接的用以解决行政争议的重要法律制度，行政复议具有灵活简便、范围广泛、便民等优点。本章主要介绍行政复议的概述和特征、行政复议的基本原则和行政复议的范围三个方面的内容。

第一节　行政复议概述与特征

行政复议，是指公民、法人或其他组织认为行政主体的行政行为侵犯其合法权益，依法向行政复议机关提出复查该行为的申请，行政复议机关依照法定程序对被申请的行为进行合法性、适当性审查，并作出行政复议决定的一种法律制度。

作为重要的行政法律制度之一，行政复议具有以下特征：

（1）行政复议的目的是防止和纠正违法的或不当的具体行政行为。《中华人民共和国行政复议法》第一条规定："为了防止和纠正违法的或不当的具体行政行为，保护公民、法人和其他组织的合法权益，保障和监督行政机关依法行使职权，根据宪法，制定本法。"这就明确了行政复议以具体行政行为为审查对象，以行政行为的合法性和适当性为审查标准。

（2）行政复议是一种依法申请的行政行为。行政复议机关只有在相对人提出了复议申请，才能启动复议程序，所以相对人的复议申请是行政复议的前提条件。这区别于上级行政机关主动对下级行政机关的领导、监督行为。没有行政相对人的申请行为，行政复议作为监控行政权的一种法律制度就不能发挥其内在功能。因此，保护行政相对人的申请权，以及设置便利于行政相对人行使申请权的法律程序具有重要的法律意义。

（3）行政复议的标的主要是具体行政行为。具体行政行为是行政主体作出的，直接可以作为行政相对人履行义务或者行政主体强制执行的依据。对于抽象行政行为，如果属于行政立法范畴，不能提起行政复议。如果行政相对人认为行政立法以外的其他抽象行政行为违法，可以在对相应具体行政行为申请复议时，一并申请复议，或者通过申诉等其他法律监督途径解决。

（4）行政复议是对行政行为的一种法律救济机制。行政复议是以行政纠纷的存在和行政相对人的申请为前提的，是借鉴司法程序中的受理、审查和决定程序建立起来，解决纠纷的制度，是一种针对行政行为的法律救济机制。

（5）行政复议所处理的争议是行政争议，这里的行政争议主要指行政主体在行政管理过程中实施具体行政行为而与行政相对人发生的争议。这种争议的核心是该具体行政行为是否合法、适当。行政复议不解决民事争议，如果行政机关实施解决民事争议的具体行政行为，这种行为不是行政复议，而是行政调解或者行政裁决。

（6）行政复议具有监督行政主体和对相对人合法权利进行救济的双重属性。首先，由于行政复议机关可以根据法定程序对行政机关行政行为的合法性进行审查，并对违法或不当的行政行为予以撤销、变更；对行政机关不履行法定职责的还可以责令其限期履行。因此，行政复议对于监督行政主体依法行政的作用和功能是明显的。其次，由于通过行政复议可以使违法、不当行政行为丧失效力，使其不再影响相对人的合法权益，从而对相对人的合法权益起到保护作用。最后，在行政复议中被确认的是违法的行政行为，如果其已对相对人造成了实际损害，相对人还可以据此申请国家赔偿。由此表明了行政复议对相对人合法权益的救济性功能。

第二节　行政复议的基本原则

根据《中华人民共和国行政复议法》的规定和行政复议制度的原理，行政复议应当遵循以下原则：

一、合法原则

行政复议必须依法进行。行政复议机关可以受理哪些行政纠纷，相对人申请行政复议后应当由哪个行政机关来管辖，行政复议应当按什么程序进行以及作出何种复议决定等，都必须符合《中华人民共和国行政复议法》的规定。

二、公正原则

行政复议作为一种裁决行政纠纷的“准司法”活动，公正是其最起码的要求。行政复议机关不能偏袒任何一方当事人，而是必须基于事实和法律依据，以公正的态度来作出客观的复议决定。

三、公开原则

行政复议的过程和复议决定应当是公开的。在复议过程中，申请人、第三人有权查阅被申请人提出的书面答复、作出具体行政行为的证据、依据和其他有关材料，除涉及国家秘密、商业秘密或者个人隐私外，行政复议机关不得拒绝查阅卷宗的请求。如果行政复议采用类似于法院“庭审”的方式举行听证，听证应当公开举行。

四、及时原则

行政复议作为一种行政性的纠纷裁决方式，应当体现行政程序特有的效率优势。由于行政复议决定原则上不具有最终法律效力，复议过程不能太长。复议阶段如果不能解决问题，就应当迅速进入行政诉讼环节，以免行政纠纷得不到及时处理，以致影响行政效率。复议制度体现“从快”的要求，如申请期限、受理期限、审理期限都比行政诉讼短，审理形式原则上采用书面审理形式。在复议过程中，复议机关也应当本着这一原则尽快作出决定。

五、便民原则

行政复议应当从方便相对人的角度进行，这样才能使相对人更好地寻求行政救济。例如，相对人申请行政复议，既可书面申请，也可口头申请；相对人对某省公安厅的具体行政行为不服，既可以到北京向公安部申请行政复议，也可以就地在本省省会城市向省政府申请行政复议；相对人查阅卷宗时，复议机关应当为其提供必要条件；等等。

六、一级复议原则

《中华人民共和国行政复议法》虽然没有像《行政复议条例》那样明确规定一级复议原则，但基于行政复议的原理，应当成为行政复议的基本原则。所谓一级复议原则是指行政复议除法律有特别规定外，原则上经过一次审理即告结束，相对人不能一而再、再而三地逐级向行政机关的上级申请行政复议。这也就是说，行政复议一般不能像行政诉讼那样可以“上诉”。行政复议作为一种行政纠纷裁决制度，不是要取代法院的行政诉讼，而是根据“穷尽法律救济原则”设计的一种补充性的行政救济手段。如果相对人对行政复议决定不服，就不应当在行政程序中纠缠，应当转而向法院寻求司法救济。

七、司法终局原则

司法终局是指除法律有特别规定的外，行政复议决定原则上不具有最终法律效力，只有法院的判决才有最终的法律效力。行政复议是一种行政内部监督方式，在某种意义上，其制度与“自己不做自己案件的法官”的程序正义原理相违背，是一种“同体监督”，难免“官官相护”之弊。行政纠纷双方谁对谁错，复议机关并非最终的裁判主体，只有法院的判决才具有最终的法律效力，因为法院是中立的第三方，是纠纷的最后裁决者。

第三节 行政复议的范围

行政复议的范围，是指行政相对人有权申请行政复议事项的范围，也是行政复议机关受理行政复议案件的范围。行政复议范围的确定需要考虑多种因素，为此，主要范围具体有以下两方面：

一、行政复议的肯定范围

行政复议的肯定范围，系指相对人可以申请行政复议，行政复议机关可以依法复议的事项范围。

根据《中华人民共和国行政复议法》的规定，行政相对人在下述任何一种情形下，都可以依法申请行政复议：

(1) 对行政机关作出的警告、罚款、没收违法所得、没收非法财物、责令停产停业、暂扣或者吊销许可证、暂扣或者吊销执照、行政拘留等行政处罚决定不服的；

(2) 对行政机关作出的限制人身自由或者查封、扣押、冻结财产等行政强制措施决定不服的；

(3) 对行政机关作出的有关许可证、执照、资质证、资格证等证书的变更、中止、撤销的决定不服的；

(4) 对行政机关作出的关于确认土地、矿藏、水流、森林、山岭、草原、荒地、滩涂、海域等自然资源的所有权或者使用权的决定不服的；

(5) 认为行政机关侵犯合法经营自主权的；

(6) 认为行政机关变更或者废止农业承包合同，侵犯其合法权益的；

(7) 认为行政机关违法集资、征收财物、摊派费用或者违法要求履行其他义务的；

(8) 认为符合法定条件，申请行政机关颁发许可证、执照、资质证、资格证等证书，或者申请行政机关审批、登记有关事项，行政机关没有依法办理的；

（9）申请行政机关履行保护人身权利、财产权利、受教育权利的法定职责，行政机关没有依法履行的；

（10）申请行政机关依法发放抚恤金、社会保险金或者最低生活保障费，行政机关没有依法发放的；

（11）认为行政机关的其他具体行政行为侵犯其合法权益的。

由此可见，《中华人民共和国行政复议法》对行政复议范围的肯定列举采用了不同标准，如行政行为的类型、受侵害的权益类型等，其目的仅仅是“举例说明”，而非穷尽所有可申请行政复议的事项。而且，这一条款清楚地告诉我们：所有因具体行政行为引发的行政争议都可以纳入行政复议的范围。

二、行政复议的排除范围

根据《中华人民共和国行政复议法》的规定，以下几种行政行为不能纳入行政复议的范围：

（1）行政机关作出的行政处分或者其他人事处理决定，依照有关法律、法规的规定提出申诉；行政机关对其所属的人员或基于内部行政管理关系作出的有关工资、保险、福利、待遇等人事处理，应当认定为前款规定的“其他人事处理决定”；

（2）行政机关对民事纠纷作出的调解或者其他处理，依法申请仲裁或者向人民法院提起诉讼；行政机关对公民、法人或者其他组织之间的民事纠纷作出的不具有强制执行力的有关双方当事人民事权利义务的行为，应当认定为前款规定的“其他处理”；

（3）公安、国家安全等机关依照刑事诉讼法的明确授权实施的行为；

（4）行政机关针对不特定对象发布的能反复适用的规定；

（5）不具有强制力的行政指导行为；

（6）驳回当事人对行政行为提起申诉的重复处理行为；

（7）行政机关对落实私房政策等历史遗留问题作出的处理；

（8）其他不符合规定的行为。

第四节　行政复议的审理、决定和执行

一、复议受理

行政复议机关受理复议申请后，应全面审查具体行政行为所依据的事实和规范性文件，并最终作出复议决定。行政复议的审理主要包括以下程序：

1. 申请前的准备

根据《中华人民共和国行政复议法》和《中华人民共和国行政复议法实施条例》及行政复议实践，审理前应做好以下工作：

（1）向被申请人送达申请书副本。复议机关应当自受理之日起 7 日内将复议申请书副本发送给被申请人。

（2）更换或者追加当事人。行政复议机关认为被申请人不适当的，可以要求申请人更换。

（3）被申请人应当在收到复议申请书副本之日起 10 内向行政复议机关提交作出具体行政行为的有关材料或证据，并提出答辩书。

2. 审理方式

根据《中华人民共和国行政复议法》第二十二条的规定，行政复议原则上采取书面审查的方式。实行书面审查为原则，口头审查为例外，主要是为了保障行政效率，是行政复议区别于行政诉讼的一个重要方面。但是为了保证行政复议的公正，《中华人民共和国行政复议法》规定申请人提出要求或复议机关认为有必要时，可以向有关组织和人员调查情况，听取申请人、被申请人和第三人的意见。《中华人民共和国行政复议法》没有明确规定行政复议机关通过何种方式听取意见，为了进一步强化行政复议的准司法性，《中华人民共和国行政复议法实施条例》规定了听证方式，第三十三条规定："行政复议机关认为必要时，可以实地调查核实证据；对重大、

复杂的案件，申请人提出要求或者行政复议机关认为必要时，可以采取听证的方式审理。”书面审查的优势在于便民、高效，其缺陷在于不公开，缺乏监督。实践中对于案情复杂、争议较大，对有关证据分歧严重或社会影响较大的案件，应尽量采取听证的方式，以保证复议决定的客观和公正。

3. 审查内容

行政复议机关在审查行政争议案件时，不仅可以对具体行政行为是否合法和适当进行审查，而且必须全面审查具体行政行为所依据的事实和规范性文件，不受行政复议申请范围的限制，这是行政复议区别于行政诉讼的显著特点。

对于具体行政行为的合法性，主要审查该具体行政行为的主体、程序、权限和内容是否符合法律规定。对于具体行政行为的适当性或合理性，主要审查是否符合法定目的，是否具有正当动机，是否基于正当考虑，是否符合平等、比例原则等。

4. 证据规则

《中华人民共和国行政复议法》虽然没有明确规定被申请人承担举证责任，但是通过对于《中华人民共和国行政复议法》其他条文和行政复议的实践分析可以得出结论：在行政复议中，被申请人负有证明其所作的具体行政行为合法、合理的责任。如该法第二十三条规定，被申请人应当自收到行政复议机关发送的申请书副本或者申请笔录复印件之日起 10 日内，提交当初作出具体行政行为的证据、依据和其他有关材料。这表明在行政复议程序中，被申请人承担着主要的举证责任。如果被申请人未按期提交有关证据的，其作出的具体行政行为将被视为没有证据，行政复议机关可以直接撤销该具体行政行为。

《中华人民共和国行政复议法》第二十四条还规定，在行政复议过程中，被申请人不得自行向申请人和其他有关组织或者个人收集证据。这是具体行政行为必须“先取证后裁决”原则的体现。此时具体行政行为所依据的证据就可以作为撤销、变更原具体行政行为或确认具体行政行为违法、不当或无效的证据，这样可以避免行政复议机关对被申请人的偏袒。另外，行政复议机构调查取证时，一般不得少于 2 人。

5. 行政复议申请的撤回

提出行政复议申请是复议申请人的一项权利，在复议过程中复议决定作出前，申请人也有权撤回复议申请，终止复议程序。《中华人民共和国行政复议法》第二十五条规定："行政复议决定作出前，申请人要求撤回行政复议申请的，经说明理由，可以撤回；撤回行政复议申请的，行政复议终止。"《中华人民共和国行政复议法实施条例》第三十八条规定："申请人在行政复议决定作出前自愿撤回行政复议申请的，经行政复议机构同意，可以撤回。申请人撤回行政复议申请的，不得再以同一事实和理由提出行政复议申请。但是，申请人能够证明撤回行政复议申请违背其真实意思表示的除外。"

根据上述规定可知，撤回申请应符合以下条件：

（1）撤回者应该是申请人或其代理人；

（2）撤回必须自愿，不能是受胁迫或者违背申请人的真实意思；

（3）应该在案件受理后至复议决定作出前提出；

（4）撤回复议申请应当说明理由；

（5）撤回申请应该经接受行政复议机关同意；

（6）申请人撤回行政复议申请的，不得再以同一事实和理由提出行政复议申请，除非申请人能够证明撤回行政复议申请违背了其真实意思。

在实践中，申请人撤回申请的原因众多，如出于认可原具体行政行为的合法性而撤回，或与被申请人达成和解而撤回，或受到外在压力或欺骗而撤回，或出于规避法律的目的而撤回。其中不乏违背法律目的、损害他人利益或公共利益的情形，因此法律规定行政复议机关应当对于申请人撤回申请的理由进行鉴别和审核。行政复议机关经审查，如果认为申请人撤回申请是受他人胁迫、欺骗或非法干预，或者撤回申请可能损害第三人合法权益或者公共利益，或者可能掩盖行政主体错误行为的，应当不准许撤回申请。

行政复议机关准许申请人撤回申请的，行政复议终止。行政复议机关应当制作书面决定，发送申请人、被申请人和第三人。撤回申请后，如果仍未超过行政诉讼期限，申请人还可以对原具体行政行为向法院提起行政诉讼。《最高人民法院关于执行〈中华人民共和国行政诉讼法〉若干问题的解释》第三十五条规定："法律、法规未规定行政复议为提起行政诉讼必经程序，公民、法人或者其他组织向复议机关申请行政复议后，又经复议机关同意撤回复议申请，在法定起诉期限内对原具体行政行为提起诉讼的，人民法院应当依法受理。"这意味着，如果是法律法规规定为复议前置的案件，申请人撤回申请后，即使仍在法定起诉期限内，也不能再提起行政诉讼。

6. 行政复议中止

在行政复议进行期间，如果出现下列情形，影响到行政复议案件审理的，行政复议中止：

(1) 作为申请人的自然人死亡，其近亲属尚未确定是否参加行政复议的；

(2) 作为申请人的自然人丧失参加行政复议的能力，尚未确定法定代理人参加行政复议的；

(3) 作为申请人的法人或者其他组织终止，尚未确定权利义务承受人的；

(4) 作为申请人的自然人下落不明或者被宣告失踪的；

(5) 申请人、被申请人因不可抗力，不能参加行政复议的；

(6) 案件涉及法律适用问题，需要有权机关作出解释或者确认的；

(7) 案件审理需要以其他案件的审理结果为依据，而其他案件尚未审结的；

(8) 其他需要中止行政复议的情形。行政复议中止的原因消除后，行政复议机关应当及时恢复行政复议案件的审理。行政复议机关中止、恢复行政复议案件的审理，应当告知有关当事人。

7. 行政复议终止

在行政复议期间，如果发生特定情形，导致继续进行行政复议已经失去意义时，行政复议即告终止。具体有以下情形：①申请人要求撤回行政复议申请，行政复议机关准予撤回的；②作为申请人的自然人死亡，没有近亲属或者其近亲属放弃行政复议权利的；③作为申请人的法人或者其他组织终止，其权利义务的承受人放弃行政复议权利的；④申请人与被申请人经行政复议机关准许达成和解协议；⑤申请人对行政拘留或者限制人身自由的行政强制措施不服申请行政复议后，因申请人同一违法行为涉嫌犯罪，该行政拘留或者限制人身自由的行政强制措施变更为刑事拘留的。

此外，如因以下原因导致行政复议中止，满 60 日后行政复议中止的原因仍未消除的，行政复议应当终止：①作为申请人的自然人死亡，其近亲属尚未确定是否参加行政复议的；②作为申请人的自然人丧失参加行政复议的能力，尚未确定法定代理人参加行政复议的；③作为申请人的法人或者其他组织终止，尚未确定权利义务承受人的。

8. 复议期间具体行政行为的效力

根据《中华人民共和国行政复议法》第二十一条的规定，行政复议期间具体行政行为不停止执行；但有下列情形之一的，可以停止执行：①被申请人认为需要停止执行的；②行政复议机关认为需要停止执行的；③申请人申请停止执行，行政复议机关认为其要求合理，决定停止执行的；④法律规定停止执行的。这里的法律，限于全国人大及其常委会通过的法律，可见在行政复议期间，除非符合《中华人民共和国行政复议法》规定的情形，被申请复议的具体行政行为一律不停止执行。

二、行政复议决定

（一）决定期限

行政复议机关应当在受理复议申请之日起 60 日内作出复议决定，这是《中华人民共和国行政复议法》规定的一般期限。如果其他法律规定的行政复议审查期限少于 60 日的，应该按其他法律规定的期限办理。如不服不批准集会游行示威决定的复议案件，行政复议审查期限只有 3 日。

对于情况复杂，不能在规定期限内作出行政复议决定的，经行政复议机关负责人批准，可以适当延长审查期限，并告知申请人和被申请人；但延长期限最多不超过 30 日。

（二）行政复议决定的种类和适用条件

行政复议机关在对案件进行审查后，提出意见，报行政复议机关负责人同意，或由行政复议机关集体讨论通过行政复议决定。由于复议机关在审查具体行政行为时也审查具体行政行为的法律依据，因此行政复议机关作出的复议决定也分为两种情况。针对具体行政行为作出的复议决定包括：维持决定、责令履行职责决定、撤销决定、确认违法决定、变更决定、驳回行政复议申请决定、行政赔偿决定、行政复议调解决定、对具体行政行为法律依据的处理决定。针对具体行政行为的依据作出的复议决定，《中华人民共和国行政复议法》分别规定了两种情况：一种是复议机关有权处理的，依法作出处理决定；另一种是复议机关无权处理的，依法转送给有权机关处理。

1. 维持决定

行政复议机关经过审查，认为具体行政行为认定事实清楚，证据确凿，适用依据正确，程序合法，内容适当的，应当作出肯定具体行政行为效力的决定。

2. 责令履行职责决定

行政复议机关经过审查，认为被申请人没有履行法律、法规规定的职责或者拖延履行法定职责的，应作出责令其在一定期限内履行的决定。此种决定主要适用于行政主体应作为而不作为的案件。

3. 撤销决定

具体行政行为认定的主要事实不清、证据不足的；适用法律错误的；违反法定程序的；超越职权或滥用职权的；具体行政行为明显不当的，有以上任何一种情形的，行政复议机关应当作出撤销具体行政行为的决定。

被申请人不在法定的10日答复期内提出答辩，提交当初作出具体行政行为的证据、依据和其他有关材料的，视为被申请复议的具体行政行为没有证据、依据，行政复议机关不仅可以决定撤销该具体行政行为，而且还可以依法追究被申请人的法律责任。

行政复议机关在撤销原具体行政行为时，可以责令被申请人重新作出具体行政行为，被申请人应当在法律、法规、规章规定的期限内重新作出具体行政行为；法律、法规、规章未规定期限的，重新作出具体行政行为的期限为60日。被申请人不得以同一事实和理由作出与原具体行政行为相同或基本相同的具体行政行为。公民、法人或者其他组织对被申请人重新作出的具体行政行为不服，可以依法申请行政复议或者提起行政诉讼。

4. 确认违法决定

具体行政行为符合上述应该撤销的法定条件，但不适合采用撤销决定的，可适用确认违法决定。确认违法决定，是申请人获得行政赔偿条件，可启动行政赔偿程序。确认决定主要适用于以下情形：

（1）具体行政行为尽管违法，但现实上不具备可撤销性；

（2）被申请人不依法履行法定职责，但时过境迁，责令其履行已没有实际意义；

（3）具体行政行为已执行完毕，没有可以撤销的具体行政行为存在。

5. 变更决定

行政复议机关经过审查，认为具体行政行为违法或者不当，直接作出变更原具体行政行为的决定。变更决定一般适用于以下情形：

（1）具体行政行为认定事实清楚、证据确凿、程序合法，但适用依据错误；

（2）超越职权或者滥用职权的；

（3）具体行政行为明显不当；

（4）具体行政行为认定事实不清、证据不足，行政复议机关经审理已经查明事实。

6. 驳回行政复议申请决定

有下列情形之一的，行政复议机关应当决定驳回行政复议申请：

（1）申请人认为行政机关不履行法定职责申请行政复议，行政复议机关受理后发现该行政机关没有相应法定职责或者在受理前已经履行法定职责的；

（2）受理行政复议申请后，发现该行政复议申请不符合《中华人民共和国行政复议法》和《中华人民共和国行政复议法实施条例》规定的受理条件的。

上级行政机关认为行政复议机关驳回行政复议申请的理由不成立的，应当责令其恢复审理。

7. 行政赔偿决定

《中华人民共和国行政复议法》第二十九条规定，申请人在申请行政复议时可以一并提出行政赔偿请求，行政复议机关对符合《中华人民共和国国家赔偿法》的有关规定应当给予赔偿的，在决定撤销、变更具体行政行为或者确认具体行政行为违法时，应当同时决定被申请人依法给予赔偿。申请人在申请复议时没有提出行政赔偿请求的，行政复议机关在依法决定撤销或变更罚款，撤销违法集资、没收财物、征收财物、摊派费用以及对财产的查封、扣押、冻结等具体行政行为时，应当同时责令被申请人返还财产，解除对财产的查封、扣押、冻结措施，或者赔偿相应的价款。行政复议机关认为需要对申请人进行赔偿的，应在复议决定中就赔偿事宜作出决定。

行政复议机关在处理赔偿问题时可以适用调解，因为行政赔偿解决的是申请人的民事权益受到损害而如何救济的问题，申请人对此有自由处分权，双方可以协商解决赔偿数额问题。

8. 行政复议调解决定

当事人经调解达成协议的，行政复议机关应当制作行政复议调解书。调解书应当载明行政复议请求、事实、理由和调解结果，并加盖行政复议机关印章。行政复议调解书经双方当事人签字，即具有法律效力。调解未达成协议或者调解书生效前一方反悔的，行政复议机关要及时作出行政复议决定。

9. 对具体行政行为法律依据的处理决定

在行政复议过程中，复议机关在对具体行政行为审查的同时，也对作为具体行政行为依据的法律规范进行审查。《中华人民共和国行政复议法》第二十六条和第二十七条分别规定两种情况：第一种是申请人在申请审查具体行政行为规范性文件的合法与否进行审查，如果不合法，行政复议机关对该规定有处理权的，应当在30日内依法处理；无权处理的，应当在7

日内按照法定程序转送有权处理的行政机关依法处理，有权处理的行政机关应当在60日内依法处理。第二种情况是申请人没有提出对于抽象行政行为的审查申请，但是行政复议机关在对被申请人作出的具体行政行为进行审查时，发现其依据不合法，行政复议机有权处理的，应当在30日内依法处理；无权处理的，应当在7日内按照法定程序转送有权处理的行政机关依法处理，有权处理的行政机关应当在60日内依法处理。这里应当注意的是，在第一种情况下，行政复议机关审查的抽象行政行为的范围仅包括行政规范性文件；而在第二种情况下，行政复议机关审查的范围包括所有具体行政行为的依据，其范围远大于行政规范性文件，也包括法律、行政法规、规章等。

由于行政复议机关对于具体行政行为法律依据的审查直接关系到具体行政行为的处理结果，因此在复议机关审查具体行政行为的法律依据期间，中止对具体行为的审查。有权机关作出处理决定后，复议机关要及时恢复复议程序并书面告知申请人、第三人依据的处理决定，继续对具体行政行为进行审查，并依法作出复议决定。

《中华人民共和国行政复议法》并没有明确规定行政复议机关如何依法审查及处理在自己权限范围内的抽象行政行为，本书认为这些处理方式应当包括以下几种：

（1）撤销。无论是对抽象行政行为全部撤销还是部分撤销，撤销权都是复议机关行政监督权的表现形式，行政复议机关可以通过撤销方式认定抽象行政行为违法。

（2）修改。修改实际是部分改变抽象行政行为的内容。对此学界存在不同的观点，有观点认为行政复议机关可以依职权作出改变或者撤销抽象行政行为的决定。也有观点认为，从法律效力上讲，自己的规定，自己可以修改，其他机关甚至上级行政机关是不能代替自己重新制定规定的。笔者认为《中华人民共和国行政复议法》规定的依法处理在实际上应当表现为依据法律法规及规章的标准在其职权范围内处理，因此，这种处理的具体形式就是法律法规以及规章规定的行政复议机关对于抽象行政行为行使监督权的种类或者形式。根据《中华人民共和国宪法》第一百零八条的规定，县级以上地方各级人民政府领导所属各工作部门和下级人民政府的工作，有权改变或者撤销所属各工作部门和下级人民政府的不适当的决定。因此，行政复议机关有权改变抽象行政行为。

（3）肯定抽象行政行为的有效性。行政复议机关经过审查，认定抽象行政行为合法的，应当明确告知申请人，被审查的抽象行政行为合法有效，没有违法现象存在。

三、行政复议决定的执行

1. 行政复议决定的生效

复议机关对复议案件应当作出书面复议决定书。复议决定书制作完成并加盖公章后送达当事人，行政复议书一经送达，即发生法律效力。《中华人民共和国行政复议法》第四十条规定，对于行政复议决定的送达，依照《中华人民共和国民事诉讼法》关于送达的规定执行。按照《中华人民共和国民事诉讼法》有关送达的规定，行政复议机关送达复议决定书，必须有送达回证，由受送达人在送达回证上记明收到日期签名或者盖章。受送达人在送达回证上的签收日期为送达日期。送达行政复议意见书，应当直接送交受送达人。受送达人是公民的，本人不在可交由他的同住成年家属签收；受送达人是法人或者其他组织的，应当由法人的法定代表人、其他组织的主要负责人或者该法人、组织负责收件的人签收；受送达人有复议代理人的，可以送交其代理人签收；受送达人已向行政复议机关指定代收人的，送交代收人签收。受送达人的同住成年家属、法人或者其他组织的负责收件的人，复议代理人或者代收人在送达回证上签收的日期为送达日期。受送达人或者他的同住成年家属拒绝接受诉讼文书的，送达人应当邀请有关基层组织或者所在单位的代表到场，说明情况，在送达回证上记明拒收事由和日期，由送达人、见证人签名或者盖章，把行政复议意见书留在受送人的住所，即视为送达。邮寄送达的，以回执上注明的收件日期为送达日期。受送达人是军人的，通过其所在部队团以上单位的政治机关转交。受送达人被监禁的，通过其所在监所单位转达。受送达人下落不明，可以采用公告送达。自发出公告之日起，经过 60 日，即视为送达。

2. 行政复议决定的履行

为保证行政复议的权威性和有效履行，《中华人民共和国行政复议法》和《中华人民共和国行政复议法实施条例》规定了责任追究和强制执行制度。

（1）法律责任追究制度。被申请人应当履行行政复议决定，被申请人不履行或者无正当理由拖延履行行政复议决定的，行政复议机关或者有关上级行政机关应当责令其限期履行。被申请人不履行或无正当理由拖延履行行政复议决定的，或者被申请人在规定期限内未按照行政复议决定的要求重新作出具体行政行为，或者违反规定重新作出具体行政行为的，对直接负责的主管人员和其他直接责任人员依法给予警告、记过、记大过的行政处分；经责令履行仍拒不履行的，依法给予降级、撤职、开除的行政处分。这些行政处分由行政复议机关向有关行政机关提出处理建议，由有关行政机关依法作出处理。行政复议机关不履行《中华人民共和国行政复议法》和《中华人民共和国行政复议法实施条例》规定的行政复议职责，经有权监督的行政机关督促仍不改正的，对直接负责的主管人员和其他直接责任人员依法给予警告、记过、记大过的处分；造成严重后果的，依法给予降职、撤职、开除的处分。行政机关及其工作人员违反《中华人民共和国行政复议法》和《中华人民共和国行政复议法实施条例》规定的，行政复议机关可以向人事、监察部门提出对有关责任人员的处分建议，也可以将有关人员违法的事实材料直接转送人事、监察部门处理；接受转送的人事、监察部门应当依法处理，并将处理结果通报转送的行政复议机关。

（2）行政复议决定的强制执行制度。申请人逾期不起诉又不履行行政复议决定的，或者不履行最终裁决的行政复议决定的，或是维持具体行政行为的行政复议决定；由作出具体行政行为的行政机关依法强制执行，或者申请人民法院强制执行；如果是变更具体行政行为的行政复议决定，由行政复议机关依法强制执行，或者申请人民法院强制执行。

课后习题

一、选择题

1. （多选）下列哪项属于行政复议的基本原则？（　　）

A. 合法原则　　B. 公正原则

C. 公平原则　　D. 及时原则

2. 行政复议的范围有（　　）。

A. 肯定范围　　B. 否定范围

C. 诉讼范围　　D. 征收范围

二、简述题

1. 简述行政复议的特征。

2. 简述行政复议的排除范围。

3. 简述行政复议的基本原则。

第十七章　行政诉讼

本章概要

行政诉讼制度是行政救济制度的主要部分，也是行政法控制行政行为的基本途径，因而是行政法学的核心内容之一。本章以《中华人民共和国行政诉讼法》以及有关司法解释为依据，深入研究了有关行政诉讼的概念与特征、行政诉讼的范围和管辖、行政诉讼的法律适用、行政诉讼参加人等内容。

第一节　行政诉讼概述与特征

一、行政诉讼的概念

行政诉讼制度是资产阶级革命胜利后在商品经济、民主政治、三权分立基础上建立起来的法律制度，它以规范行政权、救济私权为目标。由于各国历史条件、宪政体制、法律传统、权利文化观念等方面的差异，各国对行政诉讼的理解和认识并不完全一致。

现代行政诉讼制度在西欧中世纪时期萌芽，在自由资本主义时期正式确立，现被世界不同国体、不同政体、不同社会制度的国家广泛采用，这不是历史的巧合与偶然，而是人类社会发展的必然，尤其是与商品经济、民主政治、权力分立、法治原则的确立密不可分。商品经济的产生和发展消灭了人身依附关系，唤醒了人的自主意识和主体观念，催生了制约国家公权、保护私权的内在精神需求，为行政诉讼的产生奠定了物质基础。民主政治的建立确立了公民的宪法平等权和独立的法律人格权，改变了公民与国家之间的不平等地位，为公民寻求权利救济、追究政府违法的法律责任奠定了政治基础。权力分立制为权力制衡提供了体制保障，使公民有了借助国家公权来维护私权的制度体系，行政诉讼是运用国家司法权制约行政权而救济私权的一种方法和路径。法治原则要求约束政府权力，树立法律的权威、保护公民的权利与自由，建立以行政诉讼为核心的权力监督、权利救济体系。这既是法治的内涵，也是法治的保障。

根据《中华人民共和国行政诉讼法》的规定，对行政诉讼可以作动态和静态意义上的理解。从动态上讲，行政诉讼是指受具体行政行为影响的行政相对人认为行政主体作出的具体行政行为侵犯其合法权益，依法向人民法院提起诉讼，由人民法院对被诉具体行政行为进行审理并作出裁决的诉讼活动。从静态的角度看，行政诉讼是国家诉讼制度的组成部分。它是法律确立的，由人民法院对行政争议进行审理和裁判的专门诉讼制度。因此，无论从动态还是静态的角度认识行政诉讼，行政诉讼都包含以下几项含义：

（1）行政诉讼专门处理、解决行政争议；

（2）行政诉讼因行政相对人不服行政主体作出的具体行政行为向人民法院提起诉讼而引起；

（3）行政诉讼在人民法院主持下进行审理和裁判，人民法院在行政诉讼中居于主导地位。

二、行政诉讼的特征

行政诉讼与民事诉讼、刑事诉讼被认为是我国现存的三大诉讼制度，与其他诉讼制度和准司法活动比较，行政诉讼具有以下特征：

1. 行政诉讼是解决一定范围内的行政争议的活动

这是行政诉讼与其他诉讼在诉讼客体方面的差别。民事诉讼处理民商案件，刑事诉讼处理刑事案件，行政诉讼处理行政争议案件。所谓行政争议，是指行政主体及其公务人员在行使行政职权过程中与行政相对人之间发生的行政法上的权利义务纠纷。行政诉讼就是专门解决这种行政主体作为一方当事人的行政争议案件的诉讼制度。

行政诉讼解决行政争议，但行政诉讼并不解决所有的行政争议而仅限于一定范围内的行政争议。划定范围的方法是通过涉及行政诉讼的受案范围制度来完成的。

2. 行政诉讼的原告、被告具有恒定性

这是行政诉讼与其他诉讼在诉讼主体方面的差别，即行政诉讼的原告是被诉具体行政行为的行政相对人，被告是被诉具体行政行为的行政主体，双方的身份、地位不能互换。这是因为行政诉讼本质上是司法权对行政权进行监督与制约、对行政相对人合法权益提供法律救济的法律制度。因而只有被诉具体行政行为的行政相对人才能作为被告被动应诉。当然，如果行政机关、其他社会组织不是作出被诉具体行政行为的行政主体，而是某一具体行政行为的行政相对人时，其仍然有权作为原告提起行政诉讼，但此时它已不再具备行政主体的法律地位而是具体行政行为的行政相对人。

3. 人民法院是行政诉讼的主持者和裁判者

这是行政诉讼区别于其他国家机关的准司法活动的根本特征。我国是议行合一的国家，人民法院在法律允许的范围内运行国家审判权监督行政主体依法行政，行政争议在人民法院的主持下通过行政诉讼解决。专门法院受理、审理行政案件。由于行政主体与行政相对人是行政争议的双方当事人，人民法院在行政诉讼中处于居中裁判的诉讼地位，对行政争议的解决起着决定性作用，因此行政诉讼只能由人民法院主持和裁判。

第二节 行政诉讼的范围和管辖

一、行政诉讼的范围

1. 人民法院可以受理的行政诉讼案件

根据行政诉讼法的规定，人民法院受理公民、法人或者其他组织提起的下列诉讼：

（1）对行政拘留、暂扣或者吊销许可证和执照、责令停产停业、没收违法所得、没收非法财物、罚款、警告等行政处罚不服的；

（2）对限制人身自由或者对财产的查封、扣押、冻结等行政强制措施和行政强制执行不服的；

（3）申请行政许可，行政机关拒绝或者在法定日期内不予答复，或者对行政机关作出的有关行政许可的其他决定不服的；

（4）对行政机关作出的关于确认土地、矿藏、水流、森林、山岭、草原、荒地、滩涂、海域等自然资源的所有权或者使用权的决定不服的；

（5）对征收、征用决定及其补偿决定不服的；

（6）申请行政机关履行保护人身权、财产权等合法权益的法定职责，行政机关拒绝履行或者不予答复的；

（7）认为行政机关侵犯其经营自主权或者农村土地承包经营权、农村土地经营权的；

（8）认为行政机关滥用行政权力排除或者限制竞争的；

（9）认为行政机关违法集资、摊派费用或者违法要求履行其他义务的；

（10）认为行政机关没有依法支付抚恤金、最低生活保障待遇或者社会保险待遇的；

（11）认为行政机关不依法履行、未按照约定履行或者违法变更、解除政府特许经营协议、土地房屋征收补偿协议等协议的；

（12）认为行政机关侵犯其他人身权、财产权等合法权益的。

除前述规定外，人民法院受理法律法规规定可以提起诉讼的其他行政案件。

2. 人民法院不受理的行政诉讼案件

（1）国防、外交等国家行为。国家行为是指国务院、中央军事委员会、国防部、外交部等根据宪法和法律授权的国家机关宣布紧急状态、实施戒严和总动员等行为。

（2）行政法规、规章或者行政机关制定、发布的具有普遍约束力的决定、命令。行政机关制定、发布的具有普遍约束力的决定、命令实际上就是学术界所谓的非法源性行政规范文件。即除行政立法以外的抽象行政行为。需要指出的是，该条规定仅意味着人民法院不受理对非法源性行政规范文件的直接起诉，但对相对人起诉具体行政行为时一并请求审查行政规范性文件，人民法院仍然应当受理。

（3）行政机关对行政机关工作人员的奖惩、任免等决定。

（4）法律规定由行政机关最终裁决的具体行政行为。即法律规定的行政终局行为而非司法终局行为，如根据《中华人民共和国行政复议法》的规定，国务院的行政复议决定、省级政府对自然资源权属纠纷作出的裁决，都具有最终法律效力，相对人不能提起行政诉讼。

（5）公安、国家安全等机关依照《中华人民共和国行政诉讼法》的明确授权实施的行为。这是指公安机关、海关缉私局、国家安全机关、监狱等以侦查机关身份适用《中华人民共和国行政诉讼法》作出的司法行为，如逮捕、刑事拘留、监视居住、取保候审、拘传、扣押、冻结、查封、通缉等。

（6）调解行为以及法律规定的仲裁行为。即行政调解和行政仲裁行为，这与行政复议排除事项相同。

（7）不具有强制力的行政指导行为。行政指导行为是对相对人的建议、提示行为，其作用取决于相对人自愿接受，不具有强制力。因此，相对人不服起诉，人民法院不受理但如果行政指导行为是名义上的，实际上带有强制性，则相对人可以起诉。

（8）对公民、法人或者其他组织权利义务不产生实际影响的行为。该行为主要是指还没有成立以及还在行政机关内部运作的行为等。如相对人涉嫌违法，行政机关通知其去行政机关接受调查，对该通知不能起诉。

二、行政诉讼的管辖

行政诉讼管辖包括级别管辖、地域管辖、移送管辖、指定管辖等。确定管辖时，主要考虑方便原告起诉和法院审判，同时考虑法院之间工作量的平衡。

1. 级别管辖

级别管辖是指上下级法院受理第一审行政案件的权限分工。级别管辖内容如下：

（1）基层人民法院的管辖。我国实行“以基层人民法院管辖为原则，以上级人民法院管辖为例外”的原则，除《中华人民共和国行政诉讼法》明确规定由上级法院管辖的外，其他行政案件均由基层法院管辖。

（2）中级人民法院的管辖。中级人民法院管辖下列行政案件：第一，对国务院部门或者县级以上地方人民政府所作的行政行为提起诉讼的案件；第二，海关处理的案件；第三，本辖区内重大、复杂的案件；第四，其他法律规定由中级人民法院管辖的案件。

（3）高级人民法院的管辖。高级人民法院管辖本辖区内重大、复杂的第一审行政案件。

（4）最高人民法院的管辖。最高人民法院管辖全国范围内重大、复杂的第一审行政案件。

2. 地域管辖

地域管辖是指同级法院受理行政案件的权限分工。地域管辖的内容如下：

（1）行政案件由最初作出具体行政行为的行政机关所在地人民法院管辖。经复议的案件，也可以由复议机关所在地人民法院管辖。

（2）对限制人身自由的行政强制措施不服提出的诉讼，由被告所在地或者原告所在地人民法院管辖。

（3）因不动产提起的行政诉讼，由不动产所在地人民法院管辖。

从上述规定来看，地域管辖在一般情况下实行类似于民事诉讼中的“原告就被告”原则，由作出具体行政行为的行政机关所在地法院管辖，因此学界称为“一般地域管辖”。而经过行政复议的案件，因复议机关为共同被告，当事人可以选择一个法院起诉。

对限制人身自由的行政强制措施不服提起的诉讼，原告也可以选择在被告所在地或者原告所在地人民法院起诉，所谓“原告所在地”，包括原告的户籍所在地、经常居住地和被限制人身自由地。因为上述两种情况相对人可以选择其中一个法院管辖，因此被称“选择管辖”或“共同管辖”。

3. 移送管辖

移送管辖指法院发现受理的案件不属于自己管辖时，移送有管辖权的人民法院。受移送的人民法院认为受移送的案件按照规定不属于本院管辖的，应当报请上级人民法院指定管辖，不得自行移送。

4. 指定管辖

指定管辖指有管辖权的人民法院由于特殊原因不能行使管辖权的，由上级人民法院指定管辖。法院对管辖权发生争议，由争议双方协商解决，协商不成的，报它们的共同上级法院指定管辖。

第三节 行政诉讼的法律适用

行政诉讼法律适用，是指人民法院按照法定程序，将法律法规具体运用于各种行政案件，从而对行政机关具体行政行为的合法性进行审查的专门活动。行政诉讼的法律适用主要解决人民法院对被诉具体行政行为合法性进行审查判断的标准问题，即人民法院以何种标准、依据何种法律规范来审查被诉具体行政行为的合法性，并进而对被诉具体行政行为的合法性作出裁判。

行政诉讼法律适用的基本规则是人民法院审理行政案件，以法律法规为审判依据，参照规章，对于合法有效的规章及其他规范性文件可以在裁判文书中引用的准则。

一、法律、法规是行政审判的依据

所谓行政审判的依据是指人民法院审理行政案件对具体行政行为合法性进行审查和裁定必须遵循的根据，具体来说，即人民法院审理行政案件，审查具体行政行为是否合法并进而对其作出裁判时，法律、法规有具体规定的情况下，法律、法规就是人民法院直接适用的根据，人民法院无权拒绝适用。

法律是国家最高权力机关制定的在全国范围内具有普遍约束力的规范

性文件。在我国法律规范层次体系中，法律的地位仅次于宪法，对其他国家机关都有约束力。

法规包括行政法规和地方性法规。行政法规是由国务院制定的，它的效力仅次于宪法和法律，高于地方性法规。地方性法规是由省、直辖市、自治区人民代表大会及其常务委员会和省、自治区人民政府所在地及经国务院批准的较大的市人民代表大会及其常务委员会制定的。

自治条例和单行条例是民族自治地方的人民代表大会，依照宪法、民族区域自治区和其他法律法规规定的权限，结合当地的政治、经济和文化特点所制定的规范性文件。它是各族人民行使民族自治权的体现。自治条例和单行条例与地方性法规是处于同一级别的法律规范，人民法院在审理民族自治地方的行政案件时，应以其为依据。

二、规章的参照适用

行政诉讼中参照规章，是指人民法院审理行政案件时，对规章进行甄别，对不符合或者不完全符合法律、行政法规的规章拒绝适用，对合法有效的行政规章予以适用的活动。

在行政诉讼法中，“参照”规章是与“依据”法律法规相对的，具有特定的概念。“依照”是指人民法院审理行政案件时必须适用该规范，而不能拒绝适用；而“参照”则是指人民法院审理行政案件，对规章进行斟酌和鉴定后，对符合法律、行政法规规定的规章予以适用，参照规章进行审理，并将规章作为审查具体行政行为合法性的根据；对不符合或不完全符合法律法规原则精神的规章，人民法院有灵活处理余地，可以不予适用。人民法院对规章的作用和效力不是一概否定或肯定，而是对规章进行一定评价后才决定规章是否适用。

三、其他规定性文件在行政诉讼中的地位

人民法院在行政审判中可以对其他规范性文件予以参考，对于合法有效的其他规范性文件可以在裁判文书中引用。人民法院在适用一般规范性

文件时拥有比对规章更大的取舍权力。规章符合法律法规，人民法院必须参照适用，而人民法院参考其他规范性文件时只是考虑其规定，所以其他规范性文件只具有辅助作用。

四、人民法院对司法解释的援引

人民法院审理行政案件，适用最高人民法院司法解释，应当在裁判文书中援引。司法解释是最高人民法院对法律在审判中针对的问题所作的解释。人民法院根据司法解释判案但在判决书中却不引用，将会大大降低判决书的说理性，难以使当事人相信人民法院是在依法判案。因此应在裁判文书中援引最高人民法院的司法解释。

第四节　行政诉讼参加人

一、行政诉讼参加人

根据行政诉讼法的规定，行政诉讼参加人包括原告、被告、第三人和诉讼代理人。其中，原告、被告、第三人与诉讼结果有利害关系，是行政诉讼最核心的参加人员，是诉讼当事人。诉讼代理人与诉讼争议或诉讼结果没有直接利害关系，但其参加诉讼是为了被代理的当事人的利益，因而具有类似于当事人的诉讼地位。诉讼代理人包括法定代理人、指定代理人和委托代理人。

二、行政诉讼当事人

行政诉讼当事人是指因具体行政行为发生争议，以自己的名义起诉、应诉或参加诉讼，并受人民法院裁判拘束的行政主体以及公民、法人或者其他组织。

当事人在诉讼的不同阶段有不同的称谓。在第一审程序中，当事人的称谓是原告、被告、第三人；在第二审程序中，他们被称为上诉人、被上诉人；在执行程序中，称为申请执行人和被申请执行人。当事人的称谓不同，表明他们在不同的诉讼阶段，相应地享有不同的诉讼权利和承担不同的诉讼义务。在一般情况下，人们常用第一审程序的称谓来概括当事人的范围，把原告、被告视为狭义上的当事人。

1. 行政诉讼原告

行政诉讼原告，是指依照行政诉讼法，向人民法院提起诉讼，认为具体行政行为侵犯其合法权益的公民、法人或者其他组织。

依照行政诉讼法的规定，行政诉讼原告的法律特征是：

（1）认为具体行政行为侵犯其合法权益；

（2）以自己的名义向人民法院起诉；

（3）受人民法院裁判的约束。

原告资格的构成要件可以概括为：

（1）必须是自己的合法权益受到侵害的主体；

（2）起诉人与具体行政行为之间具备法律上的利害关系，包括相对人与相关人。

行政诉讼实行不告不理原则，如果没有原告或者没有原告的起诉行为，具体诉讼无法形成。原告资格是法律赋予特定人提起诉讼的权利，通常不能转移，但在特定情况下，法律规定原告资格可以转移。原告资格转移有两种情况：

（1）有权起诉的公民死亡，其近亲属可以提起诉讼。近亲属的范围包括配偶、父母、子女、兄弟姐妹、祖父母、外祖父母、孙子女、外孙子女和其他有抚养、赡养关系的亲属。

（2）有权起诉的法人或者其他组织终止，承受其权利的法人或者其他组织可以提起诉讼。

2. 行政诉讼被告

行政诉讼被告，是指其实施的具体行政行为被作为原告的公民、法人或其他组织起诉到人民法院，人民法院由此通知其应诉的具有公共行政职权的机关或组织。其特征有：

（1）被告须是行政机关或者法律、法规授权的组织；

（2）行政诉讼被告是被行政相对人或其他利害关系人指控侵犯其合法

权益，并由人民法院通知应诉的行政主体。

《中华人民共和国行政诉讼法》第二十五条根据不同的情形，分别规定了确定行政诉讼被告的不同情形：

（1）原告直接向人民法院起诉的，作出具体行政行为的行政主体为被告。对于很多行政行为，法律并未规定前置救济程序。当事人对这些行政行为不服的，可以直接以作出具体行政行为的机关为被告，提起诉讼。

（2）以复议机关为被告。根据不同情况，分别按以下规则确认被告资格：

第一，复议机关维持原具体行政行为的，作为原具体行政行为的行政机关为被告。这样规定的理由是，复议机关维持原行政机关的具体行政行为，自己并未作出新的行政行为，按照“谁行为，谁负责”的原则，原行政机关应当对自己的行为负责。

第二，复议机关改变原具体行政行为的，复议机关是被告。复议机关改变原具体行政行为，意味着复议机关作出了一个新的有实质内容的行政行为，这种情况下确认复议机关为被告，体现了复议机关对自己行为的负责。《最高人民法院关于执行〈中华人民共和国行政诉讼法〉若干问题的解释》规定了“改变原具体行政行为”的三种情况：①改变原具体行政行为所认定的主要事实和依据的；②改变原具体行政行为所适用的规范依据且对定性产生影响的；③撤销、部分撤销或者变更原行政行为处理结果的。

第三，复议机关在法定期限内不作出复议决定，当事人对原具体行政行为不服而向人民法院起诉的，应以作出原具体行政行为的行政机关为被告。

第四，复议机关在法定期限内不作出复议决定，当事人对复议机关不作为行为不服而向人民法院起诉的，应当以复议机关为被告。

（3）共同作为具体行政行为的案件中被告的确认。两个以上行政机关共同作出同一具体行政行为的，共同作出具体行政行为的行政机关是共同被告。共同行为的认定，一般以行政决定书上的署名或公章为准。如果几个行政机关共同作出了某一具体行政行为，但只有一个行政决定文书上署名或签章，则只以署名或签章的行政机关为被告。如果是行政机关与非行政机关共同作出某一具体行政行为，则只能以行政机关为被告，非行政机关在必要时可以作为第三人参加诉讼。

（4）对于法律法规授权组织所作出的具体行政行为，由该组织作为被告。被授权组织是在法律授权范围内直接独立作出决定，依据权力与责任相一致的基本原理。因其行政行为而发生的纠纷，应当由该组织作为被告。

（5）由行政机关委托的组织所作出的具体行政行为，委托的行政机关是被告。行政机关在没有法律法规或者规章授权情况下，授权其内设机构、派出机构或者其他组织行使行政职权的，应视为委托。

（6）行政机关被撤销的，继续行使其职权的行政机关为被告。行政机关经常因时制宜进行机构改革或权能调整，在正常情况下，某一机关被撤销之时，在有关撤销的决定中都会明确规定被撤销机关的职权由哪个机关继续行使。

另外《最高人民法院关于执行〈中华人民共和国行政诉讼法〉若干问题的解释》还规定：

（1）行政机关组建并赋予行政管理职能但不具有独立承担法律责任能力的机构，以自己的名义作出具体行政行为，当事人不服提起诉讼的，应当以组建该机构的行政机关为被告。

（2）行政机关的内设机构或者派出机构在没有法律、法规或者规章授权的情况下，以自己的名义作出具体行政行为，当事人不服而提起诉讼的，应当以该行政机关为被告。

（3）法律、法规或者规章授权范围实施行政行为的，当事人不服提起诉讼的，应当以实施该行为的机构或者组织作为被告。

（4）行政机关在没有法律、法规或者规章规定的情况下，授权其内设机构、派出机构或者其他组织行使行政职权的，应当视为委托。对当事人不服提起诉讼的，应当以该行政机关为被告。

3. 共同诉讼人

所谓共同诉讼，是指当事人一方或者双方为两人以上的诉讼。原告为二人以上的，称为共同原告，被告为二人以上的，称为共同被告。共同原告和共同被告，统称为共同诉讼人。

根据行政诉讼法的有关规定，构成共同诉讼人须具备以下几个条件：

（1）当事人一方或双方为两人以上。

（2）诉讼标的存在客观的联系，或者是因同一具体行政行为，或者是因同样的具体行政行为。

（3）诉讼主张一致。这里的一致是指共同诉讼人的诉讼主张之间没有根本冲突或者实质性的差异。

（4）案件属于同一人民法院管辖，并且人民法院决定合并审理。

根据《中华人民共和国行政诉讼法》第二十六条、第二十七条规定，共同诉讼可分为两种：一是必要的共同诉讼；二是普通的共同诉讼。

必要的共同诉讼是指当事人一方或双方是两人以上，因同一具体行政行为而发生的诉讼。在司法实践中，必要的共同诉讼人主要有以下几种情况：第一种，共同被行政机关处罚的人；第二种，侵权案件中不服行政机关作出的具体行政行为的共同受害人；第三种，被诉的具体行政行为由两个以上行政机关作出，作出具体行政行为的行政机关为共同被告。

普通共同诉讼，必须是同样的具体行政行为发生的行政案件。所谓同样具体行政行为，首先，在行政法律关系中，不是一个具体行政行为而是两个或者两个以上具体行政行为，实质上是几个案件；其次，共同诉讼人之间在事实或法律上并无必然的不可分割的联系，仅仅因为诉讼标的属于同一种类，即被诉具体行政行为有相同、相类似的性质，所以在程序上被统一起来。这种具体行政行为有相同种类，主要有行政行为的基本事实相同类、处理的法律依据相同类、具体行政行为的处理手段相同类等。

4. 行政诉讼第三人

行政诉讼第三人，指与被诉具体行政行为有利害关系，申请参加或由人民法院通知参加行政诉讼的公民、法人或者其他组织。第三人具有独立的诉讼地位，是原告、被告以外的人，参加的是他人已经开始、尚未结束的诉讼。第三人纳入行政诉讼程序有利于维护自身的合法权益。

《中华人民共和国行政诉讼法》第二十九条规定：“公民、法人或者其他组织同被诉行政行为有利害关系但没有提起诉讼，或者同案件处理结果有利害关系的，可以作为第三人申请参加诉讼，或者由人民法院通知参加诉讼。”

第三人参加诉讼的形式主要有以下两种：

（1）申请参加诉讼。当与本诉讼有利害关系的第三人知道本诉讼正在人民法院进行时，第三人可以以申请的形式要求参与本案诉讼。对于当事人的申请，人民法院应当进行审查，确认其与本案有利害关系并符合其他参加诉讼条件的，应当通知其参加本案诉讼。

（2）由人民法院通知参加诉讼。由人民法院通知参加诉讼又分为三种情形：第一种情形是，当事人在诉状中或诉讼过程中，明确要求人民法院将该利害关系人列为第三人；第二种情形是，人民法院在案件的审理过程中，发现该利害关系人应当作为第三人参加诉讼的，由人民法院依职权通知其参加诉讼；第三种情形是，应当追加被告而原告不同意追加的，人民法院应当通知其以第三人身份参加诉讼。

三、行政诉讼代理人

行政诉讼代理人，指在代理权限内以当事人的名义进行行政诉讼活动，但其诉讼后果由当事人承担的人。依照行政诉讼法的规定，行政诉讼代理人分为法定代理人、指定代理人、委托代理人。代理当事人进行诉讼活动的权限，称为诉讼代理权。

法定代理人是依法代理未成年人、精神病人等无诉讼行为能力的人进行诉讼的人，享有法定代理权的人通常是被代理人的配偶、父母、成年子女或其他近亲属，还可以是被代理人的其他监护人。

指定代理人是法定代理人互相推诿代理责任的，由人民法院指定其中一人代为诉讼。

委托代理人是受当事人、法定代理人的委托代理进行诉讼活动的人。行政诉讼法规定的委托代理人有以下五种类型：

（1）律师。律师作为委托代理人，依法享有查阅本案的有关材料，调查、收集证据的权利等。但律师作为被告的委托代理人时，除非人民法院许可，在诉讼过程中不得自行收集证据。

（2）社会团体。包括工会、共青团、妇联等组织。

（3）提起诉讼的公民的近亲属。

（4）提起诉讼公民所在单位推荐的人。

（5）经人民法院许可的其他公民。

无论是上述哪一种人，每个当事人、法定代理人都可以委托1至2人为其委托代理人。

课后习题

一、选择题

1.（多选）行政诉讼管辖包括（　　）。

A. 级别管辖　　B. 地域管辖

C. 指定管辖　　D. 移送管辖

2.（多选）行政诉讼原告的法律特征是（　　）。

A. 认为具体行政行为侵犯其合法权益

B. 以自己的名义向人民法院起诉

C. 受人民法院裁判的约束

D. 起诉人与具体行政行为之间具备法律上的利害关系

二、简述题

1. 简述行政诉讼当事人的概念。

2. 简述行政诉讼的范围。

3. 简述行政诉讼的特征。

第十八章　行政赔偿与司法赔偿

本章概要

行政主体行使职权造成公民人身权或者财产权的损害必须由国家依法承担责任，这是依法行政的必然要求。本章探讨了国家承担法律责任中的行政赔偿，内容主要有行政赔偿的概述、范围、程序等，重点是行政赔偿的范围。

第一节　行政赔偿

一、行政赔偿概述与内涵

行政赔偿是指行政主体及其工作人员违法行使行政职权，造成对相对人合法权益的损害，由国家予以赔偿的制度。这一概念包括以下含义：

（1）行政赔偿的侵权主体是行政机关、法律法规授权组织及其工作人员。行政赔偿是国家赔偿的一种。国家赔偿通常包括行政赔偿、司法赔偿，在有些国家还包括立法赔偿和军事赔偿。上述赔偿制度是以侵权主体作为区分标准的，如果侵权主体是司法机关，那么就是司法赔偿；如果侵权主体是军事机关，那么就是军事赔偿；如果侵权主体是立法机关，那么就是立法赔偿；因此，行政赔偿是因行政主体侵权而由国家承担的赔偿责任。在我国，目前《中华人民共和国国家赔偿法》只规定了行政赔偿和司法赔偿，尚无立法赔偿和军事赔偿，行政赔偿是与司法赔偿并列的国家赔偿制度。

（2）引起行政赔偿的是行政主体违法行使职权的行为。首先，引起行政赔偿的行为是行使职权的行为，或者说是公务行为或职务行为。如果行政主体及其工作人员的民事行为引起赔偿，那么就不是行政赔偿，而是民事赔偿。其次，引起行政赔偿的行政行为是违法行政行为。按照我国行政法学流行的观点，行政主体合法行为引起损害（即行为不违法，但“结果违法”），不予行政赔偿，而适用行政补偿。

（3）行政赔偿以行政行为给相对人一定范围的合法权益造成了实际损害为前提。第一，行政行为侵犯的是相对人的合法权益，不合法的权益受到侵害，不予行政赔偿。例如，公安机关抓赌时损坏赌具，赌场老板无权请求赔偿。第二，并非相对人所有权利受到行政行为的侵害都引起行政赔偿。只有相对人的人身权和财产权受到侵害才能引起赔偿，而其他如政治权利受到侵害则不予行政赔偿。第三，行政赔偿限于实际损害，即已经发生、能够确认的损害。间接的、可能发生的不确定的损害则不在赔偿范围之内。例如，行政机关错误责令企业停产停业，企业因停产停业而遭受的利润损失不予赔偿。第四，相对人的损害与具体行政行为之间存在因果关系。即相对人的损害确实是由违法或不当行政行为引起的。

（4）行政赔偿的责任主体是国家。虽然行政主体是行政赔偿的侵权主体，但为其承担责任的主体是国家。行政赔偿和司法赔偿之所以都被称为国家赔偿，原因之一乃是因为无论是行政主体侵权，还是司法机关侵权，均由国家“买单”，无须行政主体和司法机关“自掏腰包”。具体体现在行政赔偿费用由国库支付，列入各级政府财政预算。在法理上，侵权主体与责任主体分开，是因为行政主体是代表国家行使行政权的，因此，其行使职权所造成的法律后果应当由国家来承担。

二、行政赔偿的范围

1. 能够申请行政赔偿的情形

根据《中华人民共和国国家赔偿法》第三条规定，行政机关及其工作人员在行使行政职权时有下列侵犯人身权情形之一的，受害人有取得赔偿的权利：

（1）违法拘留或者违法采取限制公民人身自由的行政强制措施的；

（2）非法拘禁或者以其他方法非法剥夺公民人身自由的；

（3）以殴打、虐待等行为或者唆使、放纵他人以殴打、虐待等行为造成公民身体伤害或者死亡的；

（4）违法使用武器、警械造成公民身体伤害或者死亡的；

（5）造成公民身体伤害或者死亡的其他违法行为。

根据《中华人民共和国国家赔偿法》第四条规定，行政机关及其工作人员在行使行政职权时有下列侵犯财产权情形之一的，受害人有取得赔偿的权利：

（1）违法实施罚款、吊销许可证和执照、责令停产停业、没收财物等行政处罚的；

（2）违法对财产采取查封、扣押、冻结等行政强制措施的；

（3）违法征收、征用财产的；

（4）造成财产损害的其他违法行为。

2. 不予行政赔偿的情形

根据《中华人民共和国国家赔偿法》第五条规定，属于下列情形之一的，国家不承担赔偿责任：

（1）行政机关工作人员与行使职权无关的个人行为；

（2）因公民、法人和其他组织自己的行为致使损害发生的；

（3）法律规定的其他情形。

行政机关与法律法规授权组织的工作人员行使职权的行为通常就是职务行为或者公务行为，与行使职权无关的行为则为个人行为。因为个人行为与行政权无关，因此，其引起的损害只能通过民事赔偿来寻求救济。

公民、法人和其他组织自己的行为造成的损害，因与具体行政行为无因果关系，当然不能由国家予以行政赔偿。例如，公民在被羁押期间自残或者自虐而致身体伤害，就不应当让国家承担行政赔偿责任。但是，尽管因果关系在学术上有条件说、原因说、相当因果关系说、必然因果关系说和直接因果关系说等观点，但在实践中，因果关系同样是非常难以认定的。

例如，被羁押的违法嫌疑人在寒冬季节，从简陋的羁押场所逃跑，因藏身不当而冻死，是否适用行政赔偿？

法律规定的其他情形，有学者认为是指不可抗力、第三人过错和从其他途径获得赔偿，以及行政机关制定行政法规、规章等规范性文件的行为。

三、行政赔偿的程序

（一）单独提起行政赔偿请求的程序

1. 单独请求行政赔偿的程序规定

根据《中华人民共和国行政诉讼法》第五十七条规定：人民法院对起诉行政机关没有依法支付抚恤金、最低生活保障金和工伤、医疗社会保险金的案件，权利义务关系明确、不先予执行将严重影响原告生活的，可以根据原告的申请，裁定先予执行。当事人对先予执行裁定不服的，可以申请复议一次。复议期间不停止裁定的执行。《中华人民共和国国家赔偿法》第九条第二款，第十三条、第十四条规定：赔偿请求人要求赔偿应当先向赔偿义务机关提出，也可以在申请行政复议或者提起行政诉讼时一并提出。赔偿义务机关应当自收到申请之日起 2 个月内，作出是否赔偿的决定。赔偿义务机关作出赔偿决定，应当充分听取赔偿请求人的意见，并可以与赔偿请求人就赔偿方式、赔偿项目和赔偿数额依照本法第四章的规定进行协商。赔偿义务机关决定赔偿的，应当制作赔偿决定书，并自作出决定之日起 10 日内送达赔偿请求人。赔偿义务机关决定不予赔偿的，应当自作出决定之日起 10 日内书面通知赔偿请求人，并说明不予赔偿的理由。赔偿义务机关在规定期限内未作出是否赔偿的决定，赔偿请求人可以自期限届满之日起 3 个月内，向人民法院提起诉讼。赔偿请求人对赔偿的方式、项目、数额有异议的，或者赔偿义务机关作出不予赔偿决定的，赔偿请求人可以自赔偿义务机关作出赔偿或者不予赔偿决定之日起 3 个月内，向人民法院提起诉讼。

根据《最高人民法院关于审理行政赔偿案件若干问题的规定》第三条规定，赔偿请求人认为行政机关及其工作人员实施了国家赔偿法第三条第

（三）、（四）、（五）项和第四条第（四）项规定的非具体行政行为侵犯其人身权、财产权并造成损害，赔偿义务机关拒不确认致害行为违法，赔偿请求人可直接向人民法院提起行政赔偿诉讼，起诉期限为赔偿义务机关先行处理期限届满之日3个月内。

存在共同赔偿义务机关时，赔偿请求人可以向共同赔偿义务机关中的任何一个机关请求赔偿，该赔偿义务机关应当先予赔偿。

2. 单独请求赔偿的提起

行政赔偿程序依赔偿请求人的申请而发生，赔偿请求人应当向赔偿机关递交申请书，根据受到不同的损害，赔偿请求人可以在申请书中提出数项赔偿要求。根据《中华人民共和国国家赔偿法》规定，申请书应当载明下列事项：①受害人姓名、性别、年龄、工作单位和住所，法人或其他组织的名称、住所和法定代表人或者主要负责人的姓名、职务；②具体的要求、事实根据和理由；③申请的年、月、日。赔偿请求人书写确实有困难的，可以委托他人代书，也可口头申请，由赔偿义务机关记入笔录。申请人还应当提供有关的附件，如行政复议机关关于撤销具体行政行为的决定，人民法院的撤销判决书，医疗诊断书或证明书等。

3. 行政赔偿机关的先行处理

（1）提出赔偿方案，包括赔偿方式、赔偿金额、计算金额的依据和理由等；

（2）给予赔偿；

（3）提出异议。

4. 单独提起行政赔偿诉讼

赔偿请求人单独提起行政赔偿诉讼的，根据《最高人民法院关于审理行政赔偿案件若干问题的规定》第二十一条规定，应当符合下列条件：

（1）原告具有请求资格；

（2）有明确的被告；

（3）有具体的赔偿请求和受损害的事实根据；

（4）加害行为为具体行政行为的，该行为已被确认为违法；

（5）赔偿义务机关已先行处理或超过法定期限不予处理；

（6）属于人民法院行政赔偿诉讼的受案范围和受诉人民法院的管辖范围；

（7）符合法律规定的起诉期限。

5. 行政赔偿诉讼的受理和裁判

根据《最高人民法院关于审理行政赔偿案件若干问题的规定》规定，人民法院收到原告单独提起的行政赔偿起诉状后，应当进行审查，并在7日内决定立案或作出不予受理的裁定。在7日内不能确定是否受理的，应当先予受理。审理中发现不符合受理条件的，裁定驳回起诉。当事人对不予受理或驳回起诉的裁定不服的，可以在裁定书送达之日起10日内向上一级人民法院提起上诉。

人民法院在审理行政赔偿案件中可以适用调解，对具体赔偿的范围、金额、方式等内容在赔偿请求人与赔偿义务机关之间进行协调，应当制作行政赔偿调解书。

被告行政赔偿义务机关在一审判决前与原告赔偿请求人达成赔偿协议，原告申请撤诉的，人民法院应当依法予以审查并裁定是否准许。

原告在行政赔偿诉讼中应对自己主张的赔偿请求承担举证责任；被告有权提供不予赔偿或减少赔偿数额等事项的证据。

被告的具体行政行为违法但尚未造成原告合法权益受损的，或原告的请求没有事实依据或法律根据的，人民法院应当判决驳回原告的赔偿请求。

人民法院对赔偿请求人未经确认程序而直接起诉的案件，应当首先对赔偿义务机关的致害行为是否违法作出确认，然后再依法作出相应的裁判。

（二）一并（附带）提出行政赔偿请求的程序

一并提出行政赔偿请求的程序是指赔偿请求人在对具体行政行为不服，从而申请行政复议或提起行政诉讼时，一并就行政赔偿问题向复议机关或人民法院提出请求时所遵循的程序规则。一并（附带）提起的行政赔偿请求，分别根据行政复议法和行政诉讼法规定，各自适用行政复议程序或行政诉讼程序。

第二节　司法赔偿

一、司法赔偿的概念

司法赔偿是指司法机关及其工作人员在行使侦查权、检察权、审判权及监狱管理职权时违法给无过错的公民、法人或者其他组织的生命、健康、自由和财产造成损害的，国家应当承担的赔偿责任。对于这一概念，具体作如下解释：

（1）司法赔偿是一种国家赔偿责任，而不是普通的民事赔偿。尽管司法机关及其工作人员的违法侵权行为造成了公民、法人或者其他组织的损害，但不是由司法机关或者司法机关的工作人员对此承担责任，而是由国家承担赔偿责任。国家对司法机关及其工作人员的行为承担责任是现代民主法治国家的重要标志。司法机关作为国家机关的一种，其实施的司法行为给公民、法人或者其他组织造成不应有的损失时，国家必须对此承担责任。但是，这种责任不同于法人之间的普通民事责任，是一种特殊的国家责任，在很多方面与民事责任有着质的区别。

（2）司法赔偿是国家对司法机关及其工作人员的行为承担的赔偿责任，而不是对其他国家机关及其工作人员承担的赔偿责任。在我国，司法机关是指行使刑事侦查权、检察权、刑事审判权以及监狱管理职权的各级公安机关、检察机关、审判机关及监狱等机关。司法机关行使的是司法权，有别于立法权和行政权。只有司法机关及其工作人员行使司法权给公民、法人或者其他组织造成的损害，国家才承担司法赔偿责任。

（3）司法赔偿是国家对司法机关及其工作人员行使职权的行为承担的责任，对于司法机关或者司法工作人员实施的非职务行为或者个人行为造成的损害，国家不承担司法赔偿责任。司法机关和司法工作人员都具有双重身份，当他以行使公权力主体的身份实施某种行为给无过错公民、法人或者其他组织造成不应有的损失时，国家必须给予赔偿。当他们以一般私法主体即民事主体的身份实施某种行为给其他公民、法人或者其他组织造成损失时，不会产生司法赔偿责任，国家也不承担此种赔偿责任。

（4）司法赔偿是国家对司法机关及其工作人员违法行使职权的行为所承担的责任，对于司法机关或者司法人员依法行使职权的行为所导致的公民、法人或者其他组织的损害，国家不承担司法赔偿责任。如人民法院的司法警察依法对严重妨害民事诉讼秩序的公民实施司法拘留的行为，虽然限制了该公民的人身自由，但国家对此合法执行职务的行为不承担司法赔偿责任。只有司法机关及其工作人员违法执行职务并因此造成公民、法人或者其他组织的合法权益损害的行为，才会产生司法赔偿责任。

二、司法赔偿的归责原则

司法赔偿的归责原则关注的是以何标准和依据来确定国家对司法侵权行为承担的赔偿责任。由于司法活动中的不确定性因素很多，如通过证据认定案件事实过程中经常出现反复现象；同时司法活动又具有很大的风险，尤其是在刑事司法活动中赋予公安机关在一定情况下便于行事的权力，因而司法活动极其复杂，由此决定了在司法活动中所发生的损害亦可能由多种因素导致，司法权被违法行使并非唯一因素，有时损害的发生甚至是由司法权正当、合法行使导致。

从保护受害人利益的角度来看，某一受害人若因非归咎于自己的原因蒙受损害，则应当获得救济。即使该损害系由司法权合法正当地行使所造成，从正义分配的角度看，该损害亦不应由其独自忍受，何况刑事司法活动系以打击犯罪为目的的公益活动，无辜受害者个人蒙受的损失往往是为维护公益所作的特别牺牲，依公共负担平等的国家责任原理，对此损害亦不应由其独自承担。但是，从权利配置的角度来看，某一权利受到损害法律是否予以救济是立法者政策选择的结果，也是一国法价值与法理念的体现。因此，对于司法活动中造成的损害，国家应依何标准和依据来承担赔偿责任，因各国的不同法律价值观和政策选择而各异，这表现在司法赔偿的归责原则上即为归责原则的多样性。

从各个国家或地区关于司法赔偿的归责原则规定来看，可以得出以下结论：（1）大多数国家对司法赔偿采取无过错责任；（2）因法官的行为导致司法赔偿责任的，则以过错责任原则为归责标准。从《中华人民共和国国家赔偿法》的规定来看，违法归责原则是唯一归责原则，司法赔偿自不例外。

1. 无过错责任因其性质所限，不适于作为国家侵权赔偿的归责原则，因而不应是司法赔偿的归责原则

从无过错责任的起源来看，它是在近代工业损害问题日趋尖锐化的背景下，传统侵权行为关于损害赔偿的归责标准客观化的方式之一（另一种为过错推定）。按照无过错责任原则，不仅受害人无须证明加害人的过错，而且加害人即使能够证明自己主观上没有过错也不得免除责任，除非他拥有法律特别规定的某种免责事由，其目的是强化对受害者的保护。应该说，这一归责的方式在私法领域作为侵权赔偿的辅助归责原则加以适用有相当的合理性，但若将之移用到公法领域中的国家侵权赔偿责任制度中来，其合理性则大有讨论的余地。

国家活动本质上属于公法领域，国家各种权力的运行——体现为各种性质的国家机关的活动——不得依其自己的意志而必须在法律的轨道之内行使，即国家机关的活动依据为客观的法律规范，这是法治国家的基本要求。因此，确定国家赔偿责任的归责标准亦应以国家机关的行为依据为出发点，即应以违法作为国家赔偿的归责标准。无过错责任不问造成损害原因，只要有损害即赔偿，外表上可达到与违法归责同样的结果，但它无法区分国家因违法行为承担赔偿责任与因合法行为造成损害的国家补偿责任，无法科学说明国家承担赔偿责任的根据，因而不宜作为国家侵权赔偿的归责原则。

2. 有关“错误逮捕”，确实存在应如何理解的问题

1996 年修正的《中华人民共和国刑事诉讼法》规定：“对有证据证明有犯罪事实，可能判处徒刑以上刑罚的犯罪嫌疑人、被告人，采取取保候审、监视居住等方法，尚不足以防止发生社会危险性，而有逮捕必要的，应即依法逮捕。”2012 年修正后的《中华人民共和国刑事诉讼法》确实降低了逮捕的事实条件，在人民法院作出无罪判决，尤其是“证据不足、所指控的犯罪不能成立”的无罪判决的情况下，并不一定就说明逮捕系违法逮捕，此时适用违法归责原则确有困难，但认为国家不负赔偿责任，则显然不利

于保障被逮捕者的合法权益。

有很多法学家认为，从《中华人民共和国国家赔偿法》当时的立法原意看，它以违法原则为唯一的归责原则；从当时对“错误逮捕”的规定看，其意图亦是要将之纳入国家赔偿的范围，2012 年修正后的《中华人民共和国刑事诉讼法》放宽了逮捕的条件以致有上述争议出现，不应认为国家对逮捕予以赔偿的判断标准有所变更。对此，最高人民法院有关司法批复中认为，检察机关在批捕时即便有部分可以证明有罪的证据，但是这些证据不足以确定被告人有罪的，依《中华人民共和国行政诉讼法》的规定在法律不能认定有罪，应按无罪处理，就应赔偿。因此，违法原则是司法赔偿的唯一归责原则。

三、司法赔偿的范围

（一）司法赔偿范围概述

司法赔偿范围是指司法机关及其工作人员在行使职权时违法侵犯公民、法人和其他组织合法权益并造成损害，国家承担赔偿责任的范围。

司法赔偿范围针对的问题是国家对哪些司法侵权的行为造成的何种承担赔偿责任，包括侵权行为的范围和损害的范围两个方面。从法律规定来看，司法赔偿范围包括积极事项与消极事项。积极事项是指国家依法应当承担司法赔偿责任的事项，而消极事项是指国家依法不承担赔偿责任的事项。

司法赔偿的范围对受害人、赔偿义务机关和人民法院都具有重要意义。对受害人来说，司法赔偿范围就是其享有赔偿请求权的范围，只有在法定的赔偿范围之内，受害人才可以请求赔偿，也才能获得赔偿；对赔偿义务机关来说，司法赔偿范围确定了国家承担赔偿义务的范围，对法定赔偿范围以外的损害，国家不承担赔偿责任，赔偿义务机关也没有履行赔偿义务的问题。对人民法院来说，司法赔偿的范围明确了人民法院解决司法赔偿争议的权限范围，人民法院可以受理哪些司法赔偿争议，司法赔偿范围明确作出了限定。

（二）司法赔偿范围的确定标准

司法赔偿范围的确定标准是指界定司法赔偿范围的具体尺度。归责原则和构成要件实际上也起着确定司法赔偿范围的作用。但是，归责原则比较抽象，其主要功能是体现国家对司法赔偿的价值观念；而构成要件是司法赔偿责任是否成立的条件，内容是多方面的、综合性的；司法赔偿范围的确定标准则是具体的、单一的尺度。从内容来看，确定标准是归责原则的具体化，是构成要件的一个方面的内容。

关于侵权行为的范围，《中华人民共和国国家赔偿法》对行政赔偿和司法赔偿分别作了规定，两者的确定标准不同。关于损害的范围，司法赔偿与行政赔偿一致，都对人身权财产权的损害予以赔偿。

从《中华人民共和国国家赔偿法》的规定来看，司法赔偿范围的确定标准是：

1. 刑事赔偿采取无罪羁押赔偿原则

所谓无罪羁押赔偿原则，只有在受害人没有犯罪的情况下，司法机关对其采取的拘留、逮捕以及判处拘役、徒刑等羁押行为是错误的，国家才承担赔偿责任。如果受害人实施了犯罪行为，即使拘留、逮捕和判处刑罚存在违法的情况，如超过法定期限羁押的，国家也不承担赔偿责任。《中华人民共和国国家赔偿法》强调“无罪”，受害人有犯罪事实而被拘留或者逮捕的、轻罪重判或此罪彼判的情形，不属于《中华人民共和国国家赔偿法》上的“无罪”的范围。

受害人实施了犯罪行为，但在依法不应判处死刑而被判处死刑并且已经执行即错杀的情形，对此，《中华人民共和国国家赔偿法》没有明确规定，但事实上属于赔偿范围。这是无罪羁押赔偿原则的一个例外情况。因为生命健康权是公民的基本权利，不应当判处死刑而判处死刑并且已经执行的，是对受害人生命健康权的非法剥夺，国家应当承担赔偿责任。

2. 民事诉讼、行政诉讼中的司法赔偿采取限制原则

所谓限制原则，是指民事诉讼、行政诉讼中的赔偿只针对特定的事项，包括违法采取对妨害诉讼的强制措施、违法采取保全措施和对生效法律文书执行错误。

《中华人民共和国国家赔偿法》第三十八条规定：“人民法院在民事诉讼、行政诉讼过程中，违法采取对妨害诉讼的强制措施、保全措施或者对

判决、裁定及其他生效法律文书执行错误，造成损害的，赔偿请求人要求赔偿的程序，适用本法刑事赔偿程序的规定。”根据该条规定，在民事诉讼、行政诉讼中，对违法采取排除妨害诉讼的强制措施，违法采取保全措施和执行错误的，国家承担赔偿责任。在民事诉讼中、行政诉讼中，人民法院作出错误判决侵害公民、法人或者其他组织的合法权益的情形，目前《中华人民共和国国家赔偿法》尚无对民事错判承担赔偿责任的规定。可以解释的理由是民事诉讼的举证制度导致错判的责任人往往不是审判人员，而是当事人自己。同时，民事诉讼的执行回转制度使错判另有救济途径。与此同理，对于行政诉讼中的错判，国家也不承担责任赔偿。

课后习题

一、选择题

1. 司法赔偿范围的确定标准（　　）。

A. 采取无罪羁押赔偿原则

B. 民事诉讼中的司法赔偿采取限制原则

C. 行政诉讼中的司法赔偿采取限制原则

D. 刑事赔偿

2. 司法赔偿的归责原则主要有（　　）。

A. 无过错责任因其性质所限，不适于作为国家侵权赔偿的归责原则

B. 有关“错误逮捕”，确实存在应如何理解的问题

C. 因法官的行为导致司法赔偿责任的

D. 因非归咎于自己的原因蒙受损害，则应当获得救济

二、简述题

1. 简述行政赔偿概念。

2. 简述行政赔偿的范围。

3. 简述司法赔偿的范围。

参考文献

[1] 张树义.行政法学[M].2版.北京:北京大学出版社,2012.

[2] 罗豪才,湛中乐.行政法学[M].北京:中央广播电视大学出版社,2010.

[3] 罗豪才,湛中乐.行政法学[M].3版.北京:北京大学出版社,2013.

[4] 王连昌,马怀德.行政法学[M].4版.北京:中国政法大学出版社,2007.

[5] 王周户.行政法学[M].北京:中国政法大学出版社,2011.

[6] 马怀德.行政法学[M].2版.北京:中国政法大学出版社,2009.

[7] 胡建淼,江利红.行政法学[M].2版.北京:中国人民大学出版社,2014.

[8] 胡建淼.行政法学[M].4版.北京:法律出版社,2015.

[9] 郑传坤.行政法学[M].北京:法律出版社,2007.

[10] 温晋锋,徐国利.行政法学[M].3版.北京:科学出版社,2015.

[11] 牛余凤,韦宝平.行政法学[M].北京:中国政法大学出版社,2011.

[12] 朱新力,唐明良,李春燕.行政法学[M].北京:中国人民大学出版社,2012.